reinhardt

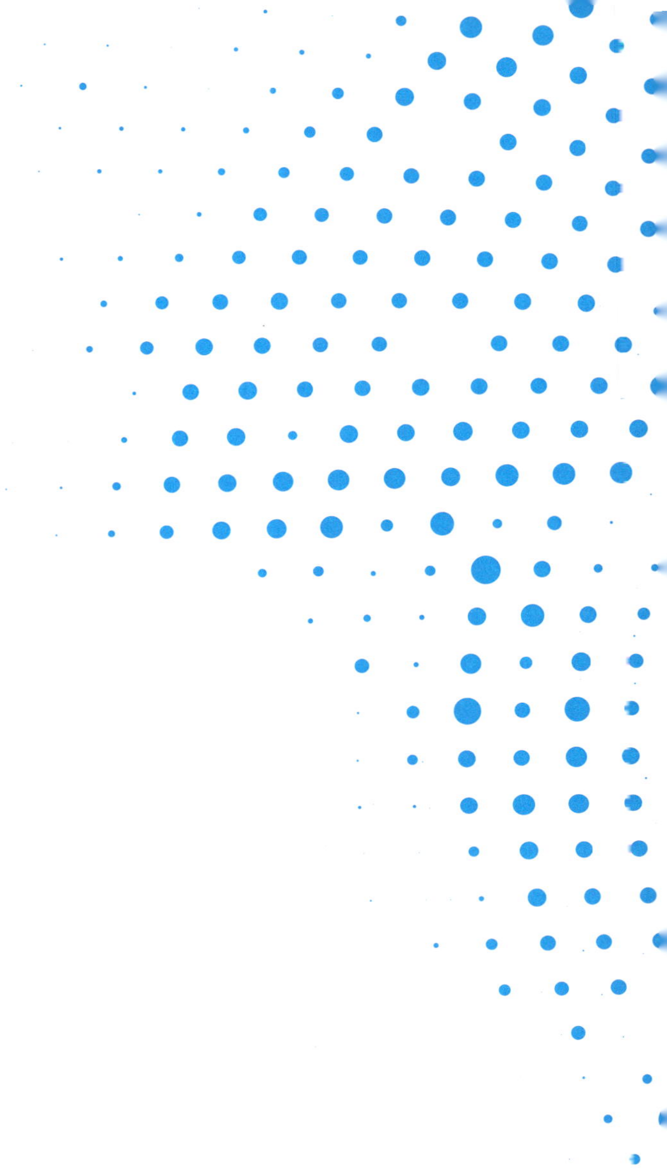

SO MACHEN KIRCHEN SCHLAGZEILEN

PRAXISBUCH BESSER KOMMUNIZIEREN

Impressum

ISBN 978-3-7245-2309-3
www.reinhardt.ch

cooperation neue medien (cnm)
www.cnm.ch

Inhalt

Vorwort

Danke, dass Sie dieses Buch in die Hände nehmen. Wir hoffen, Sie sind neugierig, wie Kirchen und Christen ihre Kommunikation konkret verbessern können. Das Buch fasst Erfahrungen von mehr als 30 Jahren zusammen und präsentiert exklusive Inhalte.
Als Herausgeber dieses Buches war mein persönlicher Weg in die Welt der Kommunikation nicht direkt vorgezeichnet. Quasi aus Verlegenheit absolvierte ich eine Banklehre und machte später am Hauptsitz in Zürich eine Weiterbildung zum Devisenhändler. Mit 23 Jahren wuchs in mir die Gewissheit, dass dies nicht der Rest meist meines Leben sein konnte. Ich klärte meine Berufung.

Der Herausgeber 1993 beim Interview mit CEO Willy Kissling vom damaligen Schweizer Industriekonzern Landis & Gyr (heute Siemens). (Bild zVg)

«Christen und Kirchen dazu motivieren und unterstützen, wieder gesellschaftsrelevant zu werden.»

Als ich die Weltkarte betrachtete und sah, wie hoch der Anteil der Christen pro Land und Kontinent war, wurde mir bewusst: Europa ist zum säkularen Kontinent geworden: Gingen noch vor dem 2. Weltkrieg mehr als 90 Prozent der Menschen in Deutschland, Österreich oder der Schweiz regelmässig in den Gottesdienst, ist der Anteil auf unter zehn Prozent gesunken. Christliche Kirchen führen heute ein Nischendasein, gesellschaftlich an den Rand gedrängt, unfähig, Antworten zu geben auf die Fragen, welche die Öffentlichkeit beschäftigen.

Das führte mich zur Frage: Wo erfährt man, was die Menschen bewegt? Wo liest man, welche Fragen die Menschen stellen. Wo lernt man zu kommunizieren, wenn nicht bei den Medien? Meine Vision ist, dass Jesus wieder positive Schlagzeilen in den Medien macht und die Kernbotschaften von Jesus diskutiert werden. Via Medien kann auch eine in sich gekehrte Gruppe eine kulturelle Brücke zur Gesellschaft bauen, wenn sie die Bedürfnisse der Medien und ihre Spielregeln kennt. Diese Erkenntnis führte mich zum Journalismus. Meine entsprechende Mission: Christen und Kirchen dazu motivieren und unterstützen, wieder gesellschaftsrelevant zu werden. Das gab auch den Anstoss für die Herausgabe dieses Buches. Den Autorinnen und Autoren ist es ein Anliegen, eine vielleicht schmerzhafte, aber wichtige Diskussion anzustossen.

Dieses Buch ist eine Teamarbeit. Viele haben sich direkt oder indirekt daran beteiligt. Namentlich bedankt sich das Autorenteam bei Nina Frauenfelder, Lotti Gerber, Helene Karrer, Boas Ruh und Tabea Schnyder.

Wir bedanken uns an dieser Stelle auch ganz herzlich für die finanzielle Unterstützung der Schweizerischen Reformationsstiftung und einer weiteren Stiftung, die als stiller Geber nicht erwähnt werden möchte.

Ich hoffe, dass Sie viel Freude und Gewinn beim Lesen haben.

Markus Baumgartner, Herausgeber

4. September 2018

Wieso wir am Auftritt der Kirchen leiden

Von Markus Baumgartner

Einleitung

Was haben Christen und die Kirchen in der Gesellschaft bewirkt? Wo sind sie relevant? Was für Themen besetzen sie? Als Kommunikationsexperten leiden wir seit Jahren daran, dass Kirchen in den Medien häufig fehlerhaft oder negativ dargestellt und sie als wichtige Organisation in der Gesellschaft kaum mehr wahrgenommen werden. Wir leiden, wenn wir sehen, wie die Kirchen immer wieder in dieselbe Falle tappen. Wir leiden, wenn wir sehen, wie es um die öffentliche Wahrnehmung der Kirchen in der Schweiz steht und sie sich mit den zunehmenden Medienkanälen eher verschlechtert als verbessert hat. Wir haben für unser Leiden endlich Zahlen und Fakten: Sie unterstreichen, wie die mediale Situation der Kirchen in der Schweiz aussieht. Dieses Buch enthält die unseres Wissens ersten wissenschaftlichen und repräsentativen Erhebungen zu diesem Thema.

«Wenn ein Investmentbanker oder eine Grafikdesignerin auf die Idee käme, in ihrem Leben fehlten Sinn, Tiefe und Fülle, also die spirituelle Dimension: Wo würden sie suchen? Was wäre ihre Anlaufstelle zu diesem Thema?», schrieb Johannes Hartl als Leiter des Gebetshauses Augsburg treffend in einem Blog und fand heraus: Die Suchmaschine Google liefert für Veranstaltungen zum Stichwort «Spiritualität» vor allem Chakren, Chi und Yoga. Hunderte von Seminaren, von Praxen und Zentren, Dutzende neuer Bücher. Die bittere Einsicht: Christliche Spiritualität kommt in dieser gesamten Szene praktisch nicht vor. Die Kirchen haben das Thema Spiritualität an andere Anbieter verloren.

Prägen Christen die säkulare Gesellschaft?

«Ich bin überzeugt, so schwer wäre es eigentlich nicht, das Evangelium für die Menschen um uns herum attraktiv zu verkündigen – oder besser, das Evangelium für und mit den Menschen vor der Kirchentüre anziehend zu leben», sagt Pfarrer Markus Giger, Leiter der Streetchurch, die zur evangelisch-reformierten Kirche des Kantons Zürich gehört. Seine Analyse: «Wir leben nicht, was wir verkündigen! In einer Welt voller gesellschaftlicher Divergenzen treten wir Christen an mit dem Anspruch, dass der Glaube an Jesus sowohl das geplagte Individuum als auch das gefährdete kollektive Miteinander zu heilen vermag. Aber wo vermögen wir diesen Anspruch gesellschaftlich relevant einzulösen?» Unser Reden und Sein entsprechen sich nicht, zumindest nicht in der Wahrnehmung vieler Zeitgenossen und nicht in der öffentlichen Wahrnehmung, so Markus Giger weiter: «Darum sind wir für die draussen vor der Kirchentür oft schmerzlich unglaubwürdig, unattraktiv und letztlich gesellschaftlich irrelevant.»

«Sechs Tage siehst du sie nicht, am siebten Tage verstehst du sie nicht», wurde schon über die Pastoren und Pfarrer geschnödet. Wir leben in einer säkularisierten Welt. Reto U. Schneider, stellvertretender Chefredaktor beim Magazin «NZZ Folio», hat sich oft gefragt, wofür ein Marsmensch Kirchen heute hielte. Selbst im abgelegensten Dorf fände er diese langen, hohen Gebäude mit Turm, die den grössten Teil der Zeit leer stünden. Hin und wieder sähe er Menschen durch Türen strömen und auf unbequemen Bänken Platz nehmen. Vorne würde einer reden

«Christen treten mit dem Anspruch an, dass der Glaube an Jesus sowohl das geplagte Individuum als auch das gefährdete kollektive Miteinander zu heilen vermag. Wo wird das eingelöst?»

«Freikirchen sind keine humorlosen Fundamentalisten und noch weniger bedrohliche Talibans.»

und schweigen, und die Leute auf den Bänken würden in unregelmässigen Abständen aufstehen und niederknien, singen und murmeln. In jedem dieser Gebäude gäbe es ein Kreuz mit einem gegen unten verlängerten vertikalen Arm. Und an einigen dieser Kreuze hinge ein Mann, dem es – das wäre selbst dem Marsmenschen sofort klar – nicht gut geht. Ohne sich mit dem Innenleben von Ausserirdischen auszukennen, darf man davon ausgehen, dass dieser Marsmensch das Treiben in den Gebäuden mit den Kreuzen für höchst merkwürdig hielte. Und was denkt die Mehrheit der Schweizerinnen und Schweizer über die Kirchen und ihre praktizierenden Mitglieder? Obwohl die meisten einiges mehr als die Marsmenschen über die christlichen Wurzeln wissen, halten doch viele die Kirchen von heute für ähnlich «merkwürdig». Das ist fatal.

Verhältnis zu den Freikirchen ist ambivalent

Bei Freikirchen sprach man einerseits immer von «Stündelern» und «Frömmlern», heute eher von «Evangelikalen», «Sektierern», «Fundamentalisten», hie und da sogar von «christlichen Talibans». Auf solche Formulierungen reagierte Georg Schmid 2015 in einem Gastbeitrag in der Zürcher Tageszeitung «Tages-Anzeiger». Der heute pensionierte Theologe war Titularprofessor an der Universität Zürich, leitete die Beratungsstelle für Religion der evangelischen Kirche und schrieb mehrere Sachbücher. «Freikirchen sind keine humorlosen Fundamentalisten und noch weniger bedrohliche Talibans. Darum frage ich mich: Wie kommt es zur leisen Freikirchenverachtung oder gar zur lauten Freikirchenschelte?». Er formulierte fünf mögliche Antworten:

1 Freikirchler wollen uns zu ihrem Glauben bekehren. Dieser missionarische Anspruch weckt in manchen eine spontane «Freikirchenaversion».

2 Freikirchen reagieren auf Kritik in den Medien oft seltsam ungeschickt. «Skandale» werden heruntergespielt oder ganz verschwiegen.

3 Dieses Gottvertrauen! Jesus als göttlicher Freund neben dir, der dich nie mehr verlässt! Nie mehr verzweifeln! Weil das nicht mehr möglich scheint, lästern wir.

4 Ex-Freikirchlicher gehören nicht selten zu den radikalsten Kritikern jeder Religion.

5 Durch den islamistischen Terror werden andere Religionen nach ähnlichen radikalen Fundamentalismen durchforscht. In der christlichen Vergangenheit wird man sofort fündig.

Fleischersatz
So schmeckt ein unechter Hamburger. > 51

Stephan Klapproth
Der Moderator erklärt den Rollenwechsel. > 13

Europa-Debatte
Tito Tettamanti schreibt EU-Turbo Iso Camartin. > 18

«Das grösste Einkaufscenter der Schweiz für Bauen, Wohnen, Design & Lebensqualität»
Ganz in Ihrer Nähe – direkt an der A1 in Rothrist
www.stilhaus.ch

Schweiz am Sonntag

9. November 2014 | Nationale Ausgabe | www.schweizamsonntag.ch

Spektakulärer Aufstieg der Freikirchen

Die evangelikalen Gemeinschaften boomen: Sie stellen heute laut einer neuen Studie landesweit jeden dritten Kirchgänger

VON SARAH SERAFINI

Erstmals zeigt eine Untersuchung detailliert auf, wie verbreitet Freikirchen in der Schweiz sind und wie ihre Mitglieder denken. Demnach hat sich die Zahl der Evangelikalen seit 1970 von damals 37 000 auf nunmehr 250 000 erhöht. Die Freikirchlichen sind sehr aktiv und besuchen regelmässig die Messe. Darum stellen sie hierzulande an einem normalen Sonntag inzwischen einen Drittel aller Teilnehmer an einem religiösen Ritual.

Am meisten zugelegt haben die sogenannten charismatischen Freikirchen, wie die umfangreiche Studie zweier Westschweizer Religionssoziologen weiter zeigt. Sie untersuchten, was das evangelisch-freikirchliche Milieu so wettbewerbsstark macht. Der Mitgliedergewinn fand vor allem bis ins Jahr 2000 statt, seither hält sich die Zahl der Freikirchlichen auf konstantem Niveau, während die Landeskirchen schrumpften.

DIE WERTVORSTELLUNGEN von Freikirchlichen unterscheiden sich laut der Untersuchung stark von denjenigen der Katholiken, der Reformierten und der Gesamtbevölkerung. Freikirchliche denken grossmehrheitlich äusserst konservativ. Sie sprechen sich gegen homosexuelle Beziehungen aus, lehnen Schwangerschaftsabbrüche ab und befürworten traditionelle Geschlechterrollen. Sie selbst weisen eine signifikant höhere Heiratsrate auf, lassen sich weniger oft scheiden und haben im Durchschnitt mehr Kinder. Ihre Ehepartner sind meist ebenfalls bekehrt.

Laut der Studie gibt es in der Schweiz rund 5700 religiöse lokale Gemeinschaften. Die Evangelisch-Freikirchlichen stellen nach den Katholiken die zweitmeisten Lokalitäten. Das ist bemerkenswert, denn nur 3 Prozent der Gesamtbevölkerung sind Freikirchen-Mitglieder, während es bei den Katholiken 38 Prozent sind.

Kritisch äussern sich ehemalige Freikirchliche. Sie beschreiben das Milieu als einen geschlossenen Raum mit laut Studie «sektiererischer Tendenz». Von Gehirnwäsche ist die Rede. Allerdings sind es gerade auch diese Merkmale, welche den Fortbestand der Gemeinschaften sichern. > SEITEN 2/3

Auf der anderen Seite machen Freikirchen auch positive Schlagzeilen: Der «Tages-Anzeiger» titelte 2014: «Die Freikirchen boomen». Im gleichen Jahr schrieb die grösste Schweizer Tageszeitung «20 Minuten»: «Jeder dritte Kirchgänger besucht eine Freikirche» und die «Schweiz am Sonntag» doppelte nach: «Spektakulärer Aufstieg der Freikirchen». Das Verhältnis der Öffentlichkeit zu den Freikirchen scheint ambivalent. Zwar sind gemäss einer Untersuchung des Nationalen Forschungsprogramms «Religionsgemeinschaften, Staat und Gesellschaft» der Universität Lausanne von 2011 nur drei Prozent der Schweizer Gesamtbevölkerung Mitglied einer evangelischen Freikirche. Diese rund 200 000 Personen sind in der Schweiz jedoch breit gestreut. Sie bilden gemäss dieser Untersuchung in der Schweiz die zweitgrösste Gruppe der aktiven Christen, gemessen an den wöchentlichen Gottesdienstbesuchern direkt hinter der katholischen Kirche (260 000) und noch vor den reformierten Kirchgemeinden (100 000).

Was dieses Buch möchte

Ein Buch zu schreiben ist natürlich frech: Haben wir als Autorinnen und Autoren etwas Spezielles zu sagen? Es gibt Erfahrungen und bestimmte Ideen, die werden nur durch die Buchform der Vergessenheit entrissen. Unsere Gedanken und Beobachtungen über die Kommunikation der Kirchen in unserer Gesellschaft verdienen unserer Meinung nach eine ernsthafte Diskussion. Unser Ziel ist, dass die zentralen Aussagen der Bibel in der Öffentlichkeit wieder zum Nennwert diskutiert werden. Das ist heute nicht der Fall. Trotzdem findet kaum eine selbstkritische Diskussion statt. Stattdessen zeigt man lieber mit dem Finger auf die «bösen» Medien, sieht sich selber als Märtyrer – und abgehakt ist das Thema.

Wer diese Diskussion nicht scheut, laden wir zu einer kritischen Auseinandersetzung ein. Und wir präsentieren neue Fakten. Für dieses Buch wurde eine repräsentative Studie zum Image der Freikirchen in Auftrag gegeben. Befragt wurde die Deutschschweizer Bevölkerung ab 18 Jahren vom Markt- und Sozialforschungsinstitut gfs-Zürich. Die Resultate werden hier erstmals publiziert. Zudem stellen wir eine brisante Studie zur Diskussion, die bisher in der Öffentlichkeit nicht bekannt war. Es ist eine wissenschaftliche Bachelorarbeit im Studiengang Kommunikation, vorgelegt am Institut für Angewandte Medienwissenschaften (IAM) der Zürcher Hochschule für Angewandte Wissenschaften (ZHAW). Diese Arbeit untersuchte, wie Deutschschweizer Freikirchen in den Medien und damit in der Öffentlichkeit wahrgenommen werden. Die Untersuchung wurde mittels einer quantitativen Inhaltsanalyse der grossen oder wichtigsten Schweizer Tages-, Sonntags- und Wochenzeitungen sowie den Fernseh- und Radiosendungen vom Schweizer Radio und Fernsehen SRF durchgeführt.

«Wir sind überzeugt, dass die Veränderung im Kopf und im Handeln und nicht beim Marketingkonzept beginnt.»

Gleichzeitig will dieses Buch den Beweis antreten: Auch heute ist es für Kirchen möglich, die öffentliche Diskussion mit ihren Kernbotschaften mitzuprägen. Ausgewertet haben wir dafür das Dienstagsmail (www.dienstagsmail.ch), das seit über zehn Jahren solche positiven Beispiele dokumentiert. Die Kernfrage lautete: Wie und wieso schaffen es gewisse Kirchen, was in unzähligen Predigten postuliert, aber kaum je umgesetzt wird – nämlich gesellschaftlich relevant zu sein? Das Erstaunliche dabei: Es müssen gar keine Medienprofis sein. Häufig sind es einzelne Menschen, die beherzt ihre christliche Weltanschauung in die Tat umsetzen und so in den Medien vorkommen. Das Dienstagsmail richtet sich ursprünglich an Pfarrpersonen, die am Sonntag ihren Dienst, am Montag ihren freien Tag haben und am Dienstag mit einem Mail zur gesellschaftliche Relevanz von Christen und Kirchen ermutigt werden. Für diese grosse Aufgabe braucht es alle Christen. Und herausragende Beispiele brauchen eine Plattform. Das Dienstagsmail hat deshalb in der Schweiz jährlich einen Award für herausragende Kirchenkommunikation vergeben. Als Ansporn zur Nachahmung.

Wir verspüren jedes Mal Hoffnung, wenn wir in Seminaren und Schulungen sehen, wie die Teilnehmenden verstehen, dass sich grundlegend etwas ändern müsste. Diese Gedanken wollen wir mit diesem Buch einem breiteren Publikum zugänglich machen. Unser Buch richtet sich an alle Interessierten, die bereit sind, sich kritisch mit der Frage auseinanderzusetzen, warum die Kernbotschaften der Bibel kaum je zum Nennwert diskutiert werden. Von der Gesellschaft längst abgehakt, weil die Kirchen als Botschafter zu oft unglaubwürdig sind. Die Erfahrungen und Beispiele beziehen sich in erster Linie auf die Schweiz. Die Prinzipien der Kommunikation sind aber für die ganze deutschsprachige Region gültig. Das zeigt auch unser Gastautor Andreas Malessa in seiner Betrachtung über Deutschland.

Was dieses Buch nicht will: Es bietet kein einfaches Kirchen-Marketing-Rezeptbuch à la «Wie verkaufe ich mich besser». Wir sind überzeugt, dass die Veränderung im Kopf und im Handeln und nicht beim Marketingkonzept beginnt.

Das eigene Verhalten ändern

«Wo der bisher erworbene Glaube nur noch seine dauernde Bestätigung sucht, wo man die Glaubensdoktrin einer Gruppe nur noch nachbetet, um dort seine Beheimatung nicht zu riskieren, da gibt es auch keine wirklich neuen Gotteserfahrungen und geistliche Entdeckungen mehr. Da wird der Glaube am Ende eher infantil und regressiv. […] Was mich zum Stillstand bringt, ist die Angst vor dem Neuen und Unbekannten, vor Veränderungen, die ich nicht unter Kontrolle habe. Gott aber ist der ‹ewig Neue›; mit ihm gehen wir von Neubeginn zu Neubeginn, wird der Glaube zu einer Entdeckungsreise ohnegleichen.» Dieser Ausschnitt aus dem Buch «Sprung am Trapez» des deutschen Theologen Wolfgang Vorländer passt gut zum Anspruch in diesem Buch: Wir möchten verstaubte Haltungen und träge gewordenen Christen

«Diese Medienschaffenden konnten später ihre Erfahrungen zurück in Kirchen und Organisationen reflektieren.»

aufrütteln und ritualisiertes Handeln aufbrechen.
Wenn Christen gesellschaftlich relevant sein wollen, müssen sie bereit sein, sich ernsthaft auf die Fragen der heutigen Gesellschaft einzulassen. Doch wissen sie überhaupt, was die Menschen beschäftigt, wo sie sind und was sie bewegt? Nur so können Christen ihr Ghetto verlassen und auf die Mitmenschen zugehen. Medien sind sozusagen ein Spiegel der Wirklichkeit. Sie spiegeln, was Menschen beschäftigt. Oft sind das nicht die Themen, die Kirchen für wichtig halten. Aber wenn Kirchen bereit sind, sich auf diesen Prozess einzulassen, könnten sie in der Gesellschaft auf einmal auf positives Interesse stossen. Wie heisst es doch von der ersten Christen in der Apostelgeschichte: «Sie priesen Gott und wurden vom ganzen Volk geachtet.»

Sind wir von dieser Welt?

Von Willy Surbeck

Umdenken beginnt im Kopf

Dass Kirchen in Mainstreammedien über Gott reden, ist noch eine junge Disziplin. In der Schweiz besteht dabei ein enger Bezug zum Start der Lokalradios. Roger Schawinskis «Radio 24» hat im November 1979 nicht nur das SRG-Monopol gebrochen, sondern auch mentale Kirchenmauern einstürzen lassen. Der Zwang zur Direktheit und Unmittelbarkeit beim ersten Privatradio der Schweiz hat Jugendliche aus kirchlichen Gruppen zur Entscheidung herausgefordert, dem Ghetto zu entsagen und sich der öffentlichen Kommunikation zu stellen. Einige haben die Herausforderung angenommen.

Mord zum Gottesdienst

Auf dem Planeten Erde werden täglich theologische Vorstellungen kommuniziert, indem Menschen erschossen, gehenkt, enthauptet oder von Bomben zerfetzt werden. Die zeitgemässe Sprache verwendet dafür den Begriff «Terror», als wäre ein neuartiges Phänomen über uns hereingebrochen. So entsetzlich Terror ist, Terror ist nicht neu. Terror im Namen Gottes gehört zu den ältesten Traditionen der Kulturgeschichte. Begonnen hat die Geschichte des Terrors gleich nach dem ersten Opferritual, das in der Bibel beschrieben ist (1. Buch Mose 4,1–4).

Es sind Kain und Abel, die in ihrem Anbetungsgottesdienst mit Gott reden. Die Kommunikation im Beziehungsdreieck Kain vs. Abel – Gott bewirkte, dass Kain gegenüber seinem Bruder Abel weniger Ehre und Würde empfand. Nach dem Disput mit Worten wählte Kain die Sprache der Gewalt. Er tötete seinen jüngeren Bruder Abel durch Erschlagen.

Kain erschlägt Abel. (Bild Blog annoyzview.files.wordpress.com)

«Die Bibel wurde das am häufigsten gedruckte und publizierte sowie das am meisten übersetzte Werk der Weltliteratur.»

Ein Wandbild an einer Kirche der Pro-Ulster Volunteer Force (UVF) in Carrickfergus im Norden des Belfast Lough. (Quelle Miossec / CC BY 2.5)

Wer immer die Urheberschaft der Bibel war, sie leistet sich die kreditschädigende Idee, bereits mit der ersten Beschreibung eines Anbetungsgottesdienstes einen Brudermord geschehen zu lassen. Begangen durch den ersten Sohn der ersten Familie der Menschheit. Und dann war da noch die Idee, dass der Mensch die Krone der Schöpfung sei. Jede Kommunikationsagentur hätte bei diesem Plot das Mandat niedergelegt. Dennoch sollte die Bibel das am häufigsten gedruckte und publizierte sowie das am meisten übersetzte Werk der Weltliteratur werden.

Wer im Namen Gottes Menschen ermordet, legt ein Geständnis ab. Er gesteht die eigene Unfähigkeit, sein Gottesbild mit Worten offenlegen und plausibilisieren zu können. Menschen beziehen aus ihrem Gottesbild «Reichtümer, Würden und Rechte», wie Friedrich Schiller in «Geschichte des dreissigjährigen Kriegs» einprägsam beschreibt. Töten also Menschen, mit gefühltem Defizit an Würde und Sozialstatus, weil sie nicht gelernt haben, ihr Gottesbild mit Worten nachvollziehbar und plausibel zu formulieren? Mordmotiv Sprachdefizit.

Diskurs über Gott als Härtetest

So schwierig es ist, über Gott zu debattieren, die Qualität dieser Debatte ist ein Schlüsselkriterium für langfristigen Erfolg einer Kultur. Die Debatte über Gott bewirkt Ethik. Aus Ethik leitet sich Verteilung von Macht ab, ebenso Verteilung erwirtschafteter Gewinne sowie des Wissens. Dies wiederum beeinflusst die Innovationskraft einer Gesellschaft.

So hat das Konzil zu Basel von 1431 bis 1449 einen offenen Diskurs über Gott erzwungen. In der Folge wurde in Basel die Universität gegründet, welche – einhergehend mit Geisteswissenschaften – moderne Technologien katalysierte. Dazu gehörten auch Humanmedizin, Buchdruck und industrielle Färberei.

Gesprächsrunde im Klostergarten der Benediktinerinnen in Rietberg-Varensell.
(Bild Abtei Varensell www.abtei-varensell.de)

«Beide Systeme haben den freien theologischen Diskurs verhindert.»

Die industrielle Färberei war Avantgarde der späteren Chemie- und Pharmaindustrie, welche 500 Jahre später zu Hauptkomponenten der Schweizer Exportwirtschaft wurden. Bereits im 15. Jahrhundert zog dies Gelehrte, Industrielle, Innovatoren und Investoren nach Basel. Unter ihnen waren zahlreiche Glaubensflüchtlinge. Deshalb lernte Basel die Religionsfreiheit schon früh als Drillingsschwester wirtschaftlichen und wissenschaftlichen Erfolgs zu begreifen.

Umgekehrte Beispiele der Beziehung von theologischem Diskurs und Prosperität sind Nationalsozialismus und Stalinismus. Beide Systeme haben den freien theologischen Diskurs verhindert. Dies ermöglichte beiden Regimes, sich mit Symbolen der Göttlichkeit auszustatten und die Opposition auszuschalten. Das NS-Regime sowie der Stalinismus haben gemeinsam, dass sie bis heute von allen Systemen den höchsten Blutzoll an unschuldigen Menschen eingefordert haben.

Etwas vertreten, das unsichtbar ist

Vergleichsweise einfach haben es Aktivisten, welche sichtbare Hauptsubjekte bewirtschaften. Zum Beispiel AKW-Gegner. Sie haben Kühltürme, die wie Mahnmale aus der Landschaft ragen. Erst mit dem Bau von Kühltürmen in den Siebzigerjahren liess sich der Widerstand gegen die Kernkraft mobilisieren. Erst recht geschah dies ab 1986 nach der Reaktorkatastrophe in Tschernobyl mit Bildern genetisch entstellter Kinder. Dabei plante die ETH in Zürich 1956 einen unterirdischen Atomreaktor, gekühlt nicht durch einen sichtbaren Kühlturm, sondern unsichtbar durch Wasser aus der Limmat. Kaum jemand protestierte.

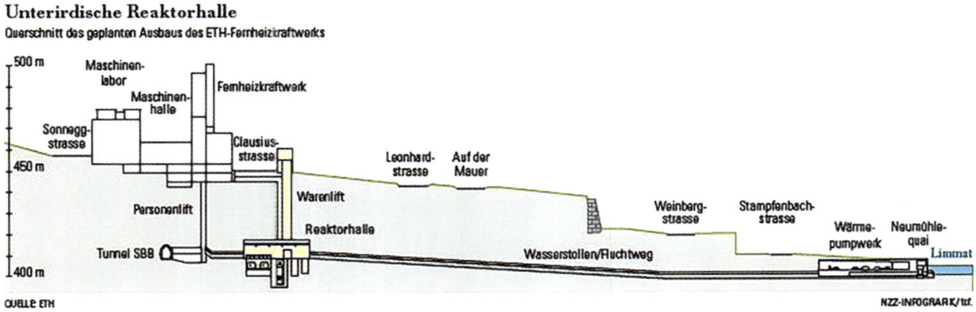

Der unterirdische Reaktor der ETH. (Bild ETH, NZZ-Infografik)

«Auch der Fussball lebt von der Visibilität des Hauptobjekts: des Balls.»

FIFA 16 Fussballsimulations-Game von EA Sports. (Bild YouTube)

Auch der Fussball lebt von der Visibilität seines Hauptobjekts. 22 Männer streiten mit Körpereinsatz um eine Kugel aus Leder. Sie versuchen, die Kugel dem Gegner gegen dessen Abwehr ins Netz zu schiessen. Die Mannschaften sind visuell deutlich unterscheidbar. Sieg und Niederlage sind einfach kommunizierbar. Zwei Zahlen mit zwei vertikal angeordneten Punkten dazwischen reichen, zum Beispiel 4:1. Der Spielstand steht immer auf je einer grossen Schrifttafel an den Enden des Spielfeldes geschrieben. Jede Mannschaft hat eine Art Priester, der hoffend, beschwörend, bangend, schreiend mit vielen Gesten seine Mannschaft dirigiert. Häufig wird eine Aktion auf dem Spielfeld durch einen humorlosen Mann mit schwarzen, kurzen Hosen und Pfeife gestoppt. Er bestraft Spieler mit gelben und roten Karten. Gelb bedeutet Schande. Rot bedeutet Ungnade, der Spieler muss sofort vom Platz. Mit derartig verteilter Würde und Schmach erzielte die UEFA laut sponsors.de allein während der Fussball-Europameisterschaft 2016 mehr als zwei Milliarden Euro Einnahmen.

Kindheit in zwei Welten

Geboren 1955, wuchs ich in einem kleinen Bauerndorf im Kanton Schaffhausen, dicht an der Grenze zu Deutschland auf. Mein Vater war Posthalter und Gemeinderat, meine Mutter (geb. 1933), Lehrerin, stammte aus dem Elsass. Traumatisiert durch den Nazi-Terror und die Zwangsrekrutierung ihres Vaters 1944 durch die deutsche Wehrmacht in den Volkssturm, während die Mutter meiner Mutter allein mit fünf Kindern den Bombenabwürfen der Alliierten sowie den Geschossen des deutschen Widerstandes ausgesetzt war, erlebte sie 1946 die Entgermanisierung. Über Nacht am Gymnasium kein Wort mehr in deutscher Sprache. Die Irritierung ihres Heimatverständnisses sublimierte sie in ein Gottesbild, welches Friede, Geborgenheit und Verbindlichkeit fokussierte. Zu meinen frühen Kindheitserlebnissen gehörten christliche Lieder am Klavier.

«Aber sie sahen sich unter dem Missionsbefehl des Matthäus-Evangeliums (Kapitel 28), Menschen für das Evangelium gewinnen zu müssen.»

Dann kam 1968. Rockmusik, lange Haare, Rebellion, freie Sexualität, LSD, Weltverbrüderung und Sozialromantik begannen, die Agenda der Jugendkultur zu beherrschen. Durch meinen Kopf zog sich eine Mauer, auf deren einen Seite das Bild des Jesus aus der Sonntagsschule stand. Auf der anderen Seite wurden Institutionen, welche das Lesen der Bibel kultivierten, von vielen Menschen reflexartig gemieden. Die Ablehnung geschah meistens, bevor eine sachliche Abwägung von Argumenten stattgefunden hatte. Die Mehrheit der Bevölkerung setzte kaum einen Schritt über die Schwelle einer evangelischen Freikirche. Solche Kirchen ausserhalb des Staatsmono-

«Dieser Konflikt zweier Welten war wie zwei Langstrecken-Jets, welche auf gleicher Höhe, auf gleicher Route, aufeinander zufliegen.»

pols standen nicht im Werbevorteil des Glockenturms und der vom Staat erhobenen Steuereinnahmen. Aber sie sahen sich unter dem Missionsbefehl des Matthäus-Evangeliums (Kapitel 28), Menschen für das Evangelium gewinnen zu müssen. Deswegen stellten Freikirchen regelmässig ein grosses Zelt auf eine Wiese. Sie engagierten einen wortgewaltigen Redner, der vom Jesus am Kreuz predigte und mit der Hölle drohte. Der Posaunenchor spielte Märsche und Heilslieder.

Dieser Konflikt zweier Welten, in denen ich lebte, war wie zwei Langstrecken-Jets, welche auf gleicher Höhe, auf gleicher Route, direkt aufeinander zufliegen. Beide Piloten sehen sich nicht veranlasst, mit der Gegenseite zu sprechen. Sie sind derart verhaftet in ihre Flugdaten, dass sie sich keine andere Flughöhe und Route vorstellen können. Diese Spannung war anstrengend. Aber sie wurde in mir Energiequelle für Wahrnehmung, Abstraktion und Kreativität.

Evangelist Wilhelm Pahls während der Christus-Festwochen im Hallenstadion Zürich 1983. (Bild Schweizerisches Sozialarchiv / Gertrud Vogler / F 5107-Na-01-002-021)

«Radio 24» weckte Aufmerksamkeit für Medien

Nach einigen Jahren auf meinem erlernten Beruf als Maschinenmechaniker bot sich mir die Chance, Radiosendungen mit theologischen Inhalten zu gestalten. Die Sendungen wurden durch «Radio 24», dem damals einflussreichsten Trendmedium der Schweiz, täglich aus Italien in die Region Zürich ausgestrahlt. «Radio 24» war interessant, weil es eine klare Positionierung aufwies. Diese Positionierung bestand aus drei Komponenten. Erstens: Ablehnung der Monopole. Zweitens: Offenlegung elitärer Machtgebärden. Drittens: Reggae-Musik aus Jamaika. Der Sender wurde aus der Politik bekämpft, vor allem durch den Bundesrat sowie Exponenten von CVP und SP. Ebenso durch SRG, PTT, die Grossverlage Ringier, TA-Media und Jean Frey. Der Ringier-Chefredaktor Walter Bosch schlug öffentlich vor, dass man «Radio 24» eigentlich mit einem Störsender verhindern müsste. 1982 marschierten vor dem «Radio 24»-Studio in Italien sogar bewaffnete Polizeigrenadiere auf. In Kampfmonturen, schiessbereit mit Schlagstöcken und Schneidbrennern verschafften sie sich gewaltsam Zutritt zum Studio. Sie kappten das Sendesignal von «Radio 24». Derart viel Feindschaft bewirkte für «Radio 24» grösste Aufmerksamkeit – und Goodwill beim Publikum. Roger Schawinski hatte bereits 1979 binnen nur fünf Tagen 212 000 Unterschriften für die Zulassung von «Radio 24» in der Schweiz gesammelt. Eine Mobilisierungsleistung ohne Beispiel in der Schweizer Demokratiegeschichte.

Somit war ich in die heftigste Umwälzung der Massenkommunikation involviert, welche die Schweiz seit dem Zweiten Weltkrieg erlebt hat. Roger Schawinskis «Radio 24» hat im Jahr 1983 die Legalisierung des privaten Rundfunks in der Schweiz erzwungen. Man kann sich heute den damaligen Alltag fast nicht vorstellen. Vor 1979 gab es in der deutschsprachigen Schweiz nebst der SRG, deren Generaldirektor durch den Bundesrat bestimmt wurde, kein Radio oder Fernsehen. Es gab kein Internet. Kein Handy. Keinen Personal Computer. Kein Fax-Gerät. Vor 1979 gab es in der Schweiz für elektronische Medien nur eine Opportunität, nur ein System, nur eine Karriereleiter und irgendwie auch nur eine

Roger Schawinski (Mitte), Gründer von «Radio 24». (Bild radio24.ch)

Wahrheit. Zwar gab es 200 Zeitungen mit insgesamt wachsender Auflage. Aber Jugendliche unter 25 bezogen den Grossteil ihres Politikwissens ohnehin weniger aus Zeitungen, sondern vorwiegend aus Radio und Fernsehen. Dies verschaffte «Radio 24» zusätzliche Wichtigkeit.

Gruppenbild vor dem «Radio 24»-Tram in Zürich-Seebach aus dem Jahr 1984. (Bild radio24.ch)

Roger Schawinskis «Radio 24» spiegelte und katalysierte wie kein anderes Massenmedium den Paradigmawechsel. Vielfalt statt Monopole. Auflösung der geschlossenen Systeme. Blossstellung der Autoritätsgebärden. Entlarvung der Worthülsen. Alles ist machbar. Alles ist hinterfragbar. «Das System», wie es damals hiess, «der Filz hinter Beton und Panzerglas» von Grossaktionären, Bankern, Militärs, Investoren, FDP-Karrieristen, Rüstungsprofiteuren und AKW-Lobbyisten» ist keine anonyme Blackbox, sondern besteht aus Namen von Entscheidungspersonen – und diese haben alle eine Telefonnummer. Dort mussten jetzt Journalisten hintelefonieren, fragen und rückfragen. Sie mussten Worthülsen knacken. Sie mussten sichtbar machen, wer wer ist und wer was gemacht hat. Man musste Akteure in Politik, Kultur und Wirtschaft zur Aussage zwingen über das, was sie bis jetzt mit Wörtern vernebelten.«Organisation», «Regelung», «Anpassung», «Prozesse», «Verfahren», «politische Gründe», «Gesellschaft» oder «Kultur». Die Öffentlichkeit wollte wissen: Wer sind die Akteure? Wer kassiert? Wer hat mehr Macht? Auf wessen Kosten? Jetzt durften Meinungsmacher im Affekt erlebbar werden. Höhepunkt waren Schawinskis wöchentliche, ganzstündige «Doppelpunkt»-Interviews. Hier wurden Gesprächspartner während Minuten entlang der Tabugrenze mit Fragen attackiert. Schawinski handelte sich das Prädikat des «journalistisches Wrestlings» ein. Wer sich aus Angst vor Rogers Suggestivfragen nicht in die Sendung traute, galt als Weichei. Also musste die ganze Schickeria, von Ulrich Kündig, damals Programmdirektor des Schweizer Fernsehens, bis zum SVP-Tycoon Christoph Blocher oder Tagi-Chefredaktor Peter Studer antreten. Die SRG konnte sich diesen frechen Fragestil von «Radio 24» nicht leisten. Somit hatte das junge «Radio 24» mit seiner Nähe zum jungen Publikum eine hohe Bedeutung. Es sollte die Modalitäten der öffentlichen Kommunikation bis zur Jahrtausendwende prägen.

Ideenquelle Journalismus

Unbemerkt von der Öffentlichkeit übte «Radio 24» auf bibellesende Christen einen dreifachen Einfluss aus. Einmal durch sein reguläres Programm. Zum anderen durch die «Gospel Radio»-Sendungen mit theologischen Inhalten, welche «Radio 24» gegen Bezahlung täglich ausstrahlte. Und auf eine dritte Art. Das waren Medienseminare. Medien sind wie nie zuvor in kirchlichen Jugendgruppen durch «Radio 24» plötzlich ein Thema geworden. Für die Produktion der Gospel-Sendungen sowie für die Mitarbeit bei den in Aussicht stehenden Lokalradios, besuchten mehr als 200 Jugendliche aus der Kirchenszene Vorträge und Ausbildungskurse. Sie begannen, sich für die Mechanismen und Methoden der Publizistik zu interessieren. Sie lernten, Nachrichten zu schreiben. Unzählige von ihnen haben sich in der Folge für eine Laufbahn in einem Beruf in der Kommunikationsbranche entschieden.

«Sie rangen eine halbe Stunde lang um die wichtigsten vier Wörter des Tages.»

Im Jahre 1984 unterwarf ich das Erlernte dem unternehmerischen Tauglichkeitsbeweis. Mit einem Partner gründete ich in der Region Basel ein Pressebüro. Wir organisierten Vorträge und Seminare zur Vermittlung von publizistischem Wissen sowie Medienkenntnissen und Wissen darüber, wie öffentliche Meinung entsteht. Auch coachten wir Jugendliche an der Schwelle zur Medienbranche.

Um praxisnah argumentieren zu können, lieferte ich als freier Journalist für Zeitungsverlage, Radiostationen und Nachrichtenagenturen bezahlte Berichterstattung zu aktuellen Ereignissen. Bald kam ich dort an, wo neben «Radio 24» ebenfalls die grösste Öffentlichkeit bewirtschaftet wurde. Das war die Tageszeitung «Blick». In den 1980er-Jahren war «Blick» in der Schweiz Nummer eins in Verkauf und Leserreichweite. Dort wurde täglich eine Telefonkonferenz abgehalten. Reporter aus der ganzen Schweiz mussten ihre Themen anbieten. Redaktoren waren damals Geschichtenerzähler mit Monatslöhnen ab 8000 Franken, wenn man Dienstwagen mit bezahltem Benzin einrechnet. Täglich um 18 Uhr sassen die vier bestbezahlten Redaktoren um einen kleinen Tisch in der Redaktion. Sie rangen eine halbe Stunde lang um die wichtigsten vier Wörter des Tages. Man formulierte die Schlagzeile, die am nächsten Tag auf dem gelben Aushang am Kiosk die Menschen zum Kauf der Zeitung animieren sollte. Es war die tägliche Liturgie für das Massenpublikum. Diese Arbeit entschied täglich über bis zu 40 000 zusätzlich oder weniger verkaufte Exemplare. Hier zählten nicht Ansichten oder Parteibuch, sondern einzig die zwei Fragen, ob die Menschen den «Blick» am Kiosk kaufen werden und ob das Strafgesetzbuch eingehalten wird. Daraus leiteten sich alle Prioritäten der Redaktion ab. Das bestimmte Sprache, Themen und wo man Ideen und Informationen bezog. Das bestimmte, mit welchen Menschen, Institutionen und Unternehmen man Kontakt haben musste. Und dann lernte man das Menschenbild, welches täglich mit den grossen Buchstaben und aufregenden Bildern bedient wurde. Es wurde täglich erprobt und durch den Verkaufserfolg bestätigt. Ausgesprochen wurde das selten – aber jeden Tag genutzt.

Erfolgreiche Boulevardjournalisten kennen die menschliche Seele. Sie wissen, dass Angst und Narzissmus zentrale Kräfte der menschlichen Seele sind. Das Ego sitzt neben Angst. Die Angst neben dem Ego. Neid. Schadenfreude. Frust. Träume. Unverarbeitete Kindheit. Heimliche Träume. Neugier nach mystischem Geheimnis. Sehnsucht nach Sinn, Geborgenheit und Schönheit. Angst vor Schicksal, Ausschluss und Tod. Und alles verdrängt, dumpf und kaum ausgesprochen. All dieses kommt dem in der Bibel beschriebenen Menschenbild erstaunlich nahe. Mehrfach sprach ich Kollegen darauf an. Das Gespräch wurde nie langweilig.

Worte sind Vampire

Im Journalismus musste ich Begriffe finden, welche mir bis dahin gefehlt hatten. Begriffe, welche es erst ermöglichen, dass man richtige Gedanken fassen und diese aussprechen kann. Am Anfang ist immer der Begriff. Ohne Begriff keine Frage und kein benennbarer Gedanke. Ohne Gedanken kein Diskurs. Ohne Diskurs keine Konklusion. Ohne Konklusion keine klaren Ziele. Ohne Ziele keine messbaren Entscheide.

«Öffentlichkeit» war ein solcher Begriff, der mir fehlte. Er wurde in meiner Jugendzeit besetzt vom Begriff «Welt». Die «Welt» meinte in den Predigten zwar «Öffentlichkeit», umhüllte sie jedoch gleichzeitig zwingend mit der theologischen Bedeutung als abgefallener Teil der Schöpfung, beherrscht von der Finsternis. Das falsche Wort «Welt» hatte wie ein Vampir das Wort «Öffentlichkeit» leergesaugt und sich mit dessen Inhalt vollgesaugt. So suggerierte damals manche Predigt, ohne es auszusprechen, dass die Öffentlichkeit vom Bösen beherrscht sei.

Bewusst war mir das einige Jahre zuvor geworden, als ich am «Blick»-Inseratedesk im Ringier-Pressehaus ein Inserat für «Gospel Radio»-Sendungen aufgeben musste. Als die Verlagsmanagerin mich fragte, wofür und von wem das Inserat sei, stockte mir der Atem. Die Schlüsselbegriffe wären «Welt», «Evangelium» und «Christen» gewesen. Aber die Worte fehlten mir, um das zu sagen, was ich sagen wollte, ohne falsche Bilder zu wecken.

Was war nur passiert? Der Vertreter einer 3%-Randgruppe ohne öffentlichkeitstaugliche Sprache spürte plötzlich die Gewalt der repräsentativsten Zeitung der Schweiz und ihrer täglichen Leserschaft von mehr als einer Million Menschen. Diese hatten damals die Tageszeitung «Blick» nicht nur zum meistverkauften Markenartikel und zur meistgelesenen, sondern auch zur am schnellsten wachsenden Zeitung der Schweiz gemacht. «Blick» hatte in der Mitte der 1980er-Jahre den grössten Einfluss auf alle anderen Zeitungen, Werbeagenturen und auf die Rhetorik der Politik – und auf die inhaltliche Besetzung der Begriffe.

«So suggerierte damals manche Predigt, ohne es auszusprechen, dass die Öffentlichkeit vom Bösen beherrscht sei.»

Heinrich Heine soll kurz vor seinem Tod gesagt haben, die semantischen Probleme (Bedeutungsprobleme) zur Übersetzung seiner deutschsprachigen Schriften in die französische Sprache hätten einige seiner Mythen entlarvt, weil der Dolmetscher nach dem assoziativen Inhalt seiner Sprachbilder zurückgefragt habe. Es ist offensichtlich: Wer die Assoziationen nicht kennt, die seine Sprache und seine Symbole in den Köpfen seiner Zuhörer hervorrufen, der scheitert kläglich bei der Kommunikation.

Jesus aus Galiläa muss solches gewusst haben. Jedenfalls enthält die Bibel kein einziges Zitat, in welchem Jesus den wichtigsten Begriff seiner Identität für sich verwendet hat. Nämlich «Messias». Der Begriff war vollgesaugt mit falschem Inhalt. So enthalten etliche Jesus-Zitate der Bibel Umschreibungen, welche den Messias-Anspruch indizieren, aber ohne das Wort «Messias» zu nennen. Erfahren habe ich das von einem Kollegen mit interessantem Karriereverlauf. Zuerst Theologe, dann Journalist.

In mir kommt Analogieverdacht von kirchlicher Insidersprache zu Heinrich Heine auf. Was bleibt von einem Gottesbild übrig, wenn es in einer anderen Sprache, etwa in der Sprache der Öffentlichkeit, erklärt und plausibilisiert werden muss? Was bleibt, wenn die Klischees entlarvt sind? Ein Experiment könnte das klären: Man nimmt zehn Absolventen theologischer Ausbildungsstätten, welche sich auf die Bibel berufen, getrennt in Klausur. Sie werden insistierend befragt nach der Bedeutung ihrer Schlüsselbegriffe. Die befragten Begriffe wären «Seelsorge», «Heiligung», «Mission», «Gottes Willen», «Wort Gottes», «Bekehrung», «Seele», «Geist» und «geistliches Wachstum». Die Fragen stellen würde je ein forensischer Psychiater, der Chefredaktor der NZZ, eine Dozentin für Betriebswirtschaft an der HSG, ein erfolgreicher Fussballtrainer sowie ein ausgewiesener Werbetexter. Die Begriffe müssten von den Befragten samt den wichtigsten Kritierien für Qualität erklärt und begründet werden. Die Expertenrunde protokolliert nur, was sie im Konsens verstanden hat. Ich wette hier und jetzt sechs Flaschen Cabernet sauvignon, dass die übereinstimmenden Anteile der Antworten für die meisten Kirchen bei einem Anstellungsverfahren nicht ausreichen würden, wenn ein junger Theologe seine Überzeugungen auf diese Konsensantworten reduzieren würde. Das Resultat eines solchen Experimentes könnte für Betroffene ein Verlust an bisherigen Gewissheiten, aber Gewinn an Bewusstheit bewirken.

Offenbarende Distanz

Wer Taxifahrer, Gegner, Nachbarn, Kinder oder Trampassagiere über eine Institution reden hört, lernt viel über diese Institution. Man lernt, was die Umwelt nicht weiss, was die Umwelt sieht, hört und spürt. Auch erfährt man, was unbeteiligte Menschen verstehen und wie sie es einordnen. Kritische Distanz ist anstrengend, aber sie verschafft Wissen. Ohne dieses Wissen ist erfolgreiche Massenkommunikation nicht möglich. Der langjährige Zürcher Chefredaktor und vormalige «Blick»-Redaktor Karl Lüond half den Kioskverkäuferinnen einmal frühmorgens um 6 Uhr im Hauptbahnhof Zürich Magazine und Zeitungen auspacken, nur um die ZeitungsleserInnen am Tresen zu spüren.

Auch ich habe das mit meinem Gottesbild gemacht. In 30 Jahren Journalismus mit Tausenden von Begegnungen mit unterschiedlichsten Menschen in unterschiedlichsten Situationen. Dazu hörte ich in 2000 Sitzungen in mehreren Redaktionen, wie Meinungsmacherinnen und Meinungsmacher über bibelverbundene Menschen und deren Institutionen reden, schweigen und entscheiden.

Eines der unzähligen Beispiele war der Veranstalter einer Pornomesse. Der Erotikprofi bat mich als Chefredaktor und Geschäftsführer des TV-Senders «Telebasel» um Berichterstattung. Er wollte Kosten für Inserate und TV-Spots einsparen. Allerdings brauchte er ein Argument, um meine Journalistenseele zu gewinnen. So versprach er mir Protestaufmärsche von «fanatisierten Organisationen aus dem Kirchenbereich», welche vor seinen Toren ein spektakuläres Sujet für TV-Berichterstattung abgeben würden.
Solche Erfahrungen helfen mir, mich von gewohnten Sprach-, Denk- und Reaktionsmustern zu lösen. Ich habe mich von Lieblingswörtern und Lieblingsgedanken verabschiedet. Die einstige «Weltwoche»-Autorin Margrit Sprecher verriet an einem internen Seminar den Merksatz des englischen Magazinjournalismus: *«Kill your darlings»*.

Meine Konklusion nach über 35 Jahren an den Orten der Meinungsentstehung: Personen und Institutionen, welche sich mit jüdisch-christlicher Spiritualität und deren Kraft befassen, werden oftmals in die Zone *Religion* ausgelagert. Diese Zone ist eine Art philosophisches Tal der Aussätzigen. Dort hingehen und zuhören ist für Redaktorinnen und Redaktoren fakultativ. Dabei vergisst der redaktionelle Alltag sehr leicht, dass die Pressefreiheit eine Geschichte hat, an deren Anfang jüdische und frühchristliche Spiritualität mit einem emanzipatorischen Gottes- und Menschenbild stand. Dieses Gottes- und Menschenbild, getränkt vom Blut seiner Märtyrer, setzte sich bereits in den ersten Jahrhunderten der Vergöttlichung von Königen, Kaisern und Diktatoren entgegen. Es führte zu den Freiheitsrechten des Individuums. Es gründet auf dem Gebot der Gleichwertigkeit aller Menschen. Es förderte Chancengleichheit und Abschaffung der Klassengesellschaft. Dieses Gottes- und Menschenbild der Emanzipation wuchtete sich durch Weltgeschichte, von der Antike zur Postmoderne, selbst durch alle im Namen Gottes begangenen Verbrechen. Was im digitalen Lärm der Newsrooms etwas vergessen gegangen ist, hat die irische Popband U2 im Titelsong ihres Albums «War» (1983) in Erinnerung gerufen. «The real battle just began to claim the victory Jesus won». (Song: «Sunday Bloody Sunday»). Noch immer kann man es auf YouTube anhören.

Kirchliche Gruppen, welche herausfinden möchten, woran sie die Öffentlichkeit misst, stossen auf ein hilfreiches Zitat: «Kultur ist alles, was dem Individuum erlaubt, sich gegenüber der Welt, der Gesellschaft und auch gegenüber dem heimatlichen Erbgut zurechtzufinden, alles was dazu ruhrt, dass der Mensch seine Lage besser begreift, um sie unter Umständen verändern zu können.» Es kam 1975 durch Gaston

Tausende Tote in Amerika! 7 Sonder-Seiten
Die Welt in Angst! Gibt es Krieg?
Großer Gott, steh uns bei!
Bild
KÖLN

Clottu, FDP-Nationalrat (NE) zur Sprache. Clottu musste im Auftrag des Schweizerischen Bundesrates «Perspektiven der künftigen Kulturpolitik in der Schweiz» vorschlagen. Er verwendete eine Definition aus dem Europarat, an welcher sich bis heute kantonale Kulturdirektionen sowie Einwohnergemeinden orientieren. Der vormalige Direktor von Radio DRS, Andreas Blum, nahm das Zitat gar auf die Titelseite seines einstigen Programmleitbildes.

Fördert (frei)kirchliche Kommunikation wie Predigten, Bibelunterricht und Seelsorge bei Menschen Emanzipationsprozesse und eigenständiges Denken? Eröffnet sie Zugang zu geistigen Kraftfeldern zur Bewältigung von Leben und Sterben? Oder bewirkt sie nur mentale Abhängigkeit an eine Institution? Können sich kirchliche Institutionen an dieser Leitlinie messen lassen? Falls ja, wieso? Falls nein, wieso nicht? Die Diskussion darüber könnte Ideen bewirken für theologische Seminararbeiten, Predigten, neue geistliche Lieder, Zielfindungsprozesse von christlichen Kirchen und Sozialwerken. Und sie könnten Ansätze dafür liefern, wie Anbetungsgottesdienste zu kulturellen Brennpunkten von öffentlicher Bedeutung werden.

Wie sogar die Bibel Schlagzeilen macht

Von Wolfgang Wettstein

So kommen kreative Aktionen in die Medien

Das ist die erstaunliche Geschichte eines Bibelspots zum «Jahr der Bibel». Kaum eine Kampagne hatte je solch einen Erfolg, und das trotz sehr bescheidenem Aufwand. Sie zeigt aber auch, wie es die Kirchenbosse trotz Steilvorlage verpasst haben, in den Medien spannende Werbung für die Bibel zu machen.

Zwei Männer sitzen in einer Sauna. Beiden rinnt der Schweiss über das Gesicht. Da blickt der eine neugierig auf den Schoss seines Nachbarn. Er ist fasziniert von dem, was er dort sieht. Es ist eine grosse, schwarze Bibel. Die Pointe erfährt der Zuschauer natürlich erst am Schluss.

Zum «Jahr der Bibel» 2003 hatte ein ehemaliger Praktikant von cnm – einer Anlaufstelle für Personen und Organisationen, die sich für Medien und Öffentlichkeitsarbeit interessieren – die Idee für eine Werbespot. Er ist mittlerweile Fernsehjournalist beim Schweizer Fernsehen. Der Spot sollte junge, kirchenferne Zuschauer ansprechen, die Christen, Kirche und Bibel lustfeindlich und langweilig finden. Er fragte zwei Freunde mit schauspielerischem Talent an, ob sie die Hauptrollen im Spot übernehmen würden. Eine Gage gebe es keine, aber Spass würde es machen. Ja, sie wollten. Vom Sportcenter der Universität Zürich-Irchel erhielt er die Erlaubnis, vor Betriebsöffnung, also am frühen Morgen bevor eingeheizt wurde, in der uni-eigenen Sauna Filmaufnahmen zu machen. Bezahlen musste er dafür nichts.

«Niemals zuvor mussten zwei Menschen so sehr in einer Sauna frieren wie bei diesem Dreh.»

«Ausgerechnet an der cnm-Jahresversammlung, Gottes Fügung wollte es so, sahen eine Million Leser im ‹Blick› eine gross aufgemachte Geschichte.»

SAMSTAG | 5. JULI 2003 | 3 | Blick

Diesen Spot hat das Schweizer Fernsehen verboten

«Die Bibel: Grösser. Dicker. Geiler.»

VON PIERINA HASSLER

OBERHALLAU SH. Ein Fernsehspot der besonderen Art. Provokativ und sexy möchte der reformierte Pfarrer Lukas Huber (36) im «Jahr der Bibel» für das Buch der Bücher werben. So nicht! Zu gewagt, findet das Schweizer Fernsehen.

«Die Bibel ist ein Buch voller spannender und erotischer Geschichten», sagt Lukas Huber. Nur wissen das die wenigsten. Der emsige Pfarrer will mit dieser Botschaft möglichst viele Schäfchen erreichen. Was ist da besser geeignet als ein geiler Spot im Schweizer Fernsehen?

Lukas Huber hat deshalb mit einem Kollegen einen sexy Werbespot für die Bibel abgedreht. Zwei Männer sitzen in der Sauna. **Neidisch schaut der eine auf den vermeintlich grossen Penis des anderen.** Die Geschichte löst sich auf: Neidisch ist er nicht auf den Penis, sondern auf die Bibel, die auf dem Schoss des Kollegen liegt. Der Bildschirm wird schwarz, dann wird dem Zuschauer der Spruch eingehämmert: «Die Bibel. Grösser. Dicker. Geiler.»

Der 20-Sekunden-Spot ist fertig. Aber er bleibt in der Schublade. **Das Schweizer Fernsehen will den Spot nicht senden.** «Religiöse und politische Werbung ist auf SF DRS nicht erlaubt», so Othmar Stadelmann von Publisuisse zu BLICK. Die Firma ist zuständig für die Vermarktung der Fernsehwerbung der SRG SSR.

Doch Lukas Huber zweifelt: «Das ist nur ein Vorwand, unser Spot ist denen zu sexy.» Möglich! Denn am

Was hat die Bibel mit Sex zu tun? «Nicht viel», sagt Marc Aellen von der Bischofskonferenz. «Ich finde die Idee geschmacklos. Die Bibel hat mehr zu bieten als die Sexualität.» Urs Jörg von der schweizerischen Bibelgesellschaft doppelt nach: «**Dieser Spot reitet nur auf der Sexualwelle, und das finde ich dégoutant.**»

Simon Weber vom Schweizerischen Evangelischen Kirchenbund hält dagegen: «Die Überlegung hinter dem Spot finde ich nicht uninteressant.» Und: «Auch die Kirche kann humorvoll, modern und provozierend sein.»

LIEBE LESERINNEN, LIEBE LESER
Was halten Sie von einem solchen Werbespot für die Bibel? Hat das Schweizer Fernsehen richtig oder falsch

«Mein Gott, was hast denn du da Grosses», scheinen die neugierigen Augen des Saunagängers zu fragen.

«Tja, so was sieht man halt nicht alle Tage, gell», scheint der andere stolz zu antworten.

Ein Polizist schaut in die vom Roboter geöffnete Kiste.

Bombenalarm Teile des Bundeshauses evakuiert

BERN. Wegen eines kistenähnlichen Gegenstandes werden gestern Teile des Bundeshauses West evakuiert, der Verkehr in der Bundesgasse wird umgeleitet. Spezialisten der Polizei öffnen die Kiste mit einem Spezialroboter. Bruno Gurtner, Sprecher der Berner Stadtpolizei: «Es bestand zu keinem Zeitpunkt eine Gefahr für Menschen oder Umwelt.» Nach 20 Minuten kehrt der Alltag wieder ein. Anonyme Globalisierungsgegner haben sich zum «Anschlag» bekannt. Sie kritisieren die «zunehmenden Eingriffe von Polizei und Militär in die Grundrechte der Bevölkerung».

Superaktion mit 250 Sommer-Ideen

BERN. SBB und Schweiz Tourismus lancieren eine Sommeraktion für Schweiz-Reisen. Insgesamt wurden 250 Sommerideen zusammengestellt. Details finden BLICK-Leser am Montag im BLICK in einem «Bahnreisen Spezial».

Pädophiler bleibt im Knast

ZÜRICH. Beat Meier (57), der berüchtigste Pädophile der Schweiz, muss weiter hinter Gittern bleiben. Das Zürcher Obergericht verwahrte den «Bubenfreund» gestern erneut.
Das Zürcher Kassationsgericht hatte eine Beschwerde des Ex-Präsidenten der Schweizerischen Arbeitsgemeinschaft Pädophile gutgeheissen und dem Gericht den Fall zur Neubeurteilung zurückgewiesen.
Das Gericht war jedoch auch jetzt überzeugt, dass Meier seine beiden Stiefsöhne (7 und 10) jahrelang sexuell ausgebeutet hatte. VIKTOR DAMMANN

Bilaterale II praktisch unter Dach

BERN. Bei den bilateralen Verhandlungen II zwischen der Schweiz und der EU ist der Umweltbe-

Jetzt fehlte nur noch das wichtigste Requisit: eine grosse Bibel. Er nahm ein dickes Buch, bastelte einen schwarzen Umschlag drum herum und klebte aus zwei weissen Papierstreifen ein Kreuz darauf. Fertig war die Bibel. Für den Dreh nahm er zudem eine Sprühflasche mit, mit der er die beiden Protagonisten regelmässig mit Wasser besprühte, um das Schwitzen zu simulieren. Die Sauna war ja nicht beheizt. Kaltes Wasser auf Gesicht und Oberkörper in einem kalten Raum – niemals zuvor mussten zwei Menschen so sehr in einer Sauna frieren wie bei diesem Dreh. Der Fernsehjournalist filmte die Spielszene mit seiner Amateurvideokamera. Heute wäre das problemlos auch mit einer Handykamera möglich. Innerhalb einer Stunde war alles im Kasten. Blieb noch eines zu tun: die Videosecuenzen schneiden, den Werbeslogan «Die Bibel – grösser, dicker, geiler» setzen und passende Musik darunterlegen. Das Werk war fertig.

Die Kampagne

An der nächsten Sitzung sah sich der cnm-Vorstand den Bibelspot an und fand ihn gelungen. Was tun damit? cnm fragte Pfarrer Lukas P. Huber aus Oberhallau, ehemaliger Präsident von cnm, an, ob er als reformierter Pfarrer bereit sei, den Werbespot beim Schweizer Fernsehen einzureichen, für eine Ausstrahlung im Werbeblock, spät in der Nacht, weil es dann nicht gar so teuer würde. cnm hätte das Geld dafür irgendwie aufgebracht. Insgeheim hoffte der Verein aber, dass SRF den Spot ablehnen würde. Und tatsächlich: Das Fernsehen wollte den Bibelspot nicht ausstrahlen. Begründung: Er sei zu frivol. Bingo, freuten sich die Leute von cnm. Eine gute Geschichte! Pfarrer Huber wandte sich daraufhin an die Boulevardzeitung «Blick». Die Zeitung biss an. «Bibel-Spot in Sauna: Zu heiss für SF DRS», stand in dicken Lettern im Aushang. Ausgerechnet an der cnm-Jahresversammlung, Gottes Fügung wollte es so, sahen eine Million Leser im «Blick» eine gross aufgemachte Geschichte, in der Pfarrer Huber für die Bibel die Werbetrommel rührte. Die Zeitung druckte dazu mehrere Fotos aus dem Video ab, um seinen Lesern den Bibelspot in einer Bildergeschichte zu erzählen. Beinahe eine ganze Seite nahm der Bericht ein, prominent auf Seite 3 platziert, mit Anriss auf der Frontseite. Besser hätte man die Geschichte nicht präsentieren können.

Blick
Heute mit Rätselseiten
5. Juli 2003
Bibel-Spot in Sauna: Zu heiss für SF DRS

«Sie schossen ein klassisches Eigentor, statt den todsicheren Elfmeter zu verwandeln.»

Das Eigentor der Kirchenbosse

«Blick» fragte Kirchenfunktionäre zu ihrer Meinung zum frivolen Spot. Denn Sex, gepaart mit Macht sind gute Zutaten für eine Geschichte. Verschiedene hochrangige Kirchenvertreter taten «Blick» den Gefallen und gaben noch zusätzliche Würze. Sie schossen ein klassisches Eigentor, statt den todsicheren Elfmeter zu verwandeln. Sie vergaben die Chance, etwas Positives zur Bibel zu sagen und kritisierten stattdessen den Bibelspot. Damit schufen sie einen Konflikt zwischen einem kleinen Dorfpfarrer, der mit seiner Aktion mächtige Kirchenbosse gegen sich aufbringt – eine weitere Zutat für eine gute Geschichte. «Ich finde die Idee geschmacklos. Die Bibel hat mehr zu bieten als die Sexualität», rümpfte der Kommunikationsleiter der Bischofskonferenz gegenüber «Blick» die Nase, ohne den Spot vorher gesehen zu haben. Der Generalsekretär von der Schweizerischen Bibelgesellschaft doppelte nach: «Dieser Spot reitet nur auf der Sexualwelle, und das finde ich degoutant.» Damit zementierten sie die Meinung vieler Leser, dass Christen lustfeindlich und humorlos sind. Sie hätten einer Million Leser etwas Sinnvolles zur Bibel sagen können und haben das versäumt. Wenigstens der Pressesprecher des Schweizerischen Evangelischen Kirchenbundes packte die Chance. «Die Überlegung hinter dem Spot finde ich nicht uninteressant», sagte er. «Auch die Kirche kann humorvoll, modern und provozierend sein.» Recht hat er. Allerdings tut das die Kirche viel zu selten.

«Das Bakom definierte den Spot als Werbung für die Kirche und deshalb als religiöse TV-Werbung, was gemäss der Rundfunkverordnung verboten sei.»

Der Bibelspot im Lokalfernsehen

Pfarrer Huber, der in Basel Schulen und Studium absolviert und einige Zeit als Journalist gearbeitet hatte, schickte den Bibelspot auch dem Fernsehsender «Telebasel». Chefredaktor und Geschäftsführer Willy Surbeck fragte beim Bundesamt für Kommunikation Bakom an, ob die Ausstrahlung des Spots erlaubt sei. Das Amt teilte per Telefon mit, man habe den TV-Spot in einer Teamsitzung angesehen und sich herzhaft amüsiert. Dennoch definiere das Bakom den Spot als Werbung für die Kirche und deshalb als religiöse TV-Werbung, was gemäss der Rundfunkverordnung (RTVG) verboten sei. Ein Konflikt – Behörde gegen Pfarrer. Ergo: eine Geschichte, fand «Telebasel». Denn die Bibel ist ja nicht nur ein religiöses Buch, sondern auch Weltliteratur. Warum sollte ein Pfarrer dafür keine Werbung machen dürfen? Somit wurde das bundesamtliche Nein des Bakom die Geschichte für «Telebasel». Der Bibelspot wurde zur Hauptsendezeit in der Nachrichtensendung «7vor7» in voller Länge gezeigt, also nicht im Werbeblock, bei dem Zuschauer teilweise wegschalten. Im anschliessenden Beitrag kamen Pfarrer Huber und Chefredaktor Willy Surbeck zu Wort, die ihr Unverständnis über den Entscheid des Bakom ausdrückten und die Bibel als Weltkulturgut priesen. Zigtausend Zuschauer sahen den Bericht. Wieder beste Werbung für die Bibel.

«Den ‹Missgriff in die Gagtüte› findet die Kirchenratspräsidentin ‹absolut geschmacklos und inakzeptabel›.»

Haue von der Kirchenratspräsidentin

Auch die «Schaffhauser Nachrichten» berichteten ausführlich über den Bibelspot und zitierten aus dem «Blick» die Kritik der Kirchenfunktionäre. Titel: «Aufregung um Bibel-Spot des Pfarrers». Dazu befragte die Zeitung die Kirchenratspräsidentin des Kantons Schaffhausen, die Vorgesetzte von Huber. Die schrieb für das Blatt eine ausführliche Stellungnahme, mit der sie Pfarrer Huber öffentlich abkanzelte. «Als Kirchenratspräsidentin distanziere ich mich klar vom sexistischen Inhalt der Bibelwerbung von Pfarrer Lukas Huber», begann sie. Zwar attestierte sie «dem jungen und sehr engagierten Pfarrer die gute Absicht». Er habe die Botschaft der Bibel den Jugendlichen, für die er sich besonders einsetzen würde, provokativ näherbringen wollen. Doch dann behandelte sie Pfarrer Huber unbiblisch wie einen dummen Jungen. Er habe sich «mit dieser Bibelwerbung in jugendlichem Leichtsinn und im Eifer, Jugendliche anzusprechen, vergaloppiert.» Sie wundere sich über «so viel gläubige Naivität», diese Botschaft dem «Blick» anzuvertrauen. Seinen «Missgriff in die Gagtüte» finde sie «absolut geschmacklos und inakzeptabel». Die «Schaffhauser Nachrichten» druckten die dreispaltige Stellungnahme in voller Länge ab. Die Kirchenratspräsidentin stellte damit ihren Untergebenen öffentlich an den Pranger.

Am gleichen Tag empörte sich auch die «Klettgauer Zeitung» über den Bibelspot. Unbeholfener Titel: «Missbrauch mit dem Buch aller Bücher?» Stichworte im Artikel waren: «die Heilige Schrift durch den Dreck gezogen», «Grenze der Geschmacklosigkeit überschritten», «durch den Seelsorger beschmutzt». Der Artikel gipfelte in der rhetorischen Frage, ob der Pfarrer «überhaupt noch für eine Kirchgemeinde tragbar ist». Doch zu einer Kündigung ist es zum Glück nicht gekommen. Unterstützung bekam Huber von seinem Pfarrkollegen aus Osterfingen, der in einer geharnischten Leserreaktion die «Klettgauer Zeitung» kritisierte, weil sie «Pfarrer Lukas Huber öffentlich diskreditieren und seinem Ruf Schaden zufügen wollte».
Die Zeitung gab klein bei und räumte Huber ein paar Tage später mehr als eine Seite für ein ausführliches Interview ein, in dem der Pfarrer den Spot verteidigen konnte und viel von der Bibel erzählte.

Die Reaktion der Leser

Der «Blick» hatte im Artikel seine Leser dazu aufgerufen, einen Leserbrief zu schreiben: «Liebe Leserinnen, liebe Leser, finden Sie es originell, mit einem solchen Spot für die Bibel zu werben, oder schlicht geschmacklos? Ihre Meinung interessiert uns.» Vier Tage später erschienen auf eineinhalb Seiten Leserbriefe zum Bibelspot. So viele Kommentare wie selten zu einem Thema. Ein grosses Foto der beiden bibellesenden Männer in der Sauna nahm eine halbe Seite ein. Übertitelt war die Seite mit «Gott hat so viel Witz verdient.» Auszüge davon:

- «Hut ab vor Pfarrer Lukas Huber! Er zeigt wenigstens Mut, wusste er doch sicherlich, dass eine solche Idee Staub aufwirbelt. Genau solche Seelsorger braucht die heutige Gesellschaft. Die verknöcherten Ansichten der altmodischen Geistlichen können die laufenden Austritte aus der Kirche nicht mehr aufhalten. Denn das ist ja genau das Problem: Diese Pfarrer sind mit der heutigen Welt nicht mehr auf Du und Du.»

- «Dieser Pfarrer hat Humor. Jesus von Nazareth war provokativ und anstössig, darum verdient die Bibel doch auch provokative und anstössige Werbung. Das gibt Denkanstösse und Lust, sich selbst mal wieder mit dem Provokateur aus Nazareth zu befassen.»

- «In diesem Spot geht es gar nicht um Sex. Der findet allenfalls im Kopf des Betrachters statt. Für das Bibellesen mit einem Augenzwinkern zu werben, ist keine Sünde. Oft genug wird im Namen Gottes Langeweile verbreitet.»

«Es ist doch witzig, die Bibel mit einem sexy Werbespot wieder ins Gespräch zu bringen. Ich bin überzeugt: Gott hat bestimmt kein Problem mit Sex, denn er hat ihn schliesslich erfunden.»

Leser
Blick

| MITTWOCH | 9. JULI 2003 | 26 |

LIEBE LESERINNEN, LIEBE LESER. Ob per Post, Fax oder E-Mail: Es freut uns, wenn Sie mithelfen, die Leserseite zu gestalten. Senden, faxen oder mailen Sie uns Ihre Beiträge oder Anregungen.
Redaktion BLICK, Leserseite, Postfach, 8021 Zürich. TELEFON: 01 259 87 88 oder 01 259 87 89 **FAX:** 01 259 86 64 **MAIL:** blickleser@ringier.ch

Die Redaktion behält sich das Kürzen von Leserbriefen vor. Es wird keine Korrespondenz geführt. Briefe, die nicht abgedruckt werden, senden wir grundsätzlich nicht zurück. Anonyme Leserbriefe werden nicht veröffentlicht. Wenn bei E-Mails kein Wohnort angegeben ist, wird stattdessen die E-Mail-Adresse abgedruckt.

Chatelain rät

Geldratgeber: Redaktion BLICK, Claude Chatelain rät, Postfach, 3000 Bern 7. **E-Mail:** geld.ratgeber@blick.ch

Einmalprämien: «National» hat bestes Angebot

Ich bin 50 Jahre alt und möchte mich mit 60 vorzeitig pensionieren lassen. Ich habe ein Wertschriftenportefeuille mit Aktien und Obligationen und eine Cash-Position von 50 000 Franken. Diese möchte ich nun konservativ – und doch ein bisschen gewinnbringend anlegen. Dabei habe ich mir eine Einmalprämienversicherung vorgestellt. Was halten Sie davon? Welche Gesellschaft führt zurzeit das attraktivste Angebot? **N. S.**, Solothurn

Einmalprämienversicherungen werden verkauft an Teenager, Rentner, Familienväter, Konkubinatspaare – eigentlich an alle, die anbeissen. Aber nur in wenigen Fällen sind sie mit gutem Gewissen zu empfehlen. Sie sind ein solcher Fall.

Aufgrund der von Ihnen gemachten Angaben könnte ich Ihnen nichts

Trotz dieses Nachteils sind Sie mit einer Einmalprämienversicherung gut beraten. **Eine Alternative wären mündelsichere Obligationen.** Bei diesen sind jedoch die Zinserträge als Einkommen zu versteuern. Daher sind die steuerbegünstigten Kapitalversicherungen interessanter als mündelsichere Obligationen. Dies gilt jedoch nur für Leute ab einem gewissen Alter. Denn das Geld bleibt bis Alter 60 gebunden. Wenn man es vorher bezieht, entfällt der Steuervorteil. In Ihrem Fall ist das kein Nachteil. Sie planen die Frühpensionierung. **Doch jungen Leuten mit Alter 30 oder noch jünger rate ich von solchen langfristigen Verträgen ab.** Oft geschehen Dinge im Leben, die man nicht vorhersehen konnte – und schon bereut man es, auf dieses Geld nicht zurückgreifen

Provokativer Fernsehspot «Gott hat so viel Witz verdient»

Provokativ und sexy ist er, der Werbespot für die Bibel des reformierten Pfarrers Lukas Huber. Für das Schweizer Fernsehen sogar zu gewagt – es lehnte die Ausstrahlung ab.

Die Auflösung: Entgegen den Erwartungen bewundert der Saunagänger eine dicke Bibel.

Zwei Tage später brachte «Blick» weitere Leserbriefe:

- «Es ist doch witzig, die Bibel mit einem sexy Werbespot wieder ins Gespräch zu bringen. Ich bin überzeugt: Gott hat bestimmt kein Problem mit Sex, denn er hat ihn schliesslich erfunden.»

- «Herzliche Gratulation. Ich finde nämlich die Bibel wirklich geil. Sie ist ein Meisterwerk der Erzählkunst. In den meisten biblischen Geschichten geht es um die wichtigen Dinge im Leben: Macht, Geld oder Sex - wie beim Blick. Ich würde gerne einmal wissen, weshalb es in der Schweiz verboten ist, dies in einem Werbespot zu sagen.»

- «Mir gefällt der Werbespot! Es ist der Versuch, ein Klischee zu durchbrechen und die Bibel als Buch des Lebens und nicht als eines des Gähnens zu zeigen.»

Einige der Leserbriefe stammten von cnm-Freunden, die rasch realisierten, dass sie auf diese Weise in der Öffentlichkeit noch mehr Werbung für die Bibel machen konnten. Denn die Leserbriefseite ist eine der meistgelesenen Seite in einer Zeitung. Und ja: Es gab auch ein paar wenige Leserbriefe von Frommen, die den Bibelspot «geschmacklos» fanden.

Späte Einsicht

Zuerst zu gewagt – jetzt plötzlich witzig: Eine Szene aus dem sexy Bibel-Spot.

Bibel-Spot kommt doch noch am TV

OBERHALLAU SH. Ein Werbespot für die Bibel, provokativ und se-

Den Bibelspot strahlte das Schweizer Fernsehen dann doch noch aus, nicht als Werbung, sondern in der Sendung «Topspot». Komiker Claudio Zuccolini zeigte damals lustige Spots aus aller Welt. Auch Zuschauer konnten selber gefilmte Spots einschicken. Und erhielten Geld, wenn ihr Film gesendet wurde. Pfarrer Huber schickte den Bibelspot der Redaktion. Kurz darauf wurde der Werbespot ausgestrahlt. Das Schweizer Fernsehen zahlte ihm dafür 500 Franken. Für eine Ausstrahlung im Werbeblock hätte cnm mehrere tausend Franken bezahlen müssen. Huber steckte das dem «Blick». Die Zeitung griff die neue Entwicklung gerne auf, prominent auf Seite 3, wiederum versehen mit einem Foto aus dem Bibelspot. Geschichten am Köcheln halten, heisst das in der Branche. Im Lead stand: «Ein Werbespot für die Bibel, provokativ und sexy. Zu gewagt, fand das Schweizer Fernsehen vor zwei Monaten. Jetzt wird der Spot doch noch ausgestrahlt.» Die Boulevardzeitung resümierte im Artikel verwundert: «Zuerst zu gewagt – jetzt plötzlich witzig.» Statt für die Ausstrahlung des Bibelspots im Werbeblock etwas bezahlen zu müssen, bekam cnm Geld vom Schweizer Fernsehen. Noch dazu wurde der Bibelspot in einer redaktionellen Sendung gezeigt, die viel mehr Beachtung findet.

Auch die Kirchenoberen haben sich ein paar Mcnate nach der Aufregung um den Bibelspot anders besonnen. Im Geschäftsbericht 2003 der evangelisch-reformierten Kirche des Kantons Schaffhausen wurde der Bibelspot als gelungene Aktion lobend erwähnt. Verblüfft stellte der Bericht fest: «In Leserschafts-Reaktionen sowohl im Blick wie in der Schaffhauser Presse dominierte überraschenderweise weder empörte Ablehnung noch Protest, sondern Zustimmung zur zwar vielleicht frivolen, aber augenzwinkernd-lustigen Bibel-Werbung.» Versehen war der Artikel im Geschäftsbericht mit zwei grossen Fotos der beiden bibellesenden Männer in der Sauna.
Fazit: Millionen haben den Bibelspot gesehen. In Zeitungen und im Fernsehen. Kosten: keine. Nur etwas Fleissarbeit. Kirchen sollten frecher sein, etwas wagen! Nur so erreichen sie kirchenferne Menschen, besonders junge.

Inhalts- und Image-Analyse der Kirchen

Von Markus Baumgartner

Wie werden Kirchen in der Gesellschaft wahrgenommen?

Wir wollten wissen: Welches Bild präsentiert sich, wenn die Präsenz der Kirchen in den Schweizer Medien nach wissenschaftlichen Kriterien systematisch untersucht wird? Und wie fällt eine repräsentative Befragung der Schweizer Bevölkerung zum Image der Freikirchen aus? Diese beiden bisher unveröffentlichten Untersuchungen zeigen sowohl Wahrnehmung als auch Bekanntheitsgrad der einzelnen Freikirchen auf.

Christliche Gruppen betonen immer wieder, wie wichtig es sei, die Gesellschaft mit der frohen Botschaft von Jesus zu erreichen (Evangelisation) und mit christlichen Werten zu prägen (Jüngerschaft). Doch geschieht diese Prägung überhaupt? Diese Frage stellt sich im neuen Jahrtausend noch stärker als bisher, weil die Säkularisierung voranschreitet. Inzwischen gehört Westeuropa zu den am stärksten säkularisierten Gegenden der Welt, die Mehrheit der Christen ist nicht praktizierend. Wie bringen sich christliche Kirchen heute in der öffentlichen Diskussion ein?

Ein Spiegel der öffentlichen Wahrnehmung sind die Medien. Für dieses Praxisbuch erhielten wir Zugang zu einer quantitativen Inhaltsanalyse von Berichten in Schweizer Zeitungen, Radio und Fernsehen. Die Analyse zeigt die mediale Wahrnehmung von evangelischen Freikirchen auf und bietet eine Grundlage für die Diskussion. Die Untersuchung der Präsenz von Freikirchen in den Deutschschweizer Medien ist wissenschaftliches Neuland: Soweit uns bekannt ist, wurde die Berichterstattung über evangelische Freikirchen in der Deutschschweiz noch nie wissenschaftlich untersucht. Generell ist die mediale Berichterstattung über Religion in der Schweiz nur wenig erforscht. Das Ziel der Untersuchung war, aufzuzeigen, wie Freikirchen in der Öffentlichkeit wahrgenommen werden.

Mit der Analyse werden Sie in diesem Praxisbuch nicht alleine gelassen: Als Antwort werden in den weiteren Kapiteln die Grundlagen nachhaltiger Kommunikation aufgezeigt. Um diesen Teil möglichst praktisch zu halten, gibt es am Schluss des Buches auch Checklisten, die zeigen, was es für eine gelungene Medienmitteilung braucht, wie eine Medienkonferenz zu organisieren oder wie in einem Krisenfall zu verfahren ist.

«Die Untersuchung der Präsenz von Freikirchen in den Deutschschweizer Medien ist wissenschaftliches Neuland.»

Das Vorgehen der Studie: Quantitative Analyse von Medienberichten

Zum Thema «Gutmenschen, Frömmler oder Fundamentalisten?» wurde 2015 eine quantitative Inhaltsanalyse der grossen oder wichtigsten Schweizer Tages-, Sonntags- und Wochenzeitungen sowie den Fernseh- und Radiosendungen vom Schweizer Radio und Fernsehen SRF erstellt. Es wurde untersucht, wie die Freikirchen in den Schweizer Medien vertreten sind. Mit welchen Themen werden die Freikirchen in Verbindung gebracht? Welche Leiter der Freikirchen werden in der öffentlichen Diskussion genannt? Sind dominierende narrative Muster erkennbar und werden Freikirchen in den Medien positiv oder negativ dargestellt? Welche Nachrichtenfaktoren überwiegen bei der Berichterstattung?

Es handelt sich um eine Bachelorarbeit, die im Studiengang Kommunikation am Institut für Angewandte Medienwissenschaften der Zürcher Hochschule für Angewandte Wissenschaften (ZHAW) vorgelegt wurde.

Die insgesamt 17 analysierten Medientitel decken einen grossen Teil der Deutschschweizer Medienlandschaft im Zeitraum vom 1. Juni 2014 bis 31. Mai 2015 ab. Es wurden nur Beiträge ab einer Länge von 1500 Zeichen analysiert, weil die kürzeren meistens nur Nachrichten oder Veranstaltungshinweise sind.

17 relevante Medientitel

Für die quantitative Inhaltsanalyse wurden 17 relevante Medientitel analysiert. Dazu gehören die acht grössten bezahlten Tageszeitungen, die drei grössten Sonntags- und Wochenzeitungen sowie die zwei grössten Gratiszeitungen. Das sind «Tages-Anzeiger», «Nordwestschweiz» («Aargauer Zeitung»), «Blick», «Berner Zeitung», «St. Galler Tagblatt», «Luzerner Zeitung», «Neue Zürcher Zeitung», «Südostschweiz», «SonntagsZeitung», «SonntagsBlick», «Schweiz am Sonntag», «20 Minuten», «Blick am Abend», «Radio SRF», «Fernsehen SRF» sowie «Beobachter» und «Weltwoche».

«Freikirchen setzen sich ab von den modernen Lebensstilen, die von der Gesellschaft angeboten werden.»

Die Auswertung der quantitativen Inhaltsanalyse zeigt: Evangelische Freikirchen lösen manchmal Irritation und Befremden aus. Zwischen Freikirchen und den Medien besteht eine auf Gegenseitigkeit beruhende Distanz. Diese Distanz ist offensichtlich Teil der evangelisch-freikirchlichen Identität. «Das Spezifische dieser evangelisch-freikirchlichen Identität liegt letztlich darin, dass sie davon lebt, sich von den von der Gesellschaft angebotenen modernen Lebensstilen abzusetzen», erklärte Jörg Stolz, Professor für Religionssoziologie an der Universität Lausanne, in einer Studie, welche 2014 die Glaubenslandschaft in der Schweiz durchleuchtete (Religiosität und Spiritualität in der Ich-Gesellschaft. TVZ-Verlag Zürich). Für die Analyse hat Professor Jörg Stolz die Freikirchen in drei Kategorien unterteilt: klassische Freikirchen, konservative Freikirchen und charismatische Freikirchen. Diese Einteilung wurde für die inhaltliche Analyse der ZHAW übernommen, dabei aus sprachlichen Gründen nur die Deutschschweizer Freikirchen betrachtet.

Drei Kategorien von Freikirchen

- Klassische Freikirchen: Bund Schweizer Baptistengemeinden, Bund Evangelischer Gemeinden (BEG) / New Life International (NLI), Chrischona Schweiz, Evangelische Täufergemeinden (ETG), Evangelisch-methodistische Kirche (EMK), Evangelisches Gemeinschaftswerk (EGW), Freie Evangelische Gemeinden (FEG), Heilsarmee, Konferenz der Mennoniten der Schweiz (Alttäufer), Vereinigung freier Missionsgemeinden (VFMG, FMG)
- Konservative Freikirchen: Gemeinde für Christus (GfC, ehemals Evangelischer Brüderverein), Vereinigung Evangelisch Freikirchlicher Gemeinden (VEFG, EFG), Vereinigung der Action Biblique Gemeinden der Schweiz
- Charismatische Freikirchen: Bewegung Plus, Freie Charismatische Gemeinden Schweiz (FCGS), International Christian Fellowship (ICF), Schweizerische Pfingstmission (SPM, Pfimi) / Freie Christengemeinden (FCG), Vineyard Christian Fellowship

Auswertung der Studie: Christentum fällt mit positiven Ereignissen auf

Unterwandern Freikirchen die Schweiz?

BERN. Freikirchler mischen zunehmend in sozialen Bereichen mit. Laut Experten aus sozialer Verantwortung.

Die Freikirchen hierzulande sind engagierter denn je. Neue Untersuchungen zeigen, dass die Zahl ihrer Mitglieder in den letzten 40 Jahren um das Sechsfache auf 250 000 gestiegen ist. Die Mehrheit der Freikirchlichen lehnt etwa homosexuelle Beziehungen ab und wehrt sich gegen Abtreibungen. An pädagogischen Hochschulen sind angehende Lehrkräfte aus Freikirchen übervertreten. Auch gibt es immer mehr fromme Pflegefamilien. Und in der Politik nimmt der freikirchliche Einfluss ebenfalls zu. Unterwandern Freikirchliche die Schweizer Gesellschaft?

«Das Engagement der Freikirchler ist keine systematische Unterwanderung der Schweiz», sagt Religionsexperte Georg Otto Schmid. Ihr Einsatz beruhe vielmehr auf einem Verantwortungsgefühl gegenüber der Gesellschaft.

Auch der Präsident des Lehrerverbandes, Beat Zemp, glaubt nicht, dass Mitglieder der Freikirche gezielt Leute in Schulen einschleusen, um die Kinder zu indoktrinieren. «Falls eine Lehrperson dies trotzdem versucht, fällt dies schnell auf.» Geht es um die Platzierung von Pflegekindern, habe man oft gar keine andere Wahl, sagt der Präsident der Zürcher Kindes- und Erwachsenenschutzbehörden, Ruedi Winet. «Es stellen sich zu wenig andere geeignete Familien zur Verfügung.»

In der Politik seien Freikirchler vor allem in jenen Gemeinden engagiert, wo sie traditionell stark verankert seien, sagt Politologe Louis Perron. Da Freikirchliche aber nach wie vor eine Minderheit sind, sei ihr politisches Gewicht eher begrenzt.

NICOLE GLAUS

Die Zahl der Freikirchler wächst, auch in Politik und Gesellschaft nimmt ihr Einfluss zu. KEYSTONE

«Das Bild der ‹guten Mutter› kommt oft zum Tragen, wenn über die sozialen Tätigkeiten von lokalen Freikirchen berichtet wird.»

Für die Inhaltsanalyse an der ZHAW wurden im Untersuchungszeitraum in den 17 ausgewählten Medien insgesamt 331 Beiträge über evangelische Freikirchen gefunden. Über alle Freikirchen gesehen dominiert das narrative Muster (Erklärung siehe Box) der «guten Mutter» mit 38,5 Prozent. Die «gute Mutter» kommt oft zum Tragen, wenn über die sozialen Tätigkeiten meist einer lokalen Freikirche berichtet wird. Häufige Anlässe sind der Einsatz für Asylsuchende oder weihnachtliche Päckli-Aktionen für benachteiligte Kinder. Oft wird in diesem Zusammenhang auch auf die Vorbildfunktion der Freikirchen hingewiesen, weshalb das narrative Muster «Held» mit 18,4 Prozent an zweiter Stelle steht. Das Muster «andere Welt» und «Sündenbock» kommen an dritter und vierter Stelle mit 17,9 und 13,7 Prozent. Es kann folglich nicht von einer Domination dieser narrativen Muster gesprochen werden.

Bei den klassischen Freikirchen zeigt sich ein ähnliches Bild wie im Gesamtbild: Das narrative Muster «gute Mutter» dominiert klar mit 86 Artikeln, das entspricht 48,3 Prozent. Bei den charismatischen Freikirchen hat hingegen das narrative Muster «andere Welt» einen höheren Stellenwert.
19 Artikel wurden mit dem entsprechenden Muster gefunden, was 35,8 Prozent aller Artikel über charismatische Freikirchen entspricht. Ist nicht die Tätigkeit einer lokalen Freikirche Anlass des Artikels, wird oft pauschal über «die Freikirchen» berichtet. In diesen Fällen steht das narrative Muster «andere Welt» an erster Stelle mit 36,4 Prozent, gefolgt vom «Sündenbock» mit 27,3 Prozent. Das kann mit dem inhaltsleeren Begriff «Freikirche» zu tun haben, der Befremden auslöst, wenn die Kirche nicht mittels einer konkreten Tätigkeit definiert werden kann.
Diese Auswertung zeigt klare Unterschiede zwischen den freikirchlichen Strömungen.

Narrative Muster

Geschichten zu erzählen ist eine der ältesten und traditionsreichsten Formen, Wissen und Erfahrungen weiterzugeben. Die Form und kulturelle Praxis der Erzählung legen einen Grundstein für die Legitimierung des erzählten Inhalts. Doch muss das Erzählte durch die Nachvollziehbarkeit plausibel sein. Narrative sind vorbestehende, gesellschaftlich akzeptierte Interpretationsmuster, die unsere Wahrnehmung und Darstellung von Zusammenhängen ermöglichen und gleichzeitig begrenzen.

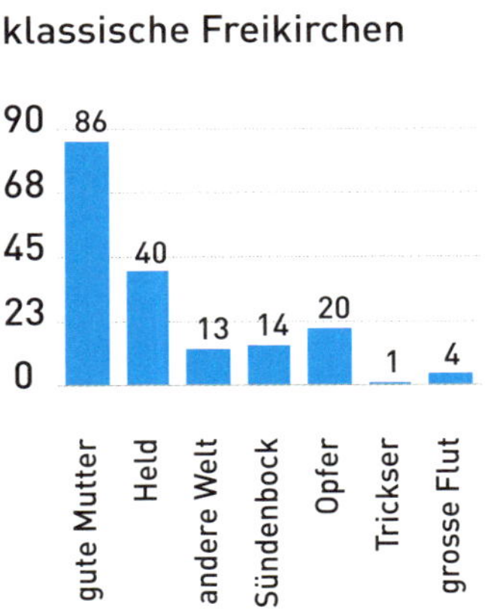

Narrative Muster bei klassischen Freikirchen

(n=178)

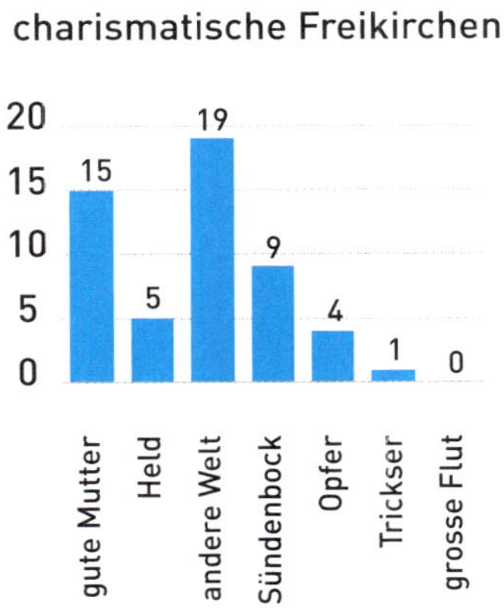

Narrative Muster bei charismatischen Freikirchen

(n=53)

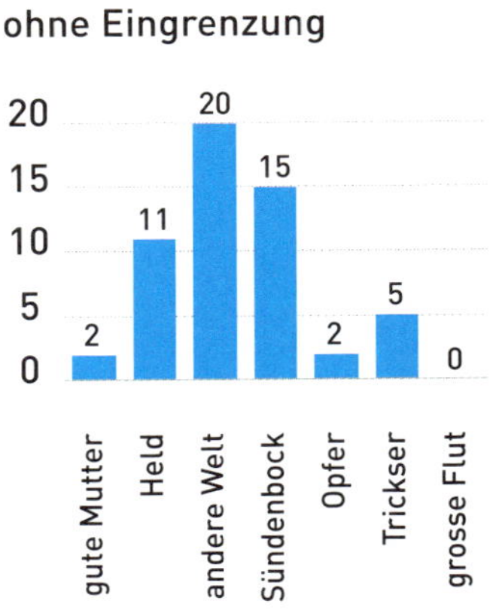

Narrative Muster bei keiner Eingrenzung

(n=55)

Es kommen die für die quantitative Inhaltsanalyse berücksichtigten Nachrichtenfaktoren Nutzen (19,6 Prozent) und Personalisierung (19 Prozent) noch mehr vor als Kontroverse (14,9 Prozent). Der Schaden ist mit 8,1 Prozent sogar nur im Mittelfeld angesiedelt; Betroffenheit (13,8 Prozent) und Überraschung (10 Prozent) kommen in den Medienberichten über Freikirchen häufiger vor. Während bei klassischen Freikirchen der Nachrichtenfaktor Nutzen klar am häufigsten auftritt (122 Artikel entsprechen 27 Prozent), ist bei Artikeln ohne Eingrenzung die Kontroverse mit 22,3 Prozent an erster Stelle. Bei charismatischen Freikirchen wiederum sind die meisten Artikel durch Personalisierung geprägt: 23,6 Prozent der Beiträge weisen diesen Nachrichtenfaktor aus. Es stehen also oftmals Einzelpersonen im Vordergrund. Das hat mit dem generell hohen Interesse der Medien an Menschen und ihren Geschichten zu tun.

Nachrichtenfaktoren

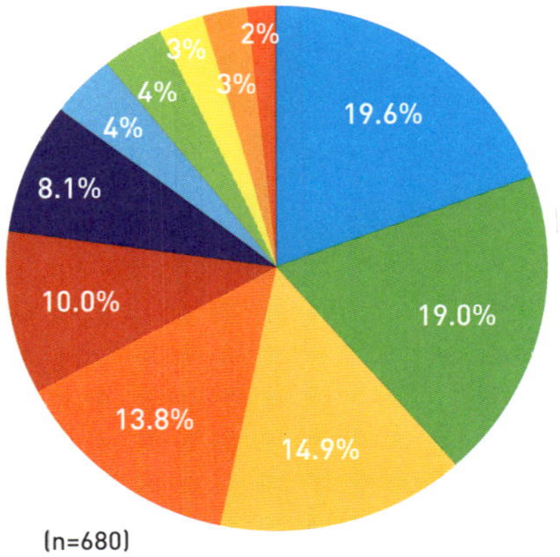

(n=680)

Nachrichtenfaktoren

Der Begriff des Nachrichtenfaktors wurde im Amerikanischen geprägt. Er bezieht sich auf das Englische «news value», was Nachrichtenwert bedeutet. Im Deutschen werden die Begriffe Nachrichtenfaktoren und Nachrichtenwert deshalb häufig synonym verwendet. Sie beschreiben Merkmale von Ereignissen und Themen, die für die Publikation in journalistischen Nachrichten selektiert werden. Gewichtet werden sie nach ihrer Quantität, Intensität und Kombination. Ein hoher Nachrichtenwert erhöht die Wahrscheinlichkeit, dass Ereignisse von Journalisten wahrgenommen und ausgewählt werden. Darüber hinaus beeinflussen Nachrichtenfaktoren, in welcher Form das Thema bearbeitet wird und welche konkreten Aspekte dargestellt bzw. besonders hervorgehoben werden.

Der Nachrichtenfaktor Nutzen passt zum narrativen Muster «gute Mutter», das in der Berichterstattung über Deutschschweizer Freikirchen häufig verwendet wird.

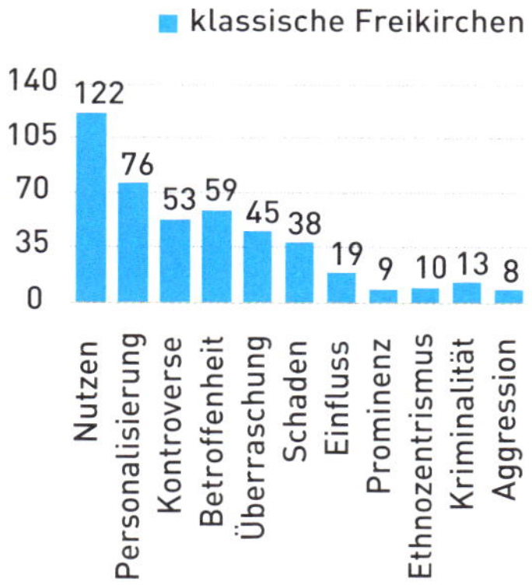

Nachrichtenfaktoren bei klassischen Freikirchen (n=452)

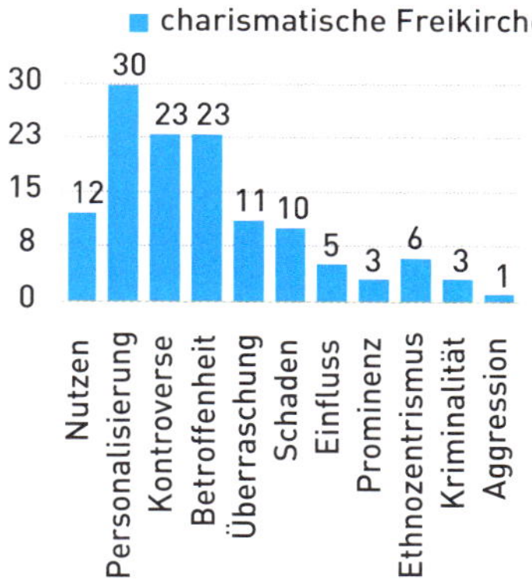

Nachrichtenfaktoren bei charismatischen Freikirchen (n=127)

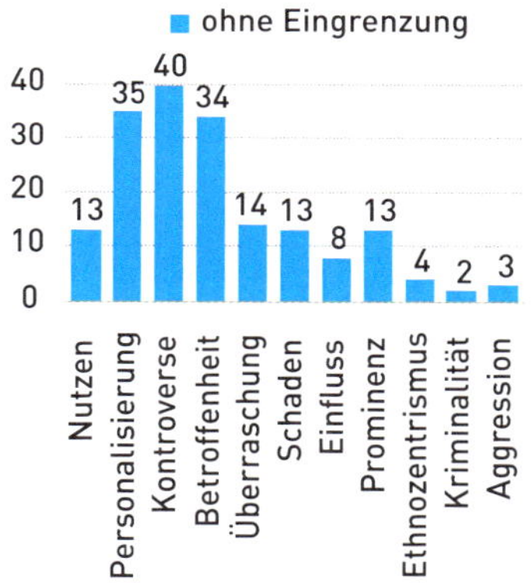

Nachrichtenfaktoren bei keiner Eingrenzung (n=179)

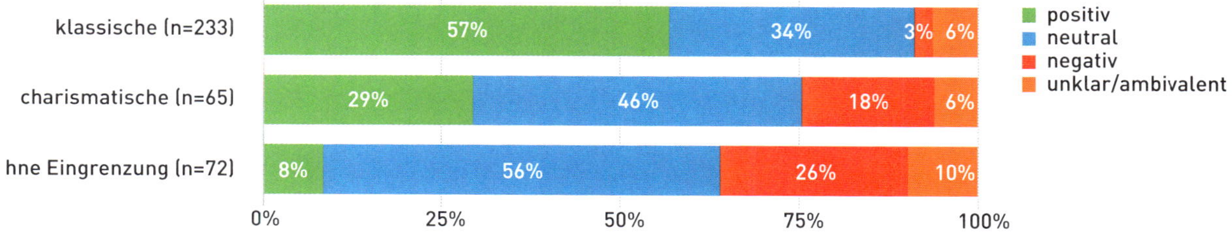

Valenz der Medienberichte, unterteilt nach Kategorie der Freikirchen

Entgegen dem Klischee: Freikirchen kommen positiv weg

Ginge man gefühlt davon aus, dass über Freikirchen meistens negativ berichtet wird, zeigt die Inhaltsanalyse überraschenderweise ein anderes Bild. Insgesamt sind die Medienberichte in der Deutschschweiz über Freikirchen nicht negativ gewertet, sondern neutral bis positiv. Nur gerade 11 Prozent aller Medienbeiträge haben eine negative Wertigkeit (Valenz). 43 Prozent haben keine Wertung und 40 Prozent sind positiv gewertet. Bei 6 Prozent der Medienbeiträge kommen sowohl negative als auch positive Wertungen in gleichem Mass vor. Bei klassischen Freikirchen sind die meisten Medienberichte positiv gewertet, bei charismatischen ist die Mehrheit neutral, nur noch 29 Prozent sind positiv. Wenn keine Eingrenzung im Artikel vorkommt, also nur von «den Freikirchen» die Rede ist, sind zwar noch immer die meisten Beiträge neutral gewichtet, die Anzahl negativer Artikel ist aber höher. Waren es bei klassischen Freikirchen nur 3 Prozent, liegt der Anteil negativer Gewichtung bei fehlender Eingrenzung bei 26 Prozent.

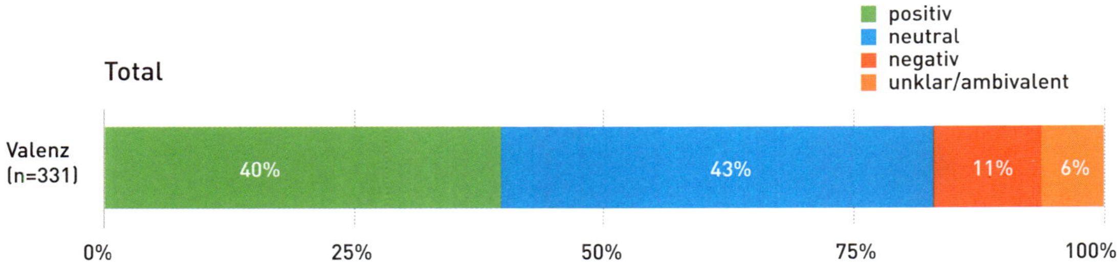

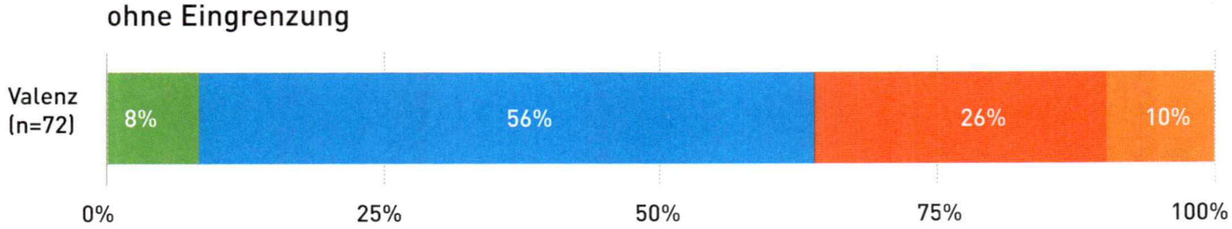

Interessant ist der Unterschied zwischen regionalen und nationalen Medien: Regionale Medien wie «Berner Zeitung», «St. Galler Tagblatt», «Südostschweiz», «Luzerner Zeitung» oder «Nordwestschweiz» berichten positiver als nationale Medien wie «Blick», «Neue Zürcher Zeitung», «Tages-Anzeiger», «20 Minuten», «Blick am Abend», «Beobachter», «Weltwoche», Schweizer Radio und Fernsehen SRF. Beiträge in Zeitungen mit einer regionalen Ausrichtung und Leserschaft sind zu 47 Prozent positiv. In nationalen Medien mit einer Ausstrahlung in die gesamte Deutschschweiz sind hingegen nur 21 Prozent der Beiträge positiv gewertet. Bei den negativen Berichten kommt das regionale Gewicht besonders zum Vorschein: Während die Beiträge in nationalen Medien wie NZZ, «Tages-Anzeiger», «Blick» oder SRF zu 25 Prozent negativ gewichtet sind, ist die Valenz von Beiträgen in regionalen Medien wie dem «St. Galler Tagblatt», der «Luzerner Zeitung» oder der «Berner Zeitung» nur zu 3 Prozent negativ.

Überregionale Medien

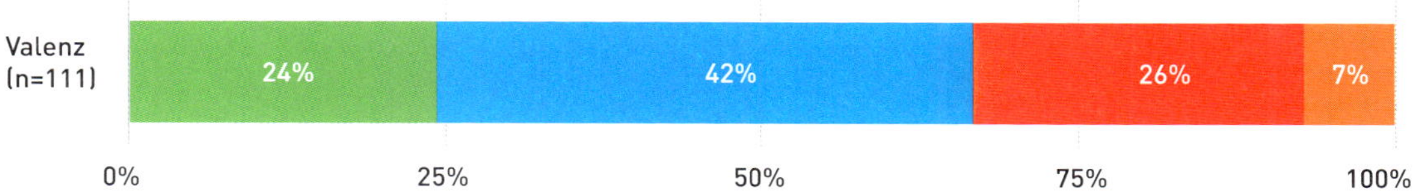

Sehr positiv in ihrer Berichterstattung sind das «St. Galler Tagblatt» (71 Prozent), die «Nordwestschweiz» (45 Prozent) und die «Berner Zeitung» (39 Prozent). Ein Erklärungsversuch dafür ist die hohe Zahl von evangelischen Freikirchen in diesen Kantonen. So zählen sich im Kanton Bern beispielsweise 4,4 Prozent zu einer evangelischen Freikirche. Auffallend ist, dass die Sonntagszeitungen deutlich negativer über Freikirchen berichten als die Tageszeitungen: 28 Prozent der Berichte in Sonntagszeitungen haben eine negative Valenz, bei den Tageszeitungen sind es nur 9 Prozent negative Artikel. Sonntagszeitungen haben einen geringeren Aktualitätsdruck, bringen mehr Hintergrundberichte und zeichnen sich durch eine höhere Einordnungsleistung aus. Dass dies dann zu mehr negativen Berichten führt, muss zu denken geben. Die Wahrnehmung der Freikirchen ist oftmals die einer unbekannten, exotischen Gruppe, was insgesamt befremdlich wirkt.

«Beiträge in Zeitungen mit einer regionalen Ausrichtung und Leserschaft sind zu 47 Prozent positiv – in nationalen Medien aber nur 21 Prozent.»

Aber: Nur die Heilsarmee sticht positiv hervor

Das an und für sich tolle Untersuchungsergebnis für die Freikirchen wird relativiert, wenn man die Stellung der Heilsarmee betrachtet: Mit 122 Beiträgen ist die Heilsarmee mit grossem Abstand am meisten vertreten. Sie beansprucht damit fast ein Drittel oder 32,5 Prozent aller Nennungen für sich. Diese Stellung ist auf der einen Seite erstaunlich. Denn die Heilsarmee hat nur etwa 4000 Mitglieder und weist als kleinere Freikirche am meisten Medienbeiträge aus. Auf der anderen Seite wird die Heilsarmee in der Öffentlichkeit wohl weniger als Freikirche als vielmehr als Sozialwerk wahrgenommen. Immerhin ist die Heilsarmee das grösste private Sozialunternehmen in der Schweiz. Würde man die 122 Beiträge der Heilsarmee von den 331 publizierten Artikeln abziehen, würde die Analyse insgesamt ins Negative kippen.

Die Heilsarmee sang sich mit «You and me» in der Entscheidungsshow am Samstag in die Herzen der TV-Zuschauer. WALTER BIERI/KEYSTONE

Malmö als Chance für die Heilsarmee

Positiver Effekt Markus Zünd von der Heilsarmee Basel ist für den Auftritt am ESC 2013

Auffallend ist, dass die Grösse der jeweiligen Freikirche nicht ausschlaggebend ist für die Medienpräsenz. Im Vergleich zur Heilsarmee haben die Chrischona-Gemeinden mit rund 20 000 Mitgliedern die grösste Basis vorzuweisen, bewegen sich aber mit 20 Beiträgen bei der Medienpräsenz weit abgeschlagen noch knapp im vorderen Mittelfeld. Das ICF (International Christian Fellowship) hat mit 4500 Mitgliedern zwar eine vergleichsweise höhere Medienpräsenz, ist aber vor allem in einzelnen Städten und weniger als nationale Organisation bekannt.

Medienpräsenz der Freikirchen

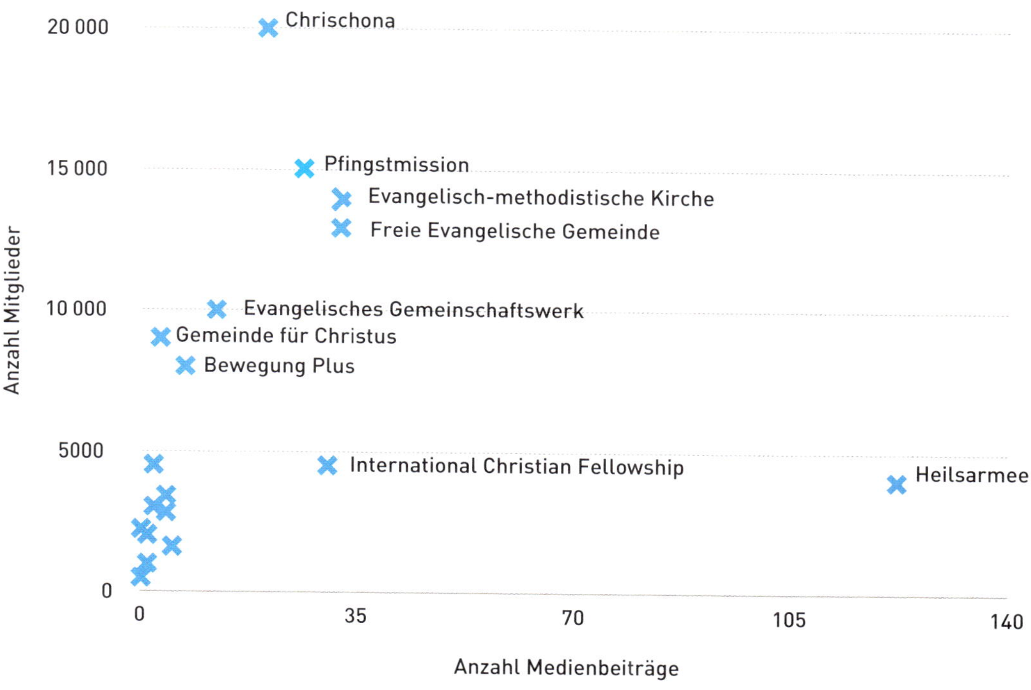

Fazit aus der Inhaltsanalyse

Regional gibt es sehr wohl positive Berichte über Freikirchen. Die Befürchtung, Journalisten hauen die Kirchen eh in die Pfanne, stimmt nicht. Was aber zu denken geben muss: In den überregionalen Medien kommen die evangelikalen Bewegungen praktisch nicht vor. Die gesamte Anzahl der Medienauftritte wird stark relativiert, wenn man sie mit anderen Organisationen vergleicht. So wird über die Vogelwarte Sempach in Schweizer Medien mehr berichtet als über die Freikirchen. Über andere Gruppen wie die Naturfreunde oder Greenpeace wird sogar mehr als doppelt so viel berichtet. Diese Gruppen haben ebenfalls die Absicht, die Gesellschaft zu prägen bzw. zu verändern.

Die Ausnahme in der Studie bildet die Heilsarmee: Sie findet mehr Beachtung, auch weil sie als Sozialwerk und weniger als Kirche wahrgenommen wird. In der Schweiz ist die Heilsarmee mittlerweile das grösste private Sozialunternehmen, das sich für Benachteiligte der Gesellschaft engagiert. Mit ihren Uniformen scheinen sie zwar veraltet, doch erhalten sie dadurch in der Öffentlichkeit ein deutliches Unterscheidungsmerkmal, zum Beispiel durch ihre öffentlichen Aktionen wie Suppentopf und den musikalischen Auftritten meist zur Weihnachtszeit. Auch fällt die Heilsarmee durch kreative Werbeaktionen auf.

Berühmtes Cabrio versteigert

LOS ANGELES sda. Ein durch den Film «Rain Man» berühmtes Cabriolet, das von Tom Cruise gefahren wurde, ist für über 170 000 Dollar (156 000 Franken) versteigert worden. Nach Mitteilung des Heritage-Auktionshauses in Dallas fand der legendäre Buick Roadmaster von 1949 einen neuen Besitzer. Der beigefar-

HERAUSGEPICKT

bene Zweitürer mit roten Ledersitzen war einer von zwei Wagen, die Regisseur Barry Lewinson 1988 für den Dreh benutzte. «Rain Man» wurde 1989 mit vier Oscars ausgezeichnet, darunter als bester Film und für die Regie. Die Hauptdarsteller-Trophäe ging an Dustin Hoffman, der den autistischen Raymond spielt. Er wird von seinem Bruder Charlie (Tom Cruise) auf eine lange Autofahrt durch die USA mitgenommen.

NACHRICHTEN

Triebwerk ausgefallen

LONDON sda. Ein Triebwerksausfall hat einen Swiss-Jumbolino am Samstagmorgen auf dem Weg von London nach Genf in Standsted zu

Die Heilsarmee sticht alle aus

SCHWEIZER BEITRAG Sie hat es geschafft: Die Berner Heilsarmee-Band wird die Schweiz am Eurovision Song Contest in Malmö vertreten.

Sie können jubeln: Mit dem Song «You and Me» hat die Heilsarmee-Band aus Bern gestern die Schweizer Endausscheidung gewonnen.
Keystone/Walter Bieri

sda. Die Schweizer Endausscheidung für den Eurovision Song Contest (ESC) hat gestern Abend mit einer Sensation geendet: Die Schweiz wird im kommenden Mai im schwedischen Malmö von der Heilsarmee vertreten. Das Fernsehpublikum wählte die sechsköpfige Berner Heilsarmee-Band aus den neun Finalisten aus. Deren Live-Auftritte wurden direkt aus der Bodensee-Arena in Kreuzlingen TG vom Schweizer Fernsehen übertragen.

Professionelle Pop-Ballade

Die Teilnahme der Heilsarmee am ESC fand im Vorfeld einige mediale Beachtung – wurde aber vor allem als Kuriosum gehandelt. Am Samstagabend haben die zwei Frauen und vier Männer mit ihrer professionell dargebotenen Pop-Ballade «You and Me» offenbar die Herzen des Publikums gewonnen.

Die Heilsarmee ist die Kandidatur beim Eurovision Song Contest von Anfang an entschlossen angegangen. Für die Produktion des Songs tat sie sich mit Roman Camenzinds Firma Hit Mill zusammen, die unter anderem auch Bligg produziert. Die sechs Bandmitglieder wurden in einem internen Casting erkoren. Die Jüngste der Band ist

Emil Ramsauer und ist der Kontrabassist der Band.

Zu den Top Drei gehörten beim Zuschauervoting auch der Berner Jesse Ritch (20), der dieses Jahr als Dritter

Superstar» nur knapp verpasst hatte und das Duo «Carrousel». Die Französin Sophie Burande und der Jurassier Léonard Gogniat musizieren seit 2007 zusammen und haben das Publikum mit

Schweizer Teilnahme am ESC hatten sich rund 180 Sängerinnen, Sänger und Bands beworben. Die neun Finalisten wurden in einer Internetabstimmung und durch eine Fachjury bestimmt.

Für die christliche Szene ist diese Analyse erschreckend: Ausgerechnet die Freikirchen in der Schweiz, die den Anspruch erheben, eine wichtige Botschaft zu verkünden, machen das offenbar praktisch unter Ausschluss der Öffentlichkeit. Das müsste zu denken geben! Nun könnte man sagen: Das ist doch egal, wir brauchen die Medien nicht. Ist ja schön, wenn wir ab und zu positiv vorkommen. Wir haben eben nicht die Mittel, welche beispielsweise eine SVP oder Greenpeace haben. Wir verkünden unsere Botschaft auf anderen Kanälen. Wir sind auf der Strasse, im Quartier oder direkt bei den Leuten.

«Ausgerechnet die Freikirchen, die den Anspruch erheben, eine wichtige Botschaft zu verkünden, machen das offenbar praktisch unter Ausschluss der Öffentlichkeit.»

Stimmt das so? Wir wollten wissen, was die Schweizer Bevölkerung von den Freikirchen denkt. Welches Image haben Freikirchen? Um der ZHAW-Analyse mehr Gewicht zu geben, haben wir eine repräsentative Umfrage in Auftrag gegeben. Sie soll zeigen, wie die Freikirchen in der Öffentlichkeit wahrgenommen werden und ob sie gesellschaftliche Relevanz erhalten.

Repräsentative Umfrage: Braucht die Schweiz Freikirchen?

Für die Erhebung des Bekanntheitsgrades und des Images der Freikirchen wurde im Februar/März 2016 eine repräsentative Befragung in Auftrag gegeben. Es wurden insgesamt 757 Personen befragt, die repräsentativ für die Deutschschweiz nach Alter und Geschlecht sind. Die Befragung wurde durch das Schweizer Forschungsinstitut gfs Markt- und Sozialforschung in Zürich durchgeführt.

Image der Freikirchen

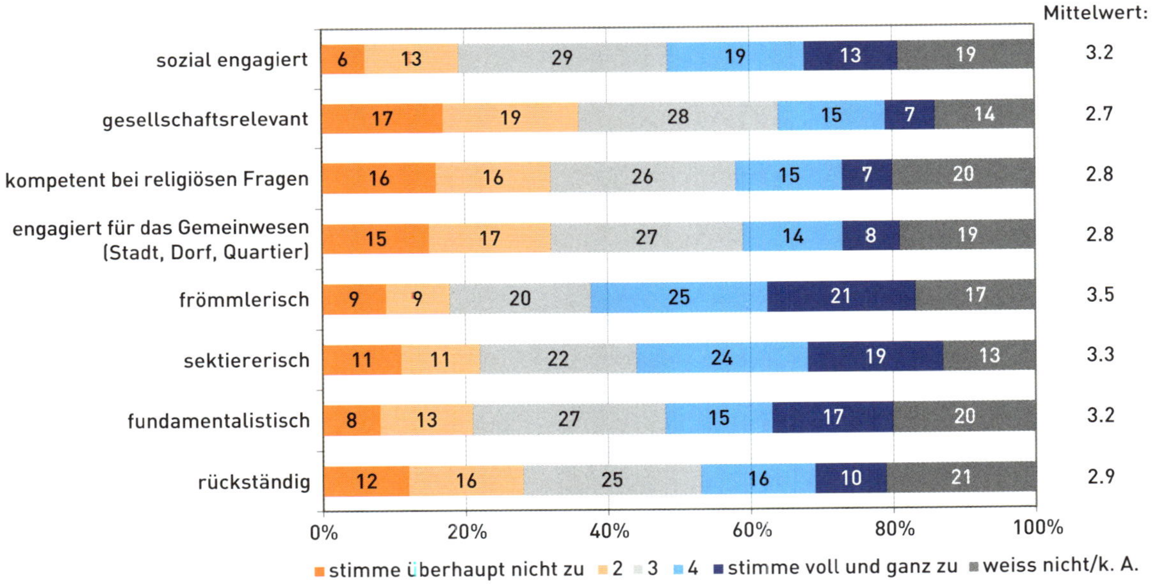

Die erste Frage war: Wie stark stimmen Sie folgenden Eigenschaften von Freikirchen zu? Die Antworten erlauben einen Rückschluss auf das Image der Freikirchen. Die Auswertung zeigt, dass bei den positiven Attributen und Werten sozial engagiert (32 Prozent), gesellschaftsrelevant (22 Prozent), hilfreich und kompetent bei religiösen Fragen (22 Prozent) sowie engagiert für das Gemeinwesen (22 Prozent) die Zustimmung eher schwach ist. Höher ist die Zustimmung dagegen bei den nicht gerade schmeichelhaften Bezeichnungen frömmlerisch (46 Prozent), sektierisch (43 Prozent), fundamentalistisch (32 Prozent) und rückständig (26 Prozent). Der «weiss nicht»-Anteil bewegt sich bei allen Werten bei rund 20 Prozent.

«Verheerend ist, dass 42 Prozent der Schweizer Bevölkerung überhaupt keine Freikirche kennen.»

Ungestützte Bekanntheit

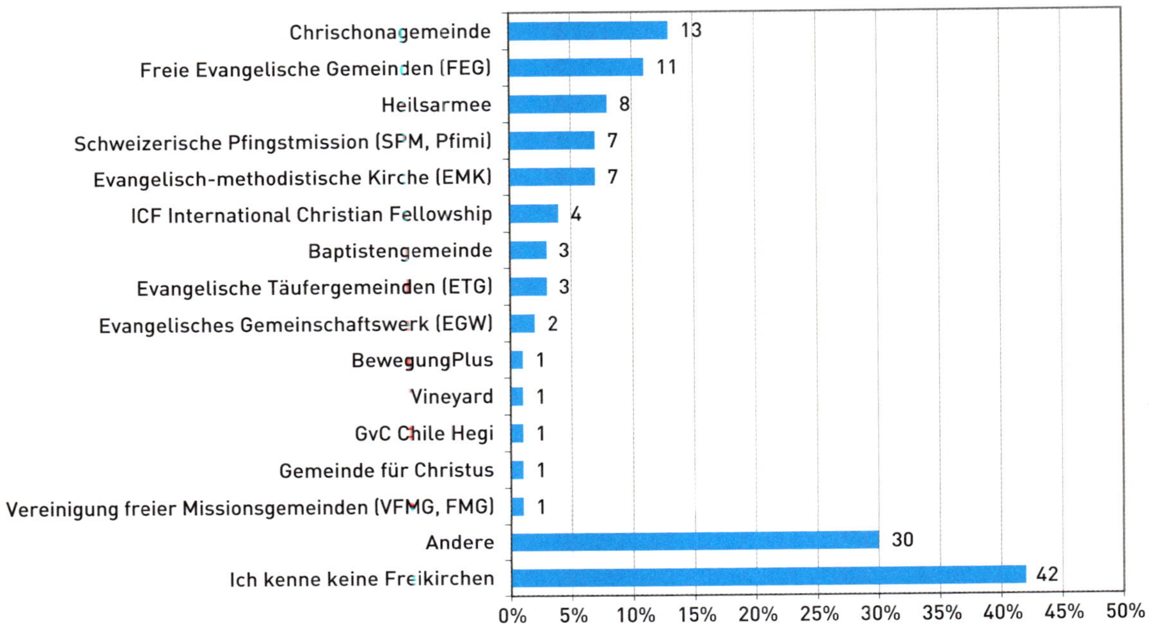

Zweitens wurde offen, das heisst ohne vorgegebenen Antwortmöglichkeiten, gefragt: Welche Freikirchen fallen Ihnen spontan ein? Das führt zur ungestützten Bekanntheit. Die spontan bekannteste Freikirche ist die Chrischona-Gemeinde (13 Prozent) vor den Freien Evangelischen Gemeinden (11 Prozent) und der Heilsarmee (8 Prozent). Das sind sehr tiefe Bekanntheitswerte. Verheerend ist, dass 42 Prozent der Schweizer Bevölkerung überhaupt keine Freikirche kennen! Auf die spontane Frage nach Freikirchen kommt fast der Hälfte der Deutschschweizer Bevölkerung nicht das Geringste in den Sinn. Sie kennen keine einzige Freikirche. Das ist etwas, das ihnen noch nie begegnet ist. Vollkommen unbekannt und damit auch unnötig?

Gestützte Bekanntheit

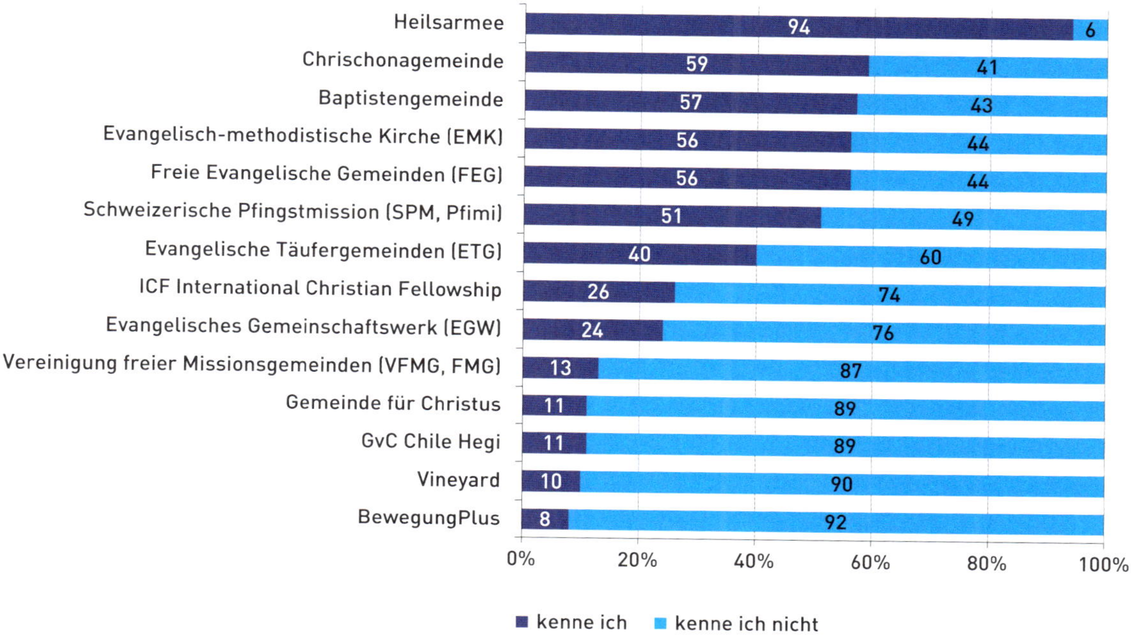

Dann wurden Namen von Freikirchen vorgelesen und die Befragten konnten sagen, ob sie diese auch nur dem Namen nach kennen oder nicht. Das führt zur gestützten Bekanntheit. Hier ragt die Heilsarmee mit einem fantastischen Wert von 94 Prozent weit oben aus. Mehr als die Hälfte kennt beim Nennen des Namens immerhin auch die Chrischona-Gemeinde (59 Prozent), Freie Evangelische Gemeinde (56 Prozent) und Schweizerische Pfingstmission (51 Prozent). Interessant ist das eher schwache Abschneiden von ICF (26 Prozent), das in Zürich auf Basis von rund 3000 Gottesdienstbesuchern am Wochenende die wohl grösste Freikirche der Schweiz darstellt.

Beitrag für die Gesellschaft

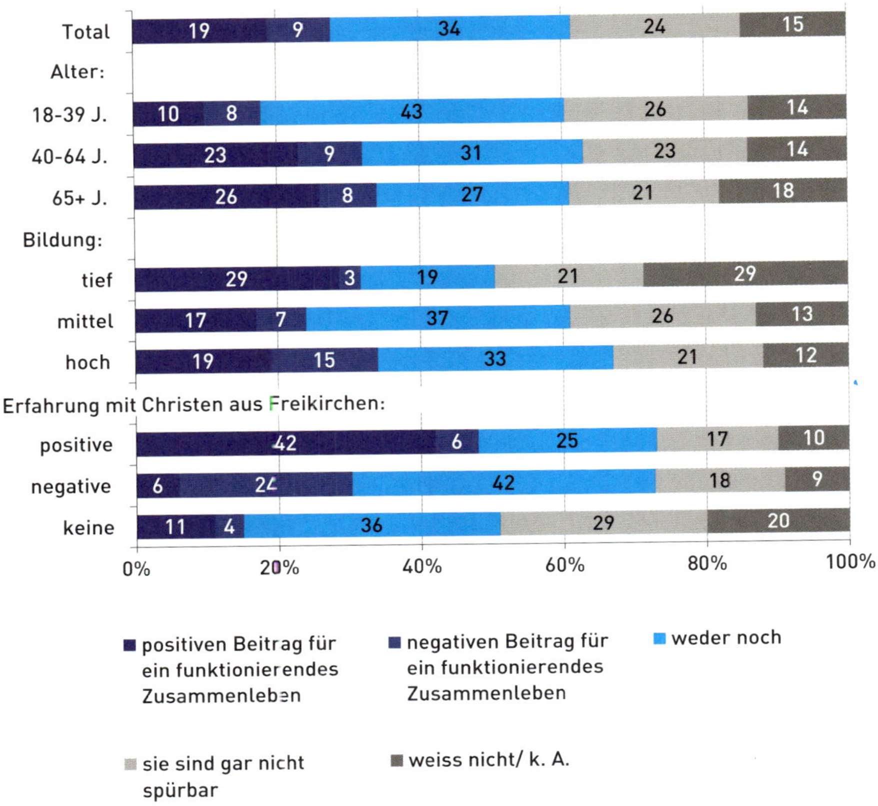

Die dritte Frage war: Wie relevant sind Freikirchen für die Gesellschaft? Auch hier ist die Zustimmung tief. Nur 19 Prozent finden, dass die Christen aus Freikirchen in der Schweizer Gesellschaft einen positiven Beitrag für ein funktionierendes Zusammenleben leisten. 9 Prozent sagen, dass sie negativ für ein funktionierendes Zusammenleben sind, 34 Prozent sagen weder noch und 39 Prozent sagen, dass sie gar nicht spürbar sind oder sie es nicht wissen. Der Anteil der Zustimmung steigt, je älter jemand ist. Das hängt wohl damit zusammen, dass die Chance auf eine Begegnung mit Freikirchen steigt, je länger jemand lebt und parallel dazu auch die Offenheit wächst. Der Anteil der Zustimmung sinkt dagegen, je gebildeter jemand ist.

Erfahrung aus persönlichem Kontakt

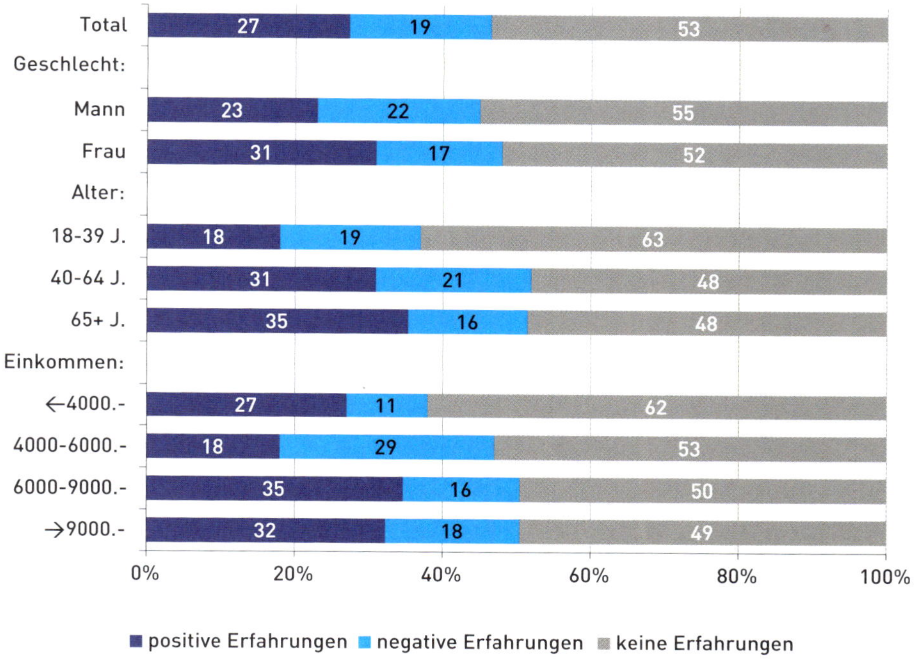

Die vierte Frage ging den Erfahrungen nach: Haben Sie im persönlichen Kontakt mit Christen aus Freikirchen positive, negative oder keine Erfahrungen gemacht? Wieder deutlich mehr als die Hälfte hat überhaupt keine Erfahrungen mit Freikirchen gemacht, 27 Prozent positive und 19 Prozent negative Erfahrungen. Der Anteil der positiven Erfahrungen ist bei Frauen (31 Prozent) deutlich höher als bei Männern (23 Prozent) und er steigt auch, je älter jemand ist. Aussergewöhnlich ist, dass der Anteil der positiven Erfahrungen steigt, je mehr jemand verdient.

«Wieder deutlich mehr als die Hälfte der Bevölkerung hat überhaupt keine Erfahrungen mit Freikirchen gemacht.»

Anliegen der Freikirchen – ungestützt

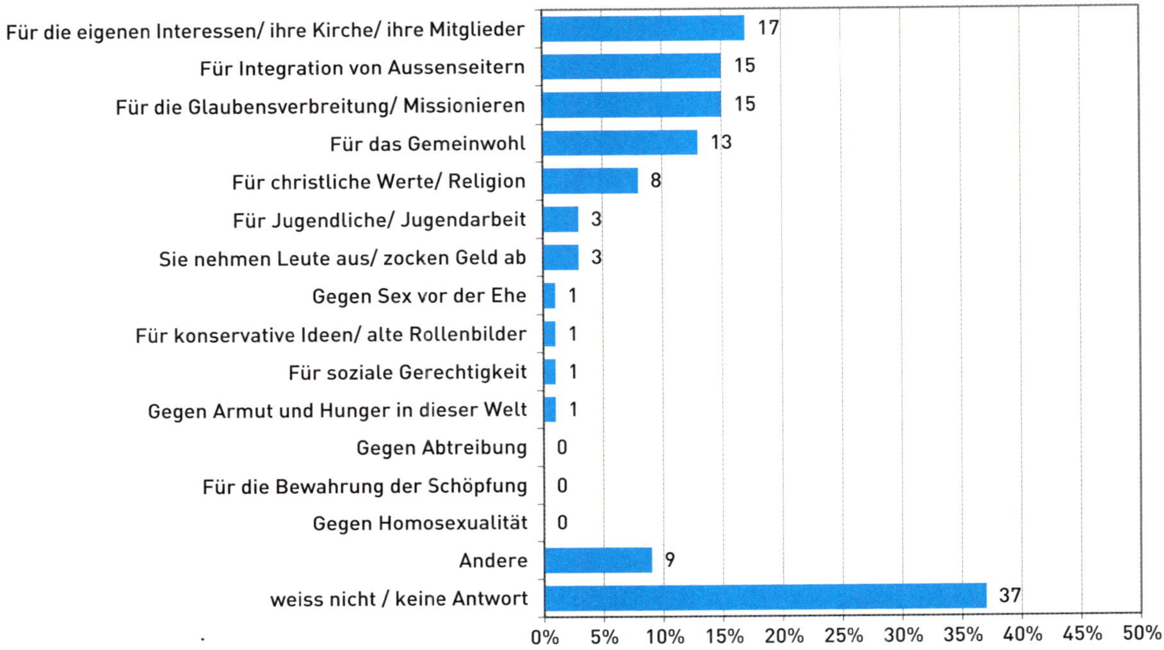

Die fünfte Frage ging dem Anliegen der Freikirchen nach: Für welche Anliegen engagieren sich Ihrer Meinung nach die Freikirchen? Diese Frage wurde zuerst offen ohne eine Vorgabe gestellt. Das führt zur ungestützten Auswertung. Mehr als ein Drittel (37 Prozent) wussten keine Antwort. Die höchste Nennungen erreichen für die eigenen Interessen (17 Prozent), für Integration von Aussenseitern (15 Prozent), für Missionieren (15 Prozent) und für das Gemeinwohl
(13 Prozent). Das allein ist schon nicht wirklich schmeichelhaft und die Nennung der Anliegen ist ungestützt sehr tief.

Anliegen der Freikirchen – gestützt

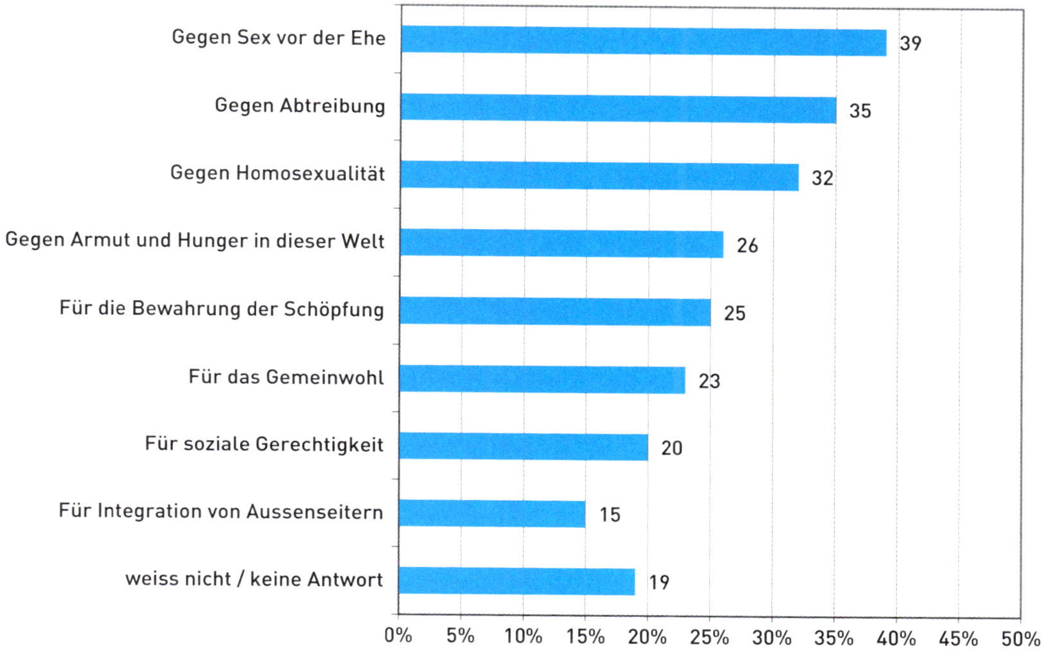

Dann wurde gestützt, das heisst wiederum mit dem Vorlesen von Antwortmöglichkeiten, nachgefragt: Für welche drei der folgenden Anliegen engagieren sich Ihrer Meinung nach die Freikirchen besonders? Hier schwingen die drei klassischen Assoziationen gegen Sex vor der Ehe (39 Prozent), gegen Abtreibung (35 Prozent), gegen Homosexualität (32 Prozent) deutlich oben aus. Freikirchen werden also von der Schweizer Bevölkerung in erster Linie wahrgenommen, dass sie gegen etwas sind. Erst dann kommen positive Werte wie gegen Armut und Hunger in dieser Welt (26 Prozent), für die Bewahrung der Schöpfung (25 Prozent), für das Gemeinwohl (23 Prozent). Auch bei der Nennung von Anliegen hatte jeder Fünfte (19 Prozent) keine Ahnung, für was sich Freikirchen einsetzen.

«Freikirchen sind für die meisten Menschen in der Schweiz nicht gesellschaftsrelevant.»

Resultat: Image-Umfrage fällt vernichtend aus

Das Fazit der repräsentativen Umfrage ist vernichtend: Freikirchen sind für die meisten Menschen in der Schweiz nicht gesellschaftsrelevant. 30 bis 50 Prozent haben überhaupt keine Ahnung von Freikirchen oder für was sie sich einsetzen. Obwohl die Freikirchen die zweitgrösste christliche Glaubensgemeinschaft in der Schweiz bilden, werden sie von der Gesellschaft kaum wahrgenommen. Das zeigt auch, dass Grösse allein noch kein Kriterium für Bekanntheit ist.

Wieso Freikirchen ein eher rückständiges konservatives Image haben, zeigt auch die Aufstellung im Buch «Phänomen Freikirchen». Dort bildet der Religionssoziologe Jörg Stolz und Mitautoren drei Gruppen von Freikirchen: Da sind einmal die Konservativen, «die zur Abschottung von der Gesellschaft neigen und sich durch eine apokalyptische Weltsicht und einen starken Glauben an die Unfehlbarkeit der Bibel auszeichnen». Die Charismatischen wiederum «legen den Akzent auf die emotionale Erfahrung der Gegenwart des heiligen Geistes». Den Klassischen schliesslich schreiben die Autoren «eine grössere Offenheit für die Welt und für andere Arten der Bibellektüre» zu. Wie können Freikirchen ohne Strategie und Offenheit für die Welt Salz und Licht sein? Salz gehört in die Suppe und das Licht sollte «nicht unter den Scheffel» gestellt werden.

Warum soll ein Medienschaffender über eine Kirche berichten, wenn er von ihr öffentlich nicht mehr wahrnimmt, als von einem Kleintierzüchter-Verein? Freikirchen haben kommunikative Nachteile gegenüber den Landeskirchen. Sie profitieren nicht vom Staatsmonopol. Sie haben kein Glockengeläut, keine Friedhöfe, keine offiziellen Hinweistafeln am Ortseingang. Sie sind vom Religionsunterricht an den staatlichen Schulen ebenso ausgeschlossen wie zu den Studienplänen und Professuren an den Universitäten Zürich, Bern und Basel. Sie dürfen zudem keine Steuern via kantonale Finanz- und Kirchendirektionen eintreiben – unter Androhung von Pfändung bei Nichtfolgeleistung. Auch fehlt ihnen die Finanzierungsbasis der schweigenden Bevölkerung und Wirtschaft. Diese bezahlen zwar immer noch Kirchensteuern, beziehen aber mehrheitlich kaum noch Leistungen.

Gleichwohl haben die Freikirchen auch selbstverschuldete Nachteile. Sie treten meistens in behauptender, nicht in beschreibender Sprache auf. Sie treten meistens gegen, nicht für etwas in Erscheinung. Deshalb spürt der Mainstream die Freikirchen als anklagend und moralisierend. Auf der Strecke bleiben Ermutigung, Hoffnung, die Vorbildfunktion – und vor allem die zentralen Inhalte von Jesus Christus. Wenn eine Minderheit von weniger als zehn Prozent der Mehrheit ihre Ansicht über Himmel und Hölle, Sex und satanische Musik aufdrängen will, kommt das einfach schlecht an. Zudem gibt es kaum öffentlich bekannte Freikirchler, welche für alle Freikirchen sprechen können – und dies auch wollen.

«Wenn eine Minderheit von weniger als zehn Prozent der Mehrheit ihre Ansicht über Himmel und Hölle, Sex und satanische Musik aufdrängen will, kommt das einfach schlecht an.»

Das Ghettodenken ist immer noch da, auch bei der Landeskirche, die sich selbst genügt. Ihr Bedürfnis ist gering, in der Gesellschaft etwas zu verändern. Die meisten Kirchen sind immer noch stärker im «Kommet-her»- und weniger im «Gehet-hin»-Modus. Sie sind nicht Teil der Gesellschaft, nehmen kaum Anteil am Dorf- und Vereinsleben oder an den politischen Fragen.

Dabei sind die gesellschaftlichen Trends wie Individualität oder höhere Scheidungsrate inzwischen auch bei den Kirchen angekommen. Auch Christen sind in vielen Bereichen armselig – aber sie sind unter all den Bettlern jene, die wissen, wo es zu essen gibt. Davon sollten sie den anderen erzählen, und zwar auf glaubwürdige Weise.

Hinzu kommen strategische Fehler: Kennen Sie einzelne Freikirchen oder Gemeindeverbände, die ein Budget für Kommunikation und Marketing haben? Oder wo es einen Button «Medien» auf der Homepage gibt? Nur schon daran zeigt sich, dass das Thema bei den meisten untergeordnete Priorität hat. Immerhin gibt es die Kirche schon über 2000 Jahre. Sie ist der grösste globale Konzern auf der Welt. Irgendetwas müssen die Nachfolger von Jesus in der Vergangenheit richtig gemacht haben.

Kein Wunder hat Martin Bühlmann, Leiter der Vineyard-Bewegung im deutschen Sprachraum, gefolgert: «Die Freikirchen befinden sich heute in der grössten Krise ihrer Geschichte. Sie haben ihre Relevanz verloren, weil sie sich aus der Gesellschaft zurückgezogen haben und ein auf sich bezogenes Christsein leben.» Nicht nur die Freikirchen sind in der Krise, auch die reformierte Landeskirche steht vor grossen Herausforderungen und Problemen. So sagt Matthias Krieg, Leiter der Abteilung Bildung und Gesellschaft der reformierten Zürcher Kirche in einem Interview mit der reformierten Presse: «Als Institution müssen wir aufpassen, dass wir nicht abgehängt werden. Irgendwann verhandeln die Medien religiöse Themen, und die Kirche wird nicht mehr gefragt, weil ihr die Sprache fehlt. Das passiert jetzt schon.»
Genau wie es der Ökonomieprofessor Hans Schmid, Autor des Buches «Kirchen im Wettbewerb – Kirchen mit Zukunft», in einem Interview auf den Punkt bringt. Auf die Frage «Braucht

«Notwendig ist zuerst ein verbessertes Angebot des unbestreitbar guten Produkts.»

die Kirche auch mehr professionelles Marketing?» antwortet Schmid: «So viel Marketing wie nötig, aber mit möglichst wenig Mitteln – auch das ist ein ökonomisches Prinzip. Man soll sich aber immer bewusst sein, dass Marketing nur Verpackung ist und nicht Inhalt. Notwendig ist zuerst ein verbessertes Angebot des unbestreitbar guten Produkts. Dann folgt die Bekanntmachung in möglichst kompetenter Form.»

Für die Rückständigkeit und eine Tendenz zum Verharren «in der Käseglocke» ist die Medienpräsenz der Freikirchen ein klarer Spiegel: Wer in den Medien nicht vorkommt, existiert in der Welt eigentlich gar nicht. Wer sich nicht dort bewegt, wo der Brennpunkt der Gesellschaft ist, der ist aussen vor. Der befindet sich in seiner eigenen Bubble, gefangen in den eigenen Kirchenmauern. Das ist für die Verkündung der Botschaft schlecht, das entspricht nicht dem Auftrag der Kirchen. Daher beleuchten wir in den folgenden Kapiteln, welche Faktoren hier zu einer Verhaltensänderung führen können. Und wie man sich Aufmerksamkeit in der Öffentlichkeit verschaffen kann.

Wer ist cnm?

Alle Autorinnen und Autoren dieses Buches waren Ressource für cnm oder nutzen Beziehungen und Wissenszugänge des Netzwerkes. cnm steht für cooperation neue medien und wurde als gemeinnütziger Verein 1984 gegründet (www.cnm.ch). Das Ziel des Vereins: «Jugendlichen aus Institutionen mit angstgesteuerter Frömmigkeit zu lehren, in der postmodernen Öffentlichkeit das zu sein, wofür sie gemäss Matthäus 28,18–20 berufen sind.» Der Weg dazu: Christen in einen Prozess mit vier Stationen schicken. 1. Aus dem frommen Ghetto ausbrechen und sich darauf einlassen, welche Themen für die Öffentlichkeit wichtig sind. Begreifen, dass die Medien der Ort für öffentliche Debatten sind. 2. Verstehen, was Öffentlichkeit ist, wie öffentliche Meinungen entstehen und wie sie veröffentlicht werden. Diese Erkenntnis ins eigene Denken und Fühlen einfliessen lassen. 3. Eine öffentlichere Sprache zu lernen, welche unter anderem zwischen den Begriffen «Öffentlichkeit» (im politischen Sinne) und «Welt» (im theologischen Sinne) fair unterscheidet. 4. Christen lernen für die Öffentlichkeit relevant zu werden, indem sie a) öffentlich sind und b) etwas zu bieten haben.

Die Überlegung war damals einfach: In der Schweiz gab es für Öffentlichkeitswissen nur zwei Quellen. Entweder musste man sich bei der Kommunikationsagentur Farner eine Kampagne erkaufen (kam nur für Reiche in Frage) oder man holte sich das Kommunikations-Know-how direkt aus den Medien. Das hiess Karriere im Journalismus statt sie auf der Bank oder in einer Anwaltskanzlei zu machen. Das lag bei den Christen brach. Zudem gab es kaum journalistische Ausbildungsstätten – eigentlich nur die Ringier-Journalistenschule. Da stiess cnm in ein Vakuum. In all den Jahren hat cnm vielen jugendlichen Christen zum

«Das Ziel: ‹Jugendlichen aus Institutionen mit angstgesteuerter Frömmigkeit zu lehren, in der postmodernen Öffentlichkeit das zu sein, wofür sie gemäss Matthäus 28,18–20 berufen sind.›»

19. Juni 1989 36 BLICK Basel

Test

Nur zwei Restaurants offerieren Fasnachts-Spezialitäten im Sommer

• Der Mehlsuppen-Tester, Markus Baumgartner

• ...und sie gehört eben doch zur Fasnacht – die Basler Mehlsuppe

Basler Mehlsuppe – ein heisser Wunsch an warmen Tagen

Der Autor 1989 als cnm-Praktikant im «Blick Basel» beim Mehlsuppen-Test.

Einstieg in Medien- oder Kommunikationsberufe verholfen. Diese Medienschaffenden konnten später ihre Erfahrungen zurück in Kirchen und Organisationen reflektieren. Operativ tätig ist cnm als Vermittlerin von Seminaren, Beratung sowie Praktika im Umgang mit der Öffentlichkeit. cnm beobachtet die christlichen Organisationen und ihr Umgang mit Medien seit über 30 Jahren.

Kommunizieren Christen in Deutschland besser?

Von Andreas Malessa

Vom Glauben zu wissen, nicht glauben zu können, was die alles glauben

So präsentiert sich die veröffentlichte, öffentliche und lokalreale Wirklichkeit des Kirchgemeindelebens in Deutschland. Von der Piktogramm-Gesellschaft über Bekenntnis-Buttons bis zu diffusen und moralischen Schlagwörtern.

An der Baustellenampel vor mir hält ein alter VW Golf. Auf dem Rückfenster prangt in schön kalligrafierten lateinischen Buchstaben: «Allah u akbar». «Na prima», denke ich, «nach dem nächsten Terroranschlag findet man ihn schon mal leichter.» Die Ampel zeigt grün, hinter der Baustelle überhole ich den klapprigen VW, fahre zügig links vorbei. Und sehe: Am Steuer sitzt kein bärtiger Mullah mit Käppi, sondern unser kleinstadtbekannter türkischer Änderungsschneider. Ein netter Kerl, der mir schon so manches Mal eingerissene Sakkotaschen festgenäht und defekte Reissverschlüsse repariert hat. Kostet fast nix bei ihm.
Er winkt mir kurz zu. «Mist», denke ich, «wenn ich jetzt vor ihm auf die rechte Spur wechsle, sieht er meinen Fischaufkleber am Heck.»

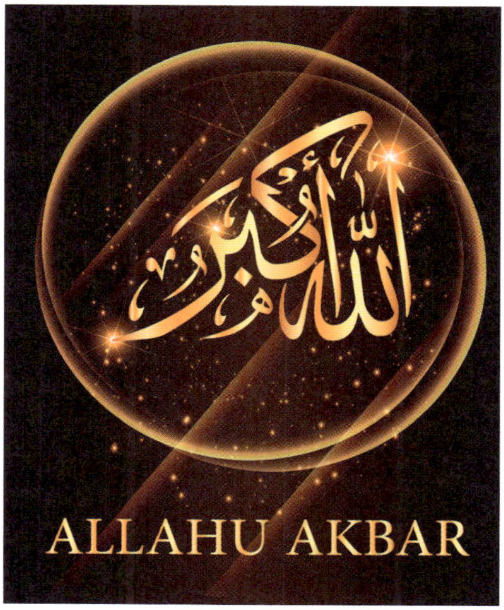

Wir leben in einer Piktogramm-Gesellschaft, d.h. öffentliche Kommunikation findet grösstenteils durch Symbole, Logos und Embleme statt, die als bekannt vorausgesetzt werden. Welchen Sport einer treibt – Fussball, Windsurfen, Tanzen –, welche Urlaubsregion er liebt – Sylt oder Bodensee –, ob er einen Hund oder ein Baby im Auto transportiert, ob er für die Freigabe von Cannabis oder gegen Tierversuche plädiert, das alles erfahre ich schnell wie ein Wimpernschlag von seinem Piktogramm. Politische Plaketten an Jacken und Taschen (vor 30 Jahren «Atomkraft? Nein danke», vor drei Jahren «Refugees welcome», heute «Yes, ve gan!») und moralische Botschaften (die rote Aids-Schleife, die silbernen Fötus-Füsschen abgetriebener Kinder) oder religiöse Bekenntnis-Buttons («Jesus lebt») transportieren zwar eine Information, befördern aber selten die Kommunikation. Weil der Bekennende sein Statement ja bereits gemacht hat, optisch nämlich, und weil der Betrachtende alles Nötige zu wissen glaubt. Interesse, Neugier, Nachfragen entstehen so nicht. Nicht mal im umgekehrten Fall völliger Ahnungslosigkeit: Militärangehörige im ICE mag es kränken, dass kein Mensch unter 60 ihre Rang- und Dienstabzeichen auf der Uniform zu würdigen weiss. Ob da ein General der Luftwaffe oder ein Unteroffizier der Schreibstube Bahn fährt – wer weiss das noch? Aufstehen, Hacken zusammenknallen, grüssen? Von wegen.

Orts- und Markennamen auf T-Shirts und Pullovern («Camp David», «Virgin») sagen nichts aus. Das goldene Kreuz um den Hals ist oft «nur» ein Schmuck-Accessoire. «YMCA» meint meist nicht die schwule Popgruppe aus den 70ern, sondern «Christlicher Verein junger Menschen» – an all diese Bedeutungslosigkeiten haben wir uns gewöhnt. Und wen es ernsthaft länger als eine Minute interessiert, dass das Türschild «SM» nicht zum Sadomaso-Club führt, sondern in die «Stadtmission», der googelt die Adresse. Und hat dann zwar noch immer keine Ahnung, aber schon mal eine Meinung.

«Moralische Botschaften oder religiöse Bekenntnis-Buttons transportieren zwar eine Information, befördern aber selten die Kommunikation.»

«Die haben gar kein Image, weder ein gutes noch ein schlechtes.»

Das ist bei Kirchen und ihren historisch-architektonischen Markenzeichen nicht anders. Kirchtürme, Kathedralen und Klöster sind stadtbildprägend, sicher. Allein die Evangelische Kirche Deutschlands besitzt rund 21 000 Kirchen, davon 17 000 unter Denkmalschutz. Sie stehen zwar noch «mitten im Dorf» (und glockenläuten mitten in der Stadt morgens um sechs!), aber was sagt das konkret aus? Jedes echte Symbol hat bekanntlich eine Bild- und eine Sinnhälfte. Der Rosenstrauss und die Liebe, der Ring und die Ehe, das Kreuz und der Sühnetod, der Kelch und das Abendmahl – wenn aber mangels Bildung die Sinnhälfte unbekannt bleibt, bleibt auch die Bildhälfte wirkungslos. Rathäuser und Sporthallen stehen schliesslich auch mitten im Dorf (machen aber wenigstens keinen Lärm). Wer täglich an einem mittelmässig modernen Gebäude vorbeifährt, dass an der Strassenfront ein Kreuz über aufgehender Sonne zeigt, erfährt auf Google Maps, das sei eine «Neuapostolische Kirche». Waren Sie schon mal drin? Ich vermute: Noch nie. Warum nicht? Weil die «Neuapostolischen» ein schlechtes Image in den Medien hätten? Kann nicht sein: Die haben gar keins, weder ein gutes noch ein schlechtes. Obwohl sie mit 350 000 Mitgliedern in Deutschland grösser sind als jede Freikirche. Wir gehen da nicht hin, weil wir zwar nicht genau wissen, was die glauben, aber zu wissen glauben, das nicht glauben zu können.

Lebendige Piktogramme befragen?

«Rede nur, wenn Du gefragt wirst, aber lebe so, dass man Dich fragt!» Dieses Motto beseelte uns zeugnisfreudigen jungen Christen in den 1970er-Jahren. Es funktionierte prima. «Hinterfragen» war Volkssport. (Gibt's das Verb überhaupt noch?) Diskurs und Disput lagen quasi in der Luft. Alles – Religion, Sex, Beruf, Freizeit, Geld – musste weltanschaulich «ausdiskutiert» werden. Ob linksbewegt 1968 gegen die Ärzte, Richter und Politiker, die als Altnazis problemlos weiter Karriere machten; ob friedensbewegt 1981 gegen die US-Atomraketen in Westdeutschland und die UdSSR-Atomraketen in Ostdeutschland; ob umweltschützend 1986 gegen Tschernobyl-ähnliche Schrott-Reaktoren hierzulande – immer ging es um «hinterfragbare» Bekenntnisse.

«Was also, wenn niemand mehr echte Fragen stellt, sondern mit kurzen Tweets, Whats-App-Sätzen und Emojis eine Oberflächen-‹Kommunikation› suggeriert?»

«Die Medien porträtieren eher und öfter die radikalen Minderheiten der jeweiligen Konfession.»

Heute, mehr als 40 Jahre später, kann jeder leben wie er will und dies unübersehbar demonstrieren, ohne auch nur ein einziges Mal von irgendjemandem nach seinen Gründen und Motiven, Überzeugungen und Zielen befragt zu werden. Das mystische Gothic-Mädchen mit den schwarzen Kajalrändern um die Augen, der blasse IT-Nerd, der hippe Jungbanker in sichtbar teurem Casual Wear und Prada-Slippern, die gepiercte Punkerin, der tätowierte Harley-Davidson-Altrocker, die «Migranten»-Jungs mit ihren sorgfältig barbiergezupften Bärten – na und? Sollen sie doch. (Diese Gleichgültigkeit finde ich immerhin humaner als das Getuschel früherer Generationen, wenn ein «Hippie» die Strassenbahn betrat: «Bei Adolf hätte es das nicht gegeben!») Was also, wenn niemand mehr echte Fragen stellt, sondern mit kurzen Tweets, Whats-App-Sätzen und Emojis eine (nur optische) Oberflächen-«Kommunikation» suggeriert?

Dass die blonde Neue im Sekretariat «ganz was Frommes sein muss» und der schüchterne Praktikant in der Marketingabteilung «zu so ner Art Sekte gehört» – das hat sich auf den Firmenfluren herumgesprochen, lange bevor die beiden alle Mutmassungen und Vorurteile geraderücken konnten. «Erkannt» sind Christen in ihrem beruflichen Umfeld schon. Nur nicht auf die Art, wie sie es selbst gerne hätten. (Durch Facebook-Postings vom letzten «Lobpreis»-Gottesdienst zum Beispiel …) So lange sie weder der Firma noch dem Betriebsklima schaden – sie also keine Rassisten, Scientologen, Extrem-Esoteriker oder sonst wie ideologische Nervtöter sind – interessiert sich die Belegschaft für das «Gläubigsein» eines Kollegen erst dann, wenn sich reale Interessen, gegenseitige Wünsche und Bedürfnisse ergeben. Und seien sie noch so banal: Meine Ablehnung eines vermeintlichen Islamisten wandelte sich in heitere Freundlichkeit. Woher kannten wir uns? Aus beiläufigen, von beiden Seiten «unmissionarisch» zustande gekommenen Begegnungen.

Wenn mir das nächste Mal mein Autoschlüssel durch ein Loch in der Manteltasche tief ins Innenfutter hinein verschwindet, werde ich zum muslimischen Schneider gehen. Und ihn was fragen. Ob er das bitte nähen könnte. Und wenn wir zufällig beide ein bisschen Zeit haben, werde ich weiterfragen. Nicht «du schlage Frau?», sondern was er in seiner Moscheegemeinde so macht, warum er da freitags hingeht und was er von Diktator Erdogan und den inhaftierten Künstlern und Journalisten hält.

Und die «amtlichen» Konfessionen?

Es gibt unter 82 Millionen Deutschen rund 23 Millionen Evangelische, 24 Millionen Katholiken und 4 Millionen Muslime. Die restlichen 31 Millionen Menschen bekennen sich zu keinerlei speziellem Glauben (nicht mal zum Atheismus: Der «Humanistische Bund» hat gerade mal 30 000 Mitglieder) und ausgerechnet im Bundesland Sachsen, wo die Pegida-Marschierer das «christliche Abendland» zu verteidigen vorgeben, sind 72 Prozent konfessionslos. Sie «kennen» Muslime, Katholiken oder Protestanten meist weder subjektiv noch objektiv gut, sondern bestenfalls aus der «veröffentlichten» Darstellung. Die aber – Zeitungen, Radio, Fernsehen und Internetauftritte – porträtieren eher und öfter die radikalen Minderheiten der jeweiligen Konfession.

Stellen wir uns die drei grossen Religionsgruppen – Protestanten, Katholiken, Muslime – als Containerschiffe vor, dann hat jedes Schiff ein etwas schrilles und daher medial gut darstellbares Hardcore-Beiboot im Schlepptau. (Minderheiten, die sich selbst als vorausfahrendes Kanonenboot verstehen). Besonders Gläubige, die nach innen die allein rechtmässige, die «eigentliche», Deutungshoheit über ihre Konfession beanspruchen und nach aussen einfache Lösungen für alle gesellschaftlichen Probleme propagieren:

Unter den Katholiken sind das geschätzte 600 000 Fans des konservativ abtrünnigen Bischofs Marcel Lefebvre. Es sind Opus-Dei-Anhänger und «Legionäre Christi»-Priester, 2009 schlagartig bekannt geworden durch die Stuttgarter Piusbrüder um ihren Holocaustleugner und Vordenker Richard Williamson. Sie feiern die tridentinische Messe auf Lateinisch mit Gemeinde-abgewandtem Priester, halten Luther, Calvin und Zwingli noch immer für Ketzer, die Reformen des II. Vatikanischen Konzils für verkehrt, Papst Franziskus für eine Fehlbesetzung und den Protestantismus für einen Unfall der Geschichte. Eingeladen zum 500. Reformationsjubiläum 2017, antworteten einige deutsche Bischöfe: «Spaltungen muss man betrauern, nicht feiern.»

Unter den Muslimen, in der zweiten und dritten Generation «Gast»-Arbeiter aus den frühen 1960er-Jahren, trägt das islamische Beiboot rund 200 000 Islamisten, so schätzt der Verfassungsschutz, die sich von ihren integrierten «eingedeutschten» Grosseltern und ihren insgeheim längst säkularisierten Eltern durch religiöse Radikalisierung und kulturelle Abschottung unterscheiden wollen: Junge Mädchen tragen wieder Kopftuch und sympathisieren wie die jungen Männer mit dem IS. In den hermetischen Parallelgesellschaften ihrer «Community» gilt de facto eher die Scharia als das Grundgesetz. Dass die deutschnationalen Islamhasser und Rassisten der Partei «Alternative für Deutschland» (AfD) sie hartnäckig als Repräsentanten aller vier Millionen Muslime hochhalten, kann ihnen nur recht sein. Die Konservativen tun den Islamisten diesen grossen Gefallen ja oft. Und merken selten, dass sie politisch ganz ähnliche Ziele verfolgen: Die Regierung möge doch bitte die Bevölkerung wieder nach Rasse und Religion sortieren, in Erwünschte und Unerwünschte teilen, die einen begünstigen und die anderen benachteiligen. Statt einer weltanschaulich neutralen, Religionsfreiheit gewährenden Demokratie bitte lieber eine Art Theokratie, die «unseren» Glauben zur Staatsräson erhebt.

«Es bleibt diffus, was ‹evangelikal› eigentlich ist und wer sich ‹evangelikal› fühlt.»

Unter den Protestanten sind wahrscheinlich die rund eine Million Evangelikalen das öffentlich auffälligste Beiboot. Wobei diffus bleibt, was «evangelikal» eigentlich ist und wer sich «evangelikal» fühlt. «Die mit Ernst Christen sein wollen», sagte Martin Luther. «Die intensiv Evangelischen» nannte sie Angela Merkel. «Richtig bekehrte Gläubige» nennen sie sich selbst (insgeheim). Die «Deutsche Evangelische Allianz» ist der verdienstvolle und ehrwürdige Dachverband von nicht weniger als 351 autonomen Gemeindeverbänden, Freikirchen, Vereinen, Initiativen und diakonisch-missionarischen Hilfswerken. Diese «Allianz» hat weder ein verbindliches «Lehr»-Amt (vergleichbar der katholischen Glaubenskongregation im Vatikan) noch Mitgliederlisten. Ihr 70-köpfiger Vorstand ist nicht von der Basis repräsentativ gewählt, nicht mandatsbeauftragt und nicht bischöflich weisungsbefugt. In keiner zentralen theologischen Frage sind sich diese 351 Institutionen dogmatisch völlig einig: Christologie, Bekehrung, Taufe, Geistempfang, Schriftverständnis, Heiligung, Abendmahl, Gemeindemitgliedschaft – alles darf, alles soll, alles wird durchaus unterschiedlich «gehalten» und «gehandhabt».

«Bei keiner anderen christlichen Gruppierung klaffen die praktisch gelebte Realität vor Ort und die öffentliche Wahrnehmung so tragisch weit auseinander wie bei den ‹Evangelikalen›.»

Prima. So viel Pluralität müsste die Öffentlichkeit eigentlich wertschätzen. Tut sie aber nicht. Öffentliche Wahrnehmung und praktisch gelebte Realität klaffen bei keiner christlichen Gruppierung so weit auseinander wie bei den Evangelikalen. Obwohl in ihren tausenderlei kleinen Gruppen und Zirkeln unfassbar viel ehrenamtliches Engagement in pädagogischer, diakonischer, sozialer und spiritueller Hinsicht geleistet wird; obwohl in den Ortskirchen ein quirlig-hyperaktives Gemeindeleben tobt; obwohl Netzwerke, Haus- und Freundeskreise alle erdenklichen Betreuungsdienste und seelsorglich-therapeutischen Angebote leisten – also im Übermass das tun, was Sozialpolitiker als «bürgerschaftliches Engagement» loben – sagen die restlichen 81 Millionen Deutsche: «Evangelikale? Die halten Homosexualität für eine heilbare Krankheit, Muslime für irrgläubige Terroristen, alle Frauen für Mütter, Abtreibung für ausnahmslos strafbar, Sex vor der Ehe für schändlich, Frauenrechte für nicht gottgewollt, die Klimaerwärmung für eine Grünen-Lüge und die Entstehung der Erde für einen Sechstagejob.»

Schuld an diesem Zerrbild sind, zumindest in Deutschland, evangelikale Kirchenführer, die der ultrakonservativ deutschnationalen Zeitschrift «idea» gestatten, exakt dieses Klischee jede Woche neu zu zementieren. Erst seit sich die Zeitschrift und Ihr Internetportal unverhohlen werbend für die AfD einsetzt (während auf der «Bischofsebene» alle evangelikalen Leiter für eine humanitäre Flüchtlingspolitik votieren und an der Gemeindebasis erfolgreich Integrationsarbeit stattfindet), kommen Zweifel auf, ob einige wenige Scharf- und Blattmacher wirklich repräsentativ sind für «die Evangelikalen». Aber je grösser der selbstverursachte Imageschaden wird, umso heftiger pulsieren Selbstmitleid und Märtyrerpathos.

«Gerade die ‹Frommen› im Lande hätten alle Chancen zu beweisen, dass sie wirklich am Schutz von Humanität, Demokratie, Menschenrechten, Religions- und Gewissensfreiheit, kurz: am Erhalt politischer und kultureller Liberalität interessiert sind.»

Traditionskonservative Katholiken und wertkonservative Protestanten beklagen (mal weinerlich, mal aggressiv), unter dem falschen Piktogramm kommuniziert zu werden. Genauer: Die Bildhälfte ihres Symbols entspräche nicht der Sinnhälfte. Was sie im Herzen glauben, im Kopf denken und im Bauch fühlen, wenn sie Fischaufkleber ans Auto kleben, Kreuze um den Hals tragen oder Bibelverse an die Aussenfassaden ihrer Kirchgemeindehäuser schrauben, das sei eben nicht öffentlich medial, sondern nur im persönlichen Gespräch kommunizierbar. Das mag sogar sein und hätte im Zeitalter der halböffentlich-pseudoprivaten Facebook-Kommunikation vielleicht Chancen. Aber gerade sie, die «Frommen» im Lande, hätten alle Chancen zu beweisen, dass sie wirklich am Schutz von Humanität, Demokratie, Menschenrechten, Religions- und Gewissensfreiheit, kurz: am Erhalt politischer und kultureller Liberalität interessiert sind. Dass «liberalitas» eben nicht «Beliebigkeit» heisst, sondern «grosszügige Güte». Dann würden «Wertkonservative» nicht jedwedem rechtspopulistischen Rattenfänger hinterherlaufen, der sie mit den Bonbons Genderwahn, Homo-Ehe, Islamisierung und Abtreibung ködern will.

Sinnbilder einer paradoxen Parallelität

Nun finden die oberflächenfixierte öffentliche Wahrnehmung religiöser Gruppen und die mediale Piktogramm-Kommunikation ja nicht auf der grünen Wiese statt, sondern im kulturellen Kontext der Post- oder Spätmoderne. Das heisst in der paradoxen Parallelität von Säkularisation einerseits und religiöser Renaissance andrerseits. Die Säkularisierung ist offenkundig feststellbar, die religiöse Renaissance nur bei näherem Hinschauen.

40 Prozent sagten der Bertelsmannstiftung vor einigen Jahren, Gott, Glaube, Religion habe für sie keinerlei Bedeutung. 50 Prozent sagten, Gott, Glaube, Religion könne durchaus eine Rolle spielen und bezeichneten sich selbst als «religiös offen» und nur 10 Prozent der Befragten rechneten sich zu den «klassisch christlich Engagierten». Als man bei den 50 Prozent «prinzipiell religiös Offenen» genauer nachhakte, teilten die sich in 15 Prozent «Sinnsuchend religiös Interessierte» und 35 Prozent «praktisch religiös Kreative». Das heisst Menschen, die fromme Ratgeberbücher kaufen, spirituelle Kurse belegen, schon mal irgendwo pilgern, fasten oder meditieren waren oder eine kirchliche Veranstaltung besuchten.

Ja, es gibt einen ungebrochenen Säkularisationsschub. Manifestiert in dramatischen Kirchenaustrittszahlen. Und: Ja, es gibt eine versteckte Renaissance der Religion. Die ist aber diffus und mit den kirchlich geeichten Glaubensindikatoren schwer messbar. Mit «Renaissance der Religion» ist nicht gemeint, dass kirchliche Trauungen zu sauteuren Mega-Events aufgeblasen werden. Das hat wohl mehr mit Hollywood-Klischees zu tun als mit der Ehrfurcht eines Treueversprechens vor Gott und der Gemeinde. Mit «Renaissance der Religion» ist gemeint: Es gibt eine «frei vagabundierende Spiritualität», wie der Wiener Pastoraltheologe Paul Zulehner sie nennt, «eine erstaunliche Wertschätzung von religiösen Ritualen, eine Sehnsucht nach Transzendenzerfahrung und Sinnstiftung, eine in der Kulturszene, in den Medien und in virtuellen sozialen Netzwerken wahrnehmbare Gottsuche». Kurz: Es gibt manchmal mehr Luftfeuchtigkeit in einem Raum als Kondenstropfen an der Scheibe. Es ist alles nur «unsichtbar spürbar», aber eben nicht greifbar.

«Ja, es gibt einen ungebrochenen Säkularisationsschub.»

Den Einwand, aber das sei ja eine individuell und subjektiv zusammengebastelte Patchwork-Religiosität mit offenen Grenzen zu Aberglaube, Neuheidentum und Esoterik; eine Religiosität ohne irgendeine Verbindlichkeit bietende oder Verbindlichkeit fordernde Gemeinschaft – diesen Einwand versteht der Postmodernist gar nicht. Denn erstens musste er sich doch auch sonst alles Tragfähige selber zusammensuchen – seine Familie, seine Bildungsmodule, seinen Freundeskreis, warum also nicht auch Weltanschauung und Religion – und zweitens: «It can't be wrong, if it feels right».

Oder, etwas präziser: Die Religiosität nach den ausschliesslich eigenen Parametern zu gestalten, leistet wenigstens etwas, was die «dogmatisch richtige», offiziell abgesegnete Religiosität offenbar nicht leistete: Alltagsrelevanz. Praktischer Nutzwert für meine konkrete Lebenswelt. Geht es aber nicht mehr um die Frage «Was ist wahr?», sondern um die Frage «Was nützt?» und «Was tut mir gut?» – dann erklärt sich auch, was die beiden, äusserlich gegenläufigen, Trends von Säkularisation und Religionsrenaissance gemeinsam haben: Sie nähren sich von der Enttäuschung über kirchliche Institutionen. Schimpfwort «Amtskirche».

«Deshalb gibt es sowohl den Säkularisationsschub als auch die Renaissance der Religion.»

«Evangelikale können den Beweis, eine pietistisch geprägte Frömmigkeit führe quasi automatisch zu einem gelingenden Leben und einer besseren Lebensbewältigung, nicht mehr ernsthaft antreten.»

Sie leben von der Ablehnung rigider Dogmen, religiösen Eifers oder gar religiös begründeter Menschenrechtsmissachtung. Schimpfwort «Fundamentalismus». Und sie beschäftigen sich mit der permanenten Überprüfung tradierter oder angebotener Glaubensinhalte auf ihren hilfreichen Nutzen oder hinderlichen Schaden für die eigene Lebensbewältigung. Schimpfwort «Unnötiger theologischer Wissensmüll». Und so glaubt der durchschnittliche Postmodernist auch weiterhin zu wissen, nicht glauben zu können, was «die» da in den Kirchen glauben.

Mit der Bibel, mit den reformatorischen Schriften, mit dem dogmatischen «Eingemachten» evangelischer oder katholischer Bekenntnisses gehen nicht nur die Kirchenfernen, sondern geht bereits die hauseigene Gemeindejugend etwa so um wie ein Konsument mit der Betriebsanleitung zu einem neuen Elektronikgerät: Nicht lesen, ausprobieren! Als die «Manuals» zu unseren Flachbildschirmen, Laptops, Kaffeeautomaten, Smartphones und Hightech-Autos immer dicker wurden, hörten wir auf, sie zu studieren. Und auch die «Installations-Menüführung» neuer Software wird eher stöhnend als dankbar zur Kenntnis genommen. Christsein soll bitte einfach und Glauben sofort lebenserleichternd funktional sein. «Funktioniert» der Glaube aber nicht sofort, lässt man ihn über kurz oder lang beiseite oder – fummelt sich eine eigene Art des Umgangs damit zusammen. Deshalb gibt es *sowohl* den Säkularisationsschub *als auch* die Renaissance der Religion.

Warum leiden auch «evangelikale» Kreise unter dem Säkularisationsschub und profitieren nicht spürbar von der Renaissance des Religiösen? Weil sie den Beweis, eine pietistisch geprägte Frömmigkeit führe quasi automatisch zu einem gelingenden Leben und einer besseren Lebensbewältigung, nicht mehr ernsthaft antreten können. Daraus folgt: Die Evangelikalen haben so kein positiv besetztes Piktogramm, kein allgemein sympathisch verstehbares, im Wortsinn bedeutsames Logo ihres Glaubens.

Die Kirchen im gesellschaftlichen Abseits

Von Peter van Wijlen

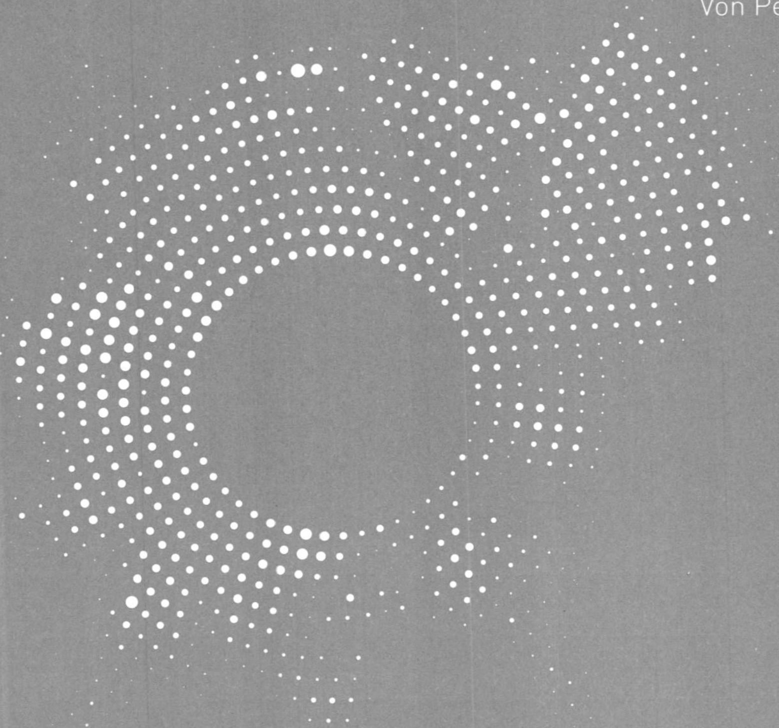

Kirchen sind gesellschaftlich auf dem Rückzug

Die Welt verändert sich in einem Tempo wie noch nie in der Geschichte. Im 20. Jahrhundert fanden die Veränderungen noch im Zehn-Jahres-Rhythmus statt. Heute gibt es Veränderungen fast im Halb-Jahres-Rhythmus. Betroffen ist die Gesellschaft in ihrer ganzen Breite. Medien, Politik, Wirtschaft und Kirchen. Gewissheiten geraten ins Wanken. Die Christen und Kirchen sind von diesem Wandel auch betroffen. Sie stehen mit dem Rücken zur Wand, gesellschaftlich sind sie auf dem Rückzug.

Der Rückgang der Kirchen in der Schweiz ist dramatisch: 1970 waren gemäss Bundesamt für Statistik 48,8 Prozent der Schweizerinnen und Schweizer Mitglied der evangelisch-reformierten Landeskirche. 2016 waren es noch 24,5 Prozent. Bei der Römisch-Katholischen Kirche ist die Tendenz ähnlich: Der Anteil der Kirchenmitglieder ging von 46,7 auf 36,5 Prozent zurück. Gemäss dieser Statistik hat die sich der Anteil von Konfessionslosen in der Bevölkerung in der Schweiz von 2000 bis 2017 fast verdoppelt von 11,4 auf 21,4 Prozent.

«Fusionieren statt evangelisieren – das eigene Begräbnis ehrenvoll organisieren.»

Die Reaktionen der Landeskirchen auf diese Zahlen sind bedenklich: Zuweilen bekommt man den Eindruck, die reformierte Landeskirche der Schweiz hätte sich schon fast selbst aufgegeben. Sie beschäftigt sich damit, wie sie Kirchgemeinden zusammenlegen kann und wie die Kirchenräume anders genutzt werden können, statt sich mit der Frage auseinanderzusetzen, wie sie ihre leeren Kirchen wieder mit der guten Botschaft füllen kann. Fusionieren statt evangelisieren – das eigene Begräbnis ehrenvoll organisieren. Kaum besser sieht es bei den Freikirchen aus. Sie verweilen in der eigenen Blase und sehen tatenlos zu, wie sie in die Ecke der Frömmler und Sektierer abgedrängt werden. Das Resultat ist ähnlich wie bei den Landeskirchen. Letztlich stehen beide gesellschaftlich im Abseits. Obwohl die Freikirchen Innovationen einfacher umsetzen könnten, weil sie flexibler sind, nützen sie ihre Chancen viel zu wenig. Waren Freikirchen im 20. Jahrhundert noch eine Wachstumsgeschichte, stagnieren sie seit der Jahrtausendwende. Die jungen Leute laufen davon oder wandern in Eventgemeinden wie ICF oder Hillsong ab. Doch auch das verändert das Gesamtbild nicht – es ist eher trostlos als hoffnungsvoll.

Trotz den Veränderungen in der kirchlichen Szene, ist etwas in den letzten 30 Jahren gleichgeblieben – das hat sehr viel mit der Krise der Kirche zu tun: die Unbedarftheit und die Unfähigkeit der Christen mit der Öffentlichkeit auf Augenhöhe zu kommunizieren. Das ist bemerkenswert! Natürlich haben sich die Christen, verändert und angepasst. Es ist nicht mehr wie früher, als die Christen wie Exoten in TV-Talkshows eingeladen wurden, damit sie mit weltfremden Impulsen die Diskussion anheizten und damit für Quoten und Kopfschütteln sorgten. Die Christen geben sich heute viel geschmeidiger. Wenn ICF-Leiter Leo Bigger in der Öffentlichkeit auftritt, muss man sich vom Äussern her nicht mehr schämen. Aber am Insiderverhalten hat sich kaum etwas geändert. Für die Öffentlichkeit ist es schwierig nachzuvollziehen, wofür die Christen in der Schweiz stehen. Eher schaut man erstaunt und gleichzeitig desinteressiert dieser Szene zu.

Ein Blick zurück

In den 1980er-Jahren waren Auftritte von evangelikalen Christen in den Medien – insbesondere im Fernsehen sehr selten. In der Jugend-Diskussionsendung «Nachtschicht» des Schweizer Fernsehens erhielt aber Eberhart Hering, Chefprediger der evangelischen Gemeinde Wiedikon in Zürich die Möglichkeit, seine Botschaft zu verkünden. Er konnte zur besten Sendezeit auftreten. Welche Chance für einen Prediger! Ihm wurden drei Fragen gestellt: Was ist Ihre wichtigste Botschaft? Wie wird man bei Ihnen glücklich und warum haben sie gerade bei Jugendlichen so viel Erfolg? Für die Antworten hatte der Prediger jeweils 30 Sekunden Zeit. Auch wenn das nach wenig tönt, eine Kernbotschaft kann man trotzdem unterbringen. Ein Politiker muss heute in der Lage sein, seine Botschaft in zehn Sekunden zu platzieren.

Auf die erste Frage, was ist Ihre wichtigste Botschaft, antwortet Eberhard Hering im TV folgendermassen: «Unsere wichtigste Botschaft ist, dass wir durch Jesus Christus, der unsere Schuld weggenommen hat, uns zu neuen Menschen gemacht hat und den Sinn des Lebens geschenkt hat, ihn wollen wir verherrlichen. Und das ist unsere wichtigste Botschaft, die wir hinaustragen, dass nur in einem Einzigen Heil ist – Rettung ist und diesen haben nicht wir bestimmt ...» Und schon waren die 30 Sekunden abgelaufen.

Wow, Halleluja, haben sich die Frommen gesagt. Endlich hat jemand im Schweizer Fernsehen den Mut gehabt, die gute Botschaft klar zu verkünden. Die jugendlichen Studiogäste und die Fernsehzuschauer ohne Bezug zur christlichen Verkündigung haben jedoch kein Wort verstanden. Auch mit gutem Willen nicht. Im besten Fall blieben sie ratlos zurück, im schlechtesten Fall wissen sie, dass das Thema Glauben für sie abgehaskt ist. Der Prediger ist grandios an der Insider-Sprache gescheitert, das heisst, er wird nur innerhalb der eigenen Gruppe verstanden.

«Von dieser Erklärung wird es selbst einem evangelikalen Christen schwindlig.»

Und heute?

Gut, das war vor 30 Jahren. Heute treten die Christen anders auf. Wirklich? Jan Kellenberger besuchte im Rahmen seiner Bachelorarbeit «kritische und ketzerische Fragen, eine Auseinandersetzung zwischen Weltbildern – ein Ausbruch aus der eigenen Blase» Christen und Nichtchristen. In einem 2017 aufgeschalteten Video auf der Homepage Christchind.li fragt er den Chefredaktor Florian Wüthrich von Livenet.ch und Jesus.ch, ein Internetportal in der Schweiz mit freikirchlichem Hintergrund: «Ab wann ist jemand ein Christ?» Hier seine Antwort, wie sie in dem Video zu sehen ist: «Als Christ kann sich jemand bezeichnen, wenn er verstanden hat …oder auch begriffen … also es geht wie noch tiefer mit dem Herz, dass er selber das Leben nicht im Griff hat, dass er im Prinzip merkt, er hat Schuld in seinem Leben und braucht die Vergebung von Gott und versteht auch, was die Botschaft vom Kreuz genau bedeutet und sich nachher darauf einlässt.»

Wer soll das verstehen? Worte eines Chefredaktors, dessen Kernkompetenz die Kommunikation sein muss. Von dieser Erklärung wird es selbst einem evangelikalen Christen schwindlig. Es geht jetzt nicht darum, den Prediger und den Chefredaktor in die Pfanne zu hauen oder sich gar über sie lustig zu machen. Nein, die Sache ist viel zu ernst. Denn die Hilflosigkeit, die Botschaft von Jesus in knappen, klar verständlichen Sätzen zu kommunizieren, ist fatal!

Es ist spannender, sich selber diese Fragen zu stellen. Wie würde ich antworten, wenn ich gefragt werde: Was ist die wichtigste Botschaft von Jesus? Wie kann ein Christ, eine Christin antworten, damit die Arbeitskollegen, die Studienfreundinnen, die Bekannten, Leute die keinen Bezug zum christlichen Wortschatz haben, echt verstehen, was die Botschaft von Jesus so einzigartig macht?

Jetzt wird es ernst. Denn dazu müssen wir zuerst Wörter wie Sünde, Kreuz, Schuld, Blut oder Jesus in eine alltagstaugliche Sprache umwandeln. Beginnen wir damit, so merken wir, dass es nicht nur eine Frage der Übersetzung ist, sondern, dass es schnell um den Inhalt und das Verhalten geht. Warum genau musste Jesus für mich sterben? Warum ist es wichtig, dass er auferstanden ist? Was ist das Zentrale an der Botschaft von Jesus Christus? Was heisst Vergebung? Warum ist die Liebe so zentral? Was bedeutet Gnade? Was ist unter Demut genau gemeint? Warum nennt sich Gott Jahwe? Fragen, die für die christliche Botschaft zentral sind. Leider sind die meisten Christen nicht mehr fähig, Antworten zu geben, die von den Menschen verstanden werden. Sie können den Menschen nicht mehr auf Augenhöhe begegnen.

Immer die drei gleichen Themen

Andere Botschaften kommunizieren die frommen Christen aber unglaublich effizient. Wird gefragt, wofür die Freikirchen stehen, hat die Öffentlichkeit nämlich durchaus eine Vorstellung davon. Christen stehen zum Beispiel für «kein Sex vor der Ehe», sie sind gegen Homosexualität und gegen Abtreibung, wie wir das auch in der gfs-Studie in Kapitel 3 gesehen haben. Warum werden die Christen immer wieder auf diese drei Themen reduziert? Zufall? Nein, die Christen haben jahrzehntelang diese Themen besetzt und meist ungefragt dazu Stellung bezogen. Oder mit dem jährlichen «Marsch fürs Läbe» für Kontroversen gesorgt. Wem diese Themensetzung so wichtig ist, muss sich nicht wundern, wenn er sich nicht mehr von dieser Thematik lösen kann. Es stellt sich aber die Frage: Sind das die zentralen Botschaften von Jesus? Was hat Jesus darüber gesagt? Kein einziges Wort. Vielmehr hat er zum Beispiel über Reichtum und Besitz, rund 20 Prozent seiner übermittelten Verse, gesprochen. Aber nie über Sex vor der Ehe.

Bild vom «Marsch fürs Läbe». (Bild marschfuerslaebe.ch)

«Die Themensetzung der Vergangenheit holt die Christen immer wieder ein.»

Die Schweizer Prominente Jeanette Macchi-Meier war in ihrem alten Leben neben Moderatorin einer Erotiksendung auch Sängerin der Band «E-Rotic» mit Songtiteln wie «Fritz Love My Tits» oder «Fred Come to Bed». Dann bekehrte sie sich und verkündet in den Schweizer Boulevardblättern «kein Sex mehr vor der Ehe». Dass sie jetzt nicht mehr mit ihrem Freund schlafen würde, der sich auch bekehrt habe. Sie würden jetzt wieder mit dem Sex bis zur Heirat warten. Warum erzählt sie das? Warum ist ihr diese Botschaft so wichtig?

Auch die ehemalige Miss Schweiz, Stephanie Berger, kam in die Schlagzeilen, weil sie sich zum christlichen Glauben bekannte. Sie wurde in der Zeitung «Blick» gefragt, wie sie es jetzt mit dem Sex vor der Ehe habe. Ihre Antwort lautete, das sei Privatsache. Damit war das Thema erledigt und Stephanie Berger konnte erzählen, was denn der Glaube wirklich bei ihr ausgelöst hat.

Die Christen können auch selber bestimmen, was sie wie und wo platziert haben wollen. Ist ihnen Sex vor der Ehe wichtig? Wenn ja, müssen sie sich nicht wundern und ärgern, dass sie immer wieder mit diesem Thema konfrontiert werden. Die Themensetzung der Vergangenheit holt die Christen immer wieder ein. Sie beziehen ihre Lehre auf Jesus Christus, der aber nie ein Wort über Homosexualität verloren hat. Und trotzdem ist das Thema bei vielen Christen sehr zentral. Entschärfen und vom Image als schwulenfeindlich befreien könnten sie sich, wenn sie sich zum Beispiel von ihrer bisherigen Haltung zu Schwulen und Lesben distanzierten würden. Ja, wenn sie endlich bei den Opfern um Entschuldigung bitten würden für ihr Fehlverhalten, gerade in der Frage der Homosexualität.

Christen besetzen diese Themen leider auch, weil sie einen doppelten Nutzen daraus ziehen können: Eine klare Stellungnahme gegen ein heikles Thema kann den Spendenfluss und die Aufmerksamkeit steigern. Werden klare Statements, zum Beispiel gegen Homosexualität von der «Welt» verurteilt, kann dies den Zusammenhalt einer Kirchgemeinde stärken nach dem Motto: Die Welt ist gegen uns, wir müssen zusammenstehen. Zudem können mit klaren Botschaften auch Spendengelder aktiviert werden.

Endlich sagt jemand klar etwas gegen die Homosexualität und das muss mit Spendengeldern unterstützt werden.

Dabei geht es gar nicht darum, sich nur noch so zu äussern, dass die Aussagen in der Gesellschaft bei allen ankommen. Auch Jesus hat fast täglich polarisiert. Er lechzte nicht nach wohlwollender Zustimmung. Aber vermutlich hat er sich überlegt, für welche Kernbotschaft er als Messias steht. Deshalb müssen sich Kirchen die Frage gefallen lassen, ob sie mit ihrer Kommunikation nicht stillschweigend in Kauf nehmen, dass die meisten zentralen Kernbotschaften der Bibel untergehen. Oder ganz konkret: Gab es Menschenaufläufe, weil Jesus zum Thema «kein Sex vor der Ehe» gepredigt hat, oder waren es ganz andere Themen? Ein Blick in die Evangelien wird mit dieser Fragestellung sehr schnell sehr spannend und sehr herausfordernd.

Es kann aber auch das Gegenteil passieren. Wer sich progressiv äussert, läuft Gefahr, Spender zu verlieren. Ein Leiter eines grossen Werkes in der evangelikalen Welt sagte im Jahr 2017 «off the record»: «Wenn wir uns für Frauen in der Kirchenleitung positionieren, merken wir das sofort, es werden Spendengelder gestrichen.» Mut kann an die Substanz gehen. Tut um Gottes willen «etwas Mutiges oder Tapferes», wie es der Schweizer Reformator Huldrych Zwingli formulierte. Möglichweise werden dann gar alte Spender durch neue ersetzt!

«Normalerweise wird eine solcher Medienmitteilung in den Redaktionen der Schweizer Medien nicht ernst genommen.»

Christen in den Schlagzeilen

Mit welcher Aktion haben die evangelikalen Christen in den letzten 15 Jahren in der Schweiz am meisten Aufmerksamkeit erreicht? Mit der Petition gegen den Popsong «Vampires Are Alive» von DJ Bobo im Jahr 2007. Er wollte mit diesem Song den Eurovision Song Contest (ESC) gewinnen. Zur Erinnerung: Das Jahr 2007 war das Jahr der Klimaerwärmung, als Al Gore den Nobelpreis bekam; das Jahr, als Bush immer tiefer in den Irak-Schlammassel kam; als in der Schweiz die SVP weiter zulegt, als die Minarett-Initiative für emotionale Diskussionen sorgte; als das entführte und kurz darauf getötete Mädchen Ylenia wochenlang in den Schlagzeilen war und die Abzockermentalität immer neue Blüten trieb. Aber die Evangelikalen machten mit einem ganz anderen Thema Schlagzeilen – mit dem DJ-Bobo-Song. Im Liedtext heisst es unter anderem auf Deutsch übersetzt: «Vampire sind munter. Die Legenden müssen überleben. Wir werden nie untergehen. Und wir werden für immer jung sein. Heute ist die Nacht der Nächte, lebe 1000

«Klar negative Signalwirkung»

Nachgefragt EDU-Nationalrat Waber will DJ Bobos «Vampires Are Alive» verbieten

DJ BOBO IM VAMPIR-VIDEO Die EDU glaubt, sein neuster Song, sei ein «Aufruf, die Seele zu verkaufen». Der Aargauer Musiker selbst ist reformiert. Mit seiner zweiten Frau Nancy wurde er ökumenisch getraut. URS FLÜELER/KEYSTONE

Update

Der wohl berühmteste **Vampir** stammt aus dem Roman von Bram Stoker (1897): «Graf Dracula». Als Vorbild für Stokers Dracula diente der rumänische Fürst Vlad III. (genannt Vlad Tepes: «der Pfähler»), «Draculea». Er soll das in Schalen gesammelte Blut getöteter Feinde getrunken haben. Der Volksglaube machte daraus die Vorstellung eines unsterblichen Leichnams, der sich aus dem Grab erhebt, um den Lebenden Blut abzusaugen. Dieser Nachtgestalt werden – ähnlich wie dem Teufel und der Hexe – übermenschliche Kräfte zugeschrieben. Man machte den Vampir für Unheil, wie Krankheiten, Missernten oder Ähnliches verantwortlich. Das passte gut in die Zeit der Massenhysterien (Hexenverfolgungen etc). Die erotische, machtvolle Figur des Vampirs, die nur der Tod ihrer Opfer am Leben hält, machte die Unterhaltungsindustrie zu einem beliebten Sujet und wurde in etlichen Filmen persifliert. (OWA)

Jahre. Hab keine Angst, ertrinke nicht in Tränen. Befreie deinen Geist, nach Mitternacht verkaufe deine Seele. Vom Himmel zur Hölle geniesse die Fahrt. Du bist hier, um aufzugeben, mit deinem Leben.» Dieser zugegebenermassen nicht gerade geistreiche Text wurde von DJ Bobo in Englisch gesungen. Es veranlasste die Schweizerische Evangelische Allianz (SEA) zu einer Medienmitteilung mit dem Titel «Vampir Song ist angesichts der hohen Suizidrate der Schweiz verantwortungslos».
Normalerweise wird eine solcher Medienmitteilung in den Redaktionen der Schweizer Medien nicht ernst genommen. Denn die SEA ist bei den meisten Journalisten unbekannt. Aber in dieser Medienmitteilung appellierte die SEA an den Schweizer Bundesrat. Der Text könne für seelisch angeschlagene Jugendliche und Menschen in schwierigen Lebensumständen ernsthafte Auswirkungen auf ihren Gesundheitszustand haben. Die SEA möchte vom zuständigen Bundesrat wissen, wie er zum Entscheid des Schweizer Fernsehens stehe, das diesen Song an den Final des ESC schickt. Und sie bittet das Schweizer Fernsehen, auf den Entscheid mit diesem Song an den ESC zu gehen, zurückzukommen.

Ein gefundenes Fressen für die Schweizer Medien. Eine exotische Gruppierung attackiert einen weltbekannten Schweizer DJ und will eine Reaktion der Schweizer Regierung und des öffentlich-rechtlichen Fernsehens! Kein Wunder, wurde zwar fair, aber doch mit einem zynischen Unterton über diese Forderung berichtet. «DJ Bobo lehrt die Frommen das Grauen». Die Story wäre an diesem Punkt eingeschlafen. Aber es brachte sich, im Jahr, in dem in der Schweiz die Parlamentswahlen bevorstanden, die rechtskonservative und sich bibeltreu nennende Partei der Eidgenössischen Demokratischen Union (EDU) als Trittbrettfahrer ins Spiel: Die EDU erkannte, dieser Liedtext enthält zentrale Punkte, auf die evangelikale Christen sensibilisiert sind (verkaufe deine Seele, Dämonen, Himmel und Hölle). Sie startete eine Petition, eine Unterschriftensammlung die unverbindlich ist, aber den Unmut in der Bevölkerung aufzeigen kann. Innerhalb von 14 Tagen kamen 55 000 Unterschriften gegen diesen Song von DJ Bobo zusammen. Ein Rekord in der Schweiz. Noch nie wurden innerhalb von so wenigen Tagen so viele Unter-

50 000 sind gegen Bobos Vampir-Song

EDU-Petition Gefährdet ein Popsong den öffentlichen Frieden?

Dieser Erfolg überrascht – und er berauscht jene, die dahinterstehen: In einem Dutzend Tagen sammelte die rechtskonservative EDU knapp 50 000 Unterschriften gegen den Vampir-Song von DJ Bobo. Und hofft jetzt, das werde weiter Geschichte machen.

MAX DOHNER

Zwei Minuten vor der Pressekonferenz sah sich EDU-Nationalrat Christian Waber noch einmal bestätigt. Ein Berner Alkoholiker sagte ihm, ebendas habe ihn ins Laster getrieben und in den Ruin: der allgemeine okkulte Wahn, die von negativer Energie fiebernde Gesellschaft. Die Selbstdiagnose auf der Gasse schien den wackeren Kämpfer Waber nur weiter zu stärken. Seine Partei, die EDU, glaubt, einen Nerv getroffen zu haben: 49 000 Leute können nicht irren; sie haben genug von den gottlosen Zumutungen der Moderne, speziell von der Unterhaltungsindustrie.

An der Pressekonferenz sassen mehr Getreue der EDU an den Tischen als Presseleute, deren Fragen sie sofort erkennbar machten als säkulare Skeptiker. Warum, Herr Waber, diese groteske Dimension? Der Bundesrat soll sich über ein Popliedchen beugen, weil nichts weniger als der Religionsfrieden im Land gefährdet sein soll? Wie stehts mit der Meinungsfreiheit? Schiesst man nicht mit Kanonen auf Spatzen?

Das Lied von DJ Bobo sei alles andere als harmlos, sagte Waber und verglich die Tragweite mit dem Karikaturenstreit: «Mit Satan und der Hölle ist nicht zu spassen.» Hans Moser, EDU-Präsident, fügte an:

PETITIONSÜBERGABE Nationalrat Christian Waber gestern in Bern. SCHNEIDER/KEY

«Die Christen wurden bekannt als eine Gruppe, die sich gegen einen banalen Songtext mobilisieren lässt.»

DJ Bobo lehrt die Frommen das Grauen

Bobos Vampir-Song könne Jugendliche in den Selbstmord treiben, fürchten die Evangelikalen. Und fordern ein Eingreifen des Bundesrates.

Von **Michael Meier**

Stürzt der Schweizer Beitrag für den Eurovision Song Contest 2007 in Helsinki die Jugend Europas ins Unglück? Zumindest die suizidgefährdeten Jugendlichen in den Abgrund? Die Gefahr sei gross, lamentieren die Evangelikalen der Schweizerischen Evangelischen Allianz in einem Communiqué vom Dienstag. DJ Bobo lehrt mit dem Text seines Vampir-Songs die frommen Seelen das Grauen: «Verkauf deine Seele, vom Himmel zur Hölle, geniesse die Fahrt. Du bist hier, um mit deinem Leben zu kapitulieren.»

Vor allem psychisch labile Menschen seinen versucht, die Botschaft des Songs «Vampires Are Alive» ernst zu nehmen, ihre Seele zu verkaufen und das Leben aufzugeben, argwöhnen die Allianzchris-

BILD KEYSTONE

schriften gesammelt. Die Kartons mit den Unterschriftsbögen wurden medienwirksam in Bern im Bundeshaus übergeben. Praktisch alle Schweizer Medien berichteten darüber, auch das Informationsmagazin «10vor10» des Schweizer Fernsehens. Die evangelikalen Christen waren in der Schweiz in den Schlagzeilen wie wohl noch nie in ihrer Geschichte. Nur wem hat die Aktion genützt? Hauptsächlich der EDU. Sie erreichte bei den nationalen Wahlen einen einzigartigen Wahlerfolg. Sie holte die zweitmeisten Stimmen in ihrer Geschichte. Einen Erfolg, den sie bis jetzt nicht mehr erreichen konnte. Die Unterschriftensammlung und die Aufmerksamkeit nützte auch DJ Bobo. Sein Lied und sein Text wurden in der ganzen Schweiz bekannt. Tausende kamen mit dem Text in Kontakt, den sie sonst nie wahrgenommen hätten. (Das ist übrigens die billigste Werbestrategie: Sorge dafür, dass jemand deine Aktion/deinen Auftritt bekämpft, dann hast du kostenlose Werbung.)

International nützte es DJ Bobo gar nichts, sein Song floppte, er scheiterte am ESC schon in der Vorausscheidung kläglich. Wem hat die Story geschadet? Der christlichen Botschaft. Und all den Christinnen und Christen in der Schweiz, die dagegen kämpfen, dass die Öffentlichkeit auch wegen solcher

Aktionen die Auseinandersetzung mit der Bibel noch schneller abhakt als bisher. Als weltfremd, exotisch, sektiererisch. Die Christen wurden bekannt als eine Gruppe, die sich gegen einen banalen Songtext mobilisieren lässt. Aber das Thema Armut interessiert sie nicht. Denn nur wenige Wochen später wurden Unterschriften für eine Petition «Stop Armut 2015» gesammelt. Sie setzte sich für die Erhöhung der staatlichen Entwicklungshilfe ein. Nur gerade 9000 Unterschriften kamen dabei aus dem evangelikalen Lager zusammen. Für den damaligen Sekretär der SEA, Hansjörg Leutwyler, eine Enttäuschung. Er liess sich in einer Medienmitteilung der SEA folgendermassen zitieren: «Gegen DJ Bobos Vampirsong kamen 50 000 Unterschriften zusammen, aber die Armen der Welt scheinen an unserer Basis kein Gehör zu finden».

Ist das nicht alles lang her? Irrtum! Denken wir an die Einweihung des Gotthard-Basistunnels im Jahr 2016 mit dem Thema Derwische. Es ging um Heuhaufen oder dämonische Symbole, die in einem Theaterstück vorkamen. Hanspeter Nüesch, langjähriger Leiter des evangelikalen Werkes «Campus für Christus», forderte in einem offenen Brief im «IdeaSpektrum» von Bundesrätin Doris Leuthard, die künstlerische Darbietung zu streichen. Auch da war der moralische Reflex von den Frommen genau derselbe. Als gäbe es keine wichtigeren Themen.

Was ist die wichtigste Botschaft der christlichen Kirchen? Was ist das zentrale Anliegen von Jesus? In dieser Person begründet sich das Christentum. Warum verrennen sich die Christen in solchen Nebenschauplätzen und geraten in eine Schublade, aus der sie kaum mehr herauskommen, und es ihnen praktisch verunmöglicht, den Kern der Botschaft zu verkünden? Dabei ist die Bibel voll von Geschichten, die das Leben auch in der heutigen Gesellschaft betreffen. Geschichten, die alle Kriterien erfüllen, um in jeder Zeitung aufgenommen zu werden. Das heisst, dass diese Geschichten eben auch interessant und relevant sind.

Aber ist es überhaupt wichtig, dass die Christen in der Öffentlichkeit wahrgenommen werden? Der bekannte Schweizer Professor für Kommunikations- und Medienwissenschaften, Roger Blum, wurde in einem Interview mit der Zeitschrift «IdeaSpektrum» gefragt, warum Christen sichtbarer werden sollten. Seine Antwort: «Wenn man eine Gruppierung oder Bewegung nicht richtig wahrnimmt, gibt es eine öffentliche Ignoranz oder aber Gerüchte über sie. Wenn sich das Bild verändern sollte, müssten sie stärker an die Öffentlichkeit treten und sich mehr Gehör verschaffen.» Wie denn? «Sie müssten mehr eigene Medien haben und mehr Ereignisse schaffen. Natürlich braucht es auch eine gewisse Relevanz von der Grösse und dem Anliegen her.»

Was braucht es, damit Christen solche «Ereignisse» schaffen können, um gehört zu werden? Was muss man unternehmen um von der Öffentlichkeit wahrgenommen zu werden? Was macht einen interessant?

Emotionen bei den Menschen wecken

Es gibt durchaus Kriterien, um in den Medien aufgenommen zu werden. Der Inhalt einer Botschaft muss die Emotionen der Menschen ansprechen. Nehmen wir ein Beispiel aus der Politik. Eine der grössten Überraschungen in der Schweizer Politik war die Annahme der Zweitwohnungsinitiative durch die Stimmbürgerinnen und Stimmbürger. Die Volksinitiative schränkt den Bau von Zweitwohnungen in den Schweizer Alpen ein. Ohne grosse Lobbyarbeit und von den etablierten Parteien nicht ernstgenommen, brachte der Umwelt-

Erfolgreiche Zweitwohnungsinitiative. (Bild zweitwohnungsinitiative.ch)

«Ja, ich habe immer journalistisch überlegt: Wie kann man das an den Mann, an die Frau bringen? Wie können das die Leute richtig verstehen?»

«Geschichten werden nur wahrgenommen, wenn sie den Nerv der Menschen treffen.»

schützer Franz Weber die Initiative praktisch im Alleingang durch. Nach dem Erfolg an der Urne war Franz Weber zu Gast in der TV-Talksendung «Schawinski». Talkmaster Roger Schawinski wollte ergründen, warum die Initiative ein Erfolg war. Franz Weber sagte, er haben den Eindruck gehabt, dass er gewinnen könne, dass diese Initiative angenommen werde. Warum, fragte Schawinski, und Weber antwortete: «Ich habe den Willen im Volk gesehen, ich habe gesehen, dass die Leute empört gewesen sind über die Verschandelung, Verbetonierung der Schweiz, ich wurden von diesen Leuten auch ständig alarmiert...»
«Aber», fragte Schawinski weiter, «Sie haben auch immer gute Namen gefunden; Schluss mit dem uferlosen Bau von Zweitwohnungen, das war Ihre Formulierung: ‹uferlos›.»
«Ja, ich habe immer journalistisch überlegt: Wie kann man das an den Mann, an die Frau bringen? Wie können das die Leute richtig verstehen? Das muss man heraushauen, man darf doch nicht einschlafen über einer Kampagne. Wenn man schon einen Text herausgibt, dann muss man eine Spannung finden, das muss einem auf die Poren gehen, das muss einem ins Herz gehen.» Wenn Franz Weber betont, wie er «immer journalistisch überlegt» und sich den Kopf zerbrochen hat, damit die Leute das «richtig verstehen», so zeigt dieses Erfolgsbeispiel, wie inspirierend es sein kann, wenn man die Mechanismen der Medien verstehen lernt und sie für die eigene Kommunikation anwendet. Journalismus als Inspirationsquelle sozusagen, die Medien als Spiegel der Wirklichkeit.

Beim journalistischen Denken sind Emotionen aus zwei Gründen zentral. Erstens: Was beschäftigt die Menschen? Worüber sind sie empört? Über was machen sie sich Sorgen? Was freut sie? Und dann zweitens: Wie kann ich eine Botschaft – und sei sie noch so kompliziert und trocken – so vermitteln, dass sie von den Menschen verstanden wird? Ihnen muss aufgezeigt werden, welche Auswirkungen die Botschaft auf ihr Leben, auf das Zusammenleben der Gesellschaft haben kann. Man braucht das Gespür für gute Geschichten und das Wissen, was eine gute Geschichte ausmacht.

Journalistische Kriterien für eine gute Geschichte

Gute Kommunikation ist eine Kunst. Werfen wir deshalb einen genauen Blick auf das Handwerk der Journalisten. Sie filtern jeden Tag aus Hunderten von Agenturmeldungen heraus, was für die Öffentlichkeit interessant sein könnte. Welche Geschichten erzählen sie in den Zeitungen? Nach welchen Kriterien wählen sie aus? Was ist für sie eine gute Story? Vielleicht lässt das Rückschlüsse auf die Frage, wie die christliche Botschaft kommuniziert werden kann.

Die Medien sind die modernen Dorfbrunnen, an denen die Menschen Geschichten, Tratsch, Klatsch und Neuigkeiten austauschen. Ein Journalist stellt sich jeden Tag viele Fragen: Was interessiert die Menschen? Welche Geschichten wollen sie hören oder sehen? Wie erzähle ich die Story spannend? Mit welchen Details kann ich die Geschichte würzen, damit die Zuschauer oder Leser dranbleiben? Wie baue ich den Bericht auf, damit die Dramaturgie stimmt? Ein Journalist ist ständig auf der Suche nach Geschichten. Er weiss, Geschichten werden nur wahrgenommen, wenn sie den Nerv der Menschen treffen. Die Geschichte muss daher aktuell sein, sie muss den Menschen da abholen, wo er emotional gerade steht. Nur dann berührt eine Geschichte. Jeder trägt eine Brille, die alles herausfiltert, was momentan als unwichtig erscheint. Ergo: Eine Geschichte kann nur dann das Interesse des Zuschauers wecken, wenn sie mit seinem Leben, seiner momentanen Lage zu tun hat. Eine wesentliche Voraussetzung für Kommunikation ist also das Gespür dafür, was den Zuschauer gerade bewegt.

Boulevardzeitungen («Blick», «Bild») sind in der Regel Verkaufszeitungen. Das heisst, sie müssen sich im Gegensatz zu den Abonnementszeitungen (NZZ, FAZ, «Süddeutsche») täglich zu einem grossen Teil am Kiosk verkaufen. Die Kompetenz der Boulevardzeitungen ist es zu wissen, was die Menschen beschäftigt. Schreibt eine Boulevardzeitung an den Menschen vorbei, merkt sie das viel unmittelbarer, als eine Abonnementszeitung. Auch Gratiszeitungen wie «20 Minuten» funktionieren so. Was die Leute interessiert, sehen die Macher auch anhand der Klickzahlen im Internet. Eine Geschichte, die auf der Internet-Seite massive Klicks generiert, wird in der Regel am nächsten Tag in der Zeitung weitergezogen. Nur schon täglich den Aushang einer Boulevardzeitung zu studieren, kann eine Inspirationsquelle sein, um zu spüren, was die Menschen beschäftigt.

Ein Journalist umwirbt seine Leser und Hörer. Er schreibt jede Zeile so, damit der Leser Lust auf den nächsten Satz bekommt. Er verführt den Leser oder Zuschauer mit jedem Wort und mit jedem Bild. Sein Ziel: Die Zuschauer sollen nicht wegzappen, der Leser soll seine Geschichte zu Ende lesen. Er

Wer mit Menschen auf Augenhöhe in Kontakt kommen will, muss wissen, was sie beschäftigt – zum Beispiel Papst Franziskus.

arbeitet mit allen Möglichkeiten, den Zuschauer bei der Stange zu halten. Darum muss er wissen, für wen er Berichte macht.

In einem Interview in der «Sonntags-Zeitung» vom 15. Mai 2005 machte der Stadtpräsident und erfolgreicher Mafiajäger von Palermo, Leoluca Orlando, eine ganz interessante Aussage über die Rolle von Silvio Berlusconis Regierung und seine Medienmacht in Italien: «Ich sage ihnen, was meine Theorie über die Rolle der Medien ist. Man befürchtete immer, Berlusconis Herrschaft über die Medien werde dazu führen, dass er die Köpfe der Menschen beherrscht. Es ist aber nicht so. Er benutzt die Medien, um die Köpfe der Menschen zu kennen. So weiss er immer, was die Mehrheit will, und handelt danach.» Wer mit Menschen auf Augenhöhe in Kontakt kommen will, muss wissen, was sie beschäftigt. Die Medien werden so zu einer spannenden Fundgrube, sozusagen zum Spiegel der Wirklichkeit.

Was weckt Interesse?

Was interessiert die Zuhörer? Was macht ein Thema spannend? Welche Elemente gehören zu einer guten Geschichte? Walther von La Roche war in Deutschland der bekannteste Ausbildner im Journalismus. Er war unter anderem Leiter der Nachrichtenredaktion und Ausbildungsbeauftragter des Bayerischen Rundfunks. Er gab mehrere Bücher heraus, unter anderen das Buch «Einführung in den praktischen Journalismus». Für junge Journalistinnen und Journalisten so etwas wie die Ausbildungsbibel. Darin erklärt Walther von La Roche, welche Punkte eine gute Geschichte ausmachen. Er hat daraus eine zeitlose Zusammenstellung gemacht. Bei den Faktoren handelt es sich um eine Bestandesaufnahme menschlicher Neugierde und Interessen. Walther La Roche illustriert sie in einem einzigen Satz, der alle Ingredienzen für eine Geschichte auf
der Frontseite einer Zeitung hätte: Er erläutert diese Begriffe in einem einzigen Satz: Der Industrielle Bob Miller (Prominenz) aus unserer Stadt (Nähe) übergibt auf dem Sterbebett (Gefühl) seiner Geliebten (Sex) die Konstruktionspläne (Fortschritt) einer Wunderwaffe (Folgenschwere), die er trotz wiederholter verlockender Angebote und Erpressungsversuche (Konflikt, Kampf) und eines Einbruchs in seinem Safe (Dramatik) bis heute verwahrt hat (Gefühl); jetzt aber taugen sie, weil überholt, nur noch zum Bau von Kinderspielzeug (überraschende Wende, Kuriosität).

Eine gute Geschichte – und auch eine gute Predigt – sollte möglichst viele dieser Eigenschaften enthalten. Nicht jeder Mensch spricht auf die gleichen Elemente an. Je mehr Elemente eine Geschichte enthält, desto grösser ist der Kreis der Personen, die sich angesprochen fühlen. Weiter schreibt Walther von La Roche: «Diese Faktoren kennen, heisst nicht, sie unterscheidungs- und bedenkenlos anwenden, etwa nach dem Motto: Ob Folgenschwere und Fortschritt oder Prominenz und Gefühl, ist mir egal, Hauptsache, es sind zwei Faktoren in der Nachricht. Auch wer die Aufgabe des Journalisten nicht vornehmlich in der Verbreitung von Klatsch, sondern in Orientierung und Information sieht, muss sich ständig fragen, ob das, was er für wichtig und berichtenswert hält, auch von seinem Publikum als wichtig anerkannt wird. Ob er also die Bedeutung eines Ereignisses oder aktuellen Sachverhalts so dargestellt hat, dass man sie einsieht.»

Positive Nachrichten von Christen

Kommen wir zum Fazit: Warum sollen wir überhaupt kommunizieren? Wenn schon, dann sollen Journalisten kommen und wir geben allenfalls Auskunft. Das ist aber lediglich passive Kommunikation. Kirchen kommen dann nur in die Zeitung, wenn es einen Skandal gibt oder wenn Medienschaffende selber auf gewisse Themen stossen. Das ist auch Kommunikation, aber man kann selber wenig steuern. In spannenden Geschichten geht es um Menschen, Emotionen, Tabus, Sex, Tod, Reizwörter, Verbrechen und Macht. Wenn eine Kirchgemeinde aktive Kommunikationspolitik betreiben will, muss sie sich fragen: Was sind die spannenden Themen, die die Öffentlichkeit interessieren? Dabei geht es nicht in erster Linie darum, möglichst grosse Schlagzeilen zu schreiben. Es geht darum, die Menschen mit ihren Bedürfnissen anzusprechen. Auch wenn es einfach tönt, ist es anspruchsvoll. Als Erstes braucht es ein Grundinteresse am Menschen. Haben die Christen Interesse, sich auf Menschen einzulassen, die nicht das gleiche Weltbild vertreten, ohne im Mitmenschen ein Missionsobjekt zu sehen?

HANDELSZEITUNG | Nr 29 | 19. Juli 2018

Unternehmen & Politik | 11

Shoppen mit Wohlfühlfaktor: Der Geschäftsleiter der Brockis in der Schweiz, Jakob Amstutz, hat das Gebrauchtwarenkonzept der Heilsarmee generalüberholt.

Brock 'n' Roll

Heilsarmee Die Sozialstiftung rockt mit Brockis den Secondhand-Markt wie kein Zweiter. Die Zeichen stehen auf Expansion.

BERNHARD FISCHER

Secondhand macht glücklich», steht über dem Eingang der Bro-

Wie die Heilsarmee mit Brockis die Shweiz erobert

› Expansionskurs Die Heilsarmee

Amstutz packte der Ehrgeiz. Er überlegte, wie er das Brocki zum umsatzstarken Powerhouse mit positiven Deckungsbeiträgen und schwarzen Zahlen

stelle, aufgeteilt in Waren- und Preiskategorien. Hier wird die Ware auf Qualität und Funktionalität geprüft: Spiegelreflexkameras, Bücher, Sportkleidung, Babywa-

Tag ausgezeichnet. Was an Waren reinkommt, muss so rasch wie möglich auch wieder raus. «Lager versuchen wir klein zu halten, das spart Kosten.» Gelagert wer-

Die Heilsarmee wird wie hier in der «Handelszeitung» immer wieder positiv dargestellt.

Ein gutes Beispiel ist die Heilsarmee. Sie hatte sich 2011 entschieden am European Song Contest (ESC) teilzunehmen. Sie gewann überraschenderweise die Schweizer Ausscheidung und qualifizierte sich mit dem Song «You and Me» für den ESC in Malmö. Allerdings wurde es ihr untersagt unter dem Namen Heilsarmee aufzutreten. Auch die Uniformen waren für die Veranstalter ein Tabu. Trotzdem trat die Heilsarmee an und zwar unter dem neuen Namen Takasa, was in der afrikanischen Sprache Suaheli «reinigen» heisst. Statt den Uniformen wurden weisse Hemden und dunkle Hosen getragen. Die Verantwortlichen der Heilsarmee hätten sich auf ideologische Diskussionen einlassen können, sogar eine Verzicht in Betracht ziehen, denn die Namensänderung und das weglassen der Uniform hätte als Verrat an der Sache ausgelegt werden können. Die Heilsarmee zog die Aktion aber durch, weil ihr der Auftritt und die Aufmerksamkeit wichtiger war als kleinliche Diskussionen.
Auf den ersten Blick ist die Heilsarmee eine Freikirche wie jede andere auch. Und doch wäre die Geschichte wohl ganz anders verlaufen, wenn auf der Bühne nicht die Heilsarmee, sondern Mitglieder einer anderen evangelikalen Freikirche gesungen hätte. Warum? Von der Heilsarmee hatte die Öffentlichkeit schon eine Vorstellung. Das waren zwar auch Fromme, aber diesen Frommen hatten durch jahrzehntelange Knochenarbeit in ihren Wohnheimen für Benachteiligte bewiesen, dass sie mitten im Leben stehen. Wort und Tat passten zusammen. Die Heilsarmee setzt sich für die Armen in der Gesellschaft ein, nicht als einmalige Aktion, sondern dauerhaft.
Im Halbfinal in Malmö war dann allerdings Schluss. Trotzdem war die Teilnahme für die Heilsarmee ein Gewinn: Sie wurde in der Öffentlichkeit wahrgenommen wie sonst keine kirchliche Gemeinde oder kein Hilfswerk, und dies weil sie den Mut hatte, sich mit einer gewagten Aktion zu exponieren. Dutzende von Interviews in Medien aus der Schweiz, Frankreich und Deutschland, 28 500 YouTube-Views innerhalb einer Woche, Hunderte von Einsendungen und Facebook-Einträgen. Der Hype um den Heilsarmee-Song «You and Me» war gross, denn es ist auch eine spannende Geschichte. Die Heilsarmee ist zwar in der Musik tief verwurzelt, aber ihr Erscheinungsbild und ihr frommer Anspruch passten nicht zum ESC. Ein solcher Widerspruch kann eine Geschichte sogar noch spannender machen.
Zudem konnten die Mitglieder der Heilsarmee ihre Botschaft in den Medien auch in einer Sprache vermitteln, die verstanden wurde, ohne fromme Floskeln. So holte natürlich auch die Heilsarmee die Frage nach dem Umgang mit der Homosexualität ein. Der Gitarrist Jonas Gygax wurde bei Radio Energy von Moderator Roman Kilchsperger gefragt: «Schwulen und Lesben werden am ESC die Punkte vergeben, da seid ihr doch chancenlos?» Die Antwort von Jonas Gygax kam spontan und schnell: «Ui nein, die haben auch Freude an mir.»

In der Gratiszeitung «Blick am Abend» sagte Bandleader Christoph Jakob, man tue der Heilsarmee Unrecht, wenn man ihren Mitgliedern Homophobie unterstelle. Er habe überhaupt nichts

gegen Schwule, sagte der 31-Jährige und wurde weiter zitiert: «Sich als homosexuell zu äussern, ist sicher nicht einfach. Aber auch als Christ hat man es heute nicht immer leicht, hinzustehen und zu sagen: Ich bekenne mich zu Gott.» Diese Aussage führte zum Titel über der Geschichte: «Christen haben es wie Schwule nicht immer leicht.»
In einem Video auf Blick.ch unter dem Titel «Die Heilsarmee auf dem Kreuzzug nach Malmö» wurde Hervé Cachelin, Major der Heilsarmee, von der Reporterin gefragt, ob das Ganze auch eine Bekehrungsmission sei. Seine Antwort dauerte 16 Sekunden! «Bekehrungsmission, das ist immer mit negativen Untertönen verbunden. Ich glaube, man kann niemanden bekehren. Schlussendlich muss jeder selber entscheiden, ob er das will oder nicht. Wir hoffen, dass wir ein positives Bild vermitteln, so dass jemand sagt, ja das macht mich an, ich will das für mich ausprobieren.»
Besser kann man wohl nicht antworten. Das Wort Bekehrungsmission selber versenken und es neu füllen, so dass es nachvollziehbar wird. Was die Heilsarmee in der Gesellschaft erreichen will, konnte Hervé Cachlin im ersten Statement unterbringen. Die Redaktorin des Beitrages meinte, uneigennützig sei der Einsatz der Heilsarmee nicht, sie wolle ja auch ihre Ideale verbreiten. Die Antwort in 15 Sekunden: «Unser Ziel ist, dem Mitmenschen zu dienen im Namen von Gott. Wir sehen, dass viele Menschen minderbemittelt sind, mit Problemen kämpfen, und wir wollen für sie da sein. Aber nicht nur aus eigener Kraft, sondern wir glauben, dass wir das im Auftrag von Gott tun.»
Das sitzt. Wissen, wer man ist und was man will. Und das erst noch verständlich. Was auffällt: Christen, die so kommunizieren, dass sie von kirchenfernen Menschen verstanden werden, halten sich auch im kirchenfernen Umfeld auf. Sie verstehen, was das Bedürfnis der Menschen ist, weil sie die Not, die Probleme, die Freuden, die Sorgen aus persönlichen Begegnungen mit den Mitmenschen kennen. Sie haben keine einfachen Antworten auf Fragen, die man oft gar nicht beantworten kann. Sie bewegen sich nicht nur in der Wohlfühloase Gemeinde, sondern sie begegnen den Mitmenschen auf Augenhöhe. Sie sehen im Menschen nicht ein Objekt, das bekehrt, verändert werden soll, sondern sie sind mit den Menschen unterwegs und versuchen ihnen Gottes Würde zurückzugeben. Sie wissen um ihren Auftrag, setzen den aber im Miteinander um wie der barmherzige Samariter im Gleichnis von Jesus. Eines ist sicher: Wer so handelt, landet nicht in der Sektenschublade, aus der man kaum mehr herauskommt, und bleibt nicht in der Frömmlerecke stecken. Wer so handelt, dessen Botschaft wird auch nicht auf die immer gleichen Moralfragen reduziert, die in der Gesellschaft nur für Kopfschütteln sorgen. Nein. Diese Botschaft wird verstanden. Christen bekommen so eine Chance, aus dem gesellschaftlichen Abseits zu treten. Damit die 2000 Jahre alte Botschaft endlich wieder zum Nennwert diskutiert wird.

Der Kampf um Aufmerksamkeit

Von Markus Baumgartner

So kommen Kirchen in die Medien

Täglich prasseln 4000 bis 5000 Werbebotschaften auf uns ein. Und im Zeitalter von Smartphones nimmt die Reizüberflutung noch zu. Wie schaffen es da die Kirchen, die Aufmerksamkeit der Öffentlichkeit zu bekommen und die eigene Botschaft verständlich zu kommunizieren?

Die Entwicklung zur vernetzten Kommunikationsgesellschaft verändert auch die Medien. Früher war die Kirche selber ein wichtiges Medium. Heute ist das anders: «In der Zeitung ist alles wichtig – nur die Christen und Kirchen nicht.» Das ist eine häufig gehörte Kritik. Der Grund ist aber nicht ein Anti-Kirchen-Reflex. Es ist nur so, dass in einer pluralistischen Gesellschaft niemand automatisch das Recht hat, seine Ansichten öffentlichkeitswirksam zu verbreiten. Der Kampf um Aufmerksamkeit muss ständig neu gewonnen werden. Ohne Anstrengungen für die Kommunikation geht es nicht. Kirchen landen schnell im Abseits, wenn sie schlicht langweilig wirken oder sind. «Nicht die Tatsachen, sondern die Meinungen über die Tatsachen bestimmen das Zusammenleben.» Dies sagte der antike Philosoph Epiktet schon 100 Jahre nach Christus. News zu bieten, ist für eine Bewegung, die sich auf uralte Texte beruft, eine besondere Herausforderung. Wenn das Evangelium verkündet ist, heisst das noch lange nicht, dass es auch aufgenommen oder verstanden wurde.

«Nicht die Tatsachen, sondern die Meinungen über die Tatsachen bestimmen das Zusammenleben.»

Die Welt ist in Bewegung

Die Welt ist heute in rasanter Bewegung. Nichts ist so konstant wie der stete Wandel. Daher müssen auch die Menschen und Dinge sich bewegen. Fragt sich nur, wie: Tatsächlich musste die 750 Jahre alte und über 650 Tonnen schwere Emmauskirche im deutschen Heuersdorf weichen: An ihrem Ort wird jetzt Kohle abgebaut. Sie musste 2007 in das zwölf Kilometer entfernte Borna versetzt werden. Der Schwertransport konnte nur mit 2 km/h fahren und benötigte fünf Tage. Die Umzugskosten von drei Millionen Euro wurden übrigens vollständig von der Braunkohlengesellschaft übernommen. Sie wurde im Zusammenhang mit der Abbaggerung des Dorfstandortes verpflichtet, dieses Kulturgut zu sichern. Obwohl alle technischen Arbeiten bekannt und machbar waren, war die Art der weiten «Verrückung» eines kompletten Bauwerkes bislang einmalig.

Diese bildhafte Verschiebung der Kirche vom Zentrum an die Peripherie ist symptomatisch. Die Bedürfnisse und Prioritäten der Menschen verschieben sich. Die Kirchen sind nicht mehr die Begegnungszentren der Dörfer und Städte. Abtreten oder Auftreten lautet die Frage.

Schwertransport der Emmauskirche Heuersdorf für den Umzug nach Borna. (Bilder Blog radmanu.npage.de)

«Menschen im Westen müssen heute pro Tag so viele Informationen verarbeiten wie die Bürger im Mittelalter während eines ganzen Lebens.»

Kommunikation ist alles

Die Kirche wird zunehmend an den Rand der Gesellschaft gedrängt. Die Aufmerksamkeit, die der Kirche wegen ihrer gesellschaftlichen Bedeutung automatisch zukam, gibt es nicht mehr. Gleichzeitig prägt eine wachsende Informations- und Reizüberflutung unsere Welt. Die verschiedensten Gruppen buhlen um Aufmerksamkeit. Menschen im Westen müssen heute pro Tag so viele Informationen verarbeiten wie die Bürger im Mittelalter während eines ganzen Lebens. Dadurch gehen Anbieter und ihre Anliegen im Kampf um Aufmerksamkeit rasch unter. Die Kirchen verstehen sich als ein Geschenk an die Welt. Doch bemerkt die Welt das überhaupt? Werden sie wahrgenommen? Und wenn ja: Wie werden sie wahrgenommen? Viele Freikirchen in der Schweiz führen ein Gemeindeleben unter Ausschluss der Öffentlichkeit, sie werden kaum beachtet. Diese Erkenntnis trifft auf die etablierten Landeskirchen genauso zu, auch wenn die Kirche rein örtlich noch mitten im Dorf steht.

«Kommunikation ist alles!», heisst es so rasch. Doch ist es gar nicht einfach und häufig mehr. Wir können uns auf vielfältige Weise missverstehen.

Kirchen wollen Wirkung erzielen. Aber: nur wenige interessieren sich für sie. Christen sollten den Anspruch haben, die Gesellschaft mit ihren Werten zu prägen. Doch sie kommunizieren schlechter als die meisten anderen gesellschaftlichen Gruppen, die aus ihrer «Lehre» keinen Wahrheitsanspruch ableiten. Das ist verheerend: Denn Jesus hat mit dem «Missionsbefehl» den Auftrag gegeben, zu kommunizieren, und zwar so, dass seine Nachfolger verstanden werden.

In der heutigen Welt geht es darum, Wirkung zu erzielen und Eindruck zu machen. Um das Interesse des Zielpublikums zu wecken reicht eine schöne Fassade für den öffentlichen Auftritt nicht aus. Kirchen werden nicht nur daran gemessen, was sie sagen, sondern auch daran, was sie tun. Die Frage ist, ob Kirchen eine Wirkung haben, die in guter Erinnerung bleibt.

Eine Studie der Zürcher Hochschule für angewandte Wissenschaften (ZHAW) in Winterthur recherchierte im Rahmen des Nationalfondsprojekts NFP 58 Religionskommunikation über «Journalistische Strategien bei Auswahl und Bearbeitung von religiösen Themen». Es wurden qualitative Interviews mit 35 Journalisten aus 25 Redaktionen geführt. Das niederschmetternde Fazit: Nur vier Prozent der Journalisten sind häufig mit dem Thema Religion konfrontiert. Es gibt aber auch zwei gute Nachrichten: Das Thema Religion hat wieder an gesellschaftlicher Relevanz gewonnen. Und grundsätzlich wird auch das Thema Religion journalistisch wie andere Themen behandelt.

Die Gesellschaft ist einem rasanten Wandel ausgesetzt: Erstens schreitet die Säkularisierung voran – die Wahrnehmung ist immer stärker durch Wissenschaft und Technik geprägt. Zweitens gibt es eine wachsende Bedeutung von nicht-christlichen Religionen. Und drittens gibt es kaum mehr Fachredaktionen oder Spezialisten zum Thema Religion. Das bedeutet fehlende Zuständigkeiten für das Thema in den Redaktionen. Themen der Kirchen können im Ressort Ausland, Inland, Kanton oder Vermischtes abgehandelt werden.

«Nur vier Prozent der Journalisten sind häufig mit dem Thema Religion konfrontiert.»

«Rein religiöse Fragen sind weniger interessant.»

Daraus gibt es drei Folgerungen: Erstens haben Journalisten nur vage Vorstellungen von Religion. Zweitens sind Journalisten dadurch auf Befragung von Experten angewiesen. Drittens hat Religion eine starke individuelle und spirituelle Dimension. Diese weist selten einen Aktualitätsbezug auf und ist journalistisch kaum kommunizierbar. Religion gewinnt als Thema erst dann an Relevanz, wenn sie an andere Themen wie Politik oder Wirtschaft gekoppelt ist. Es muss also mit dem konkreten Leben zu tun haben. Biblische Inhalte allein werden nicht aufgenommen. Religion ist vor allem dann spannend, wenn sie mit ihren Standards kollidiert oder eigene Grundsätze verletzt. Dazu gehören zum Beispiel die breit abgehandelten Skandale um sexuellen Missbrauch bei der katholischen Kirche. Der Nachrichtenwert erhöht sich, wenn der Faktor Prominenz dazukommt, etwa dann, wenn der Papst bei einem Missbrauchsskandal wegschaut. Den evangelischen Kirchen fehlen solche prominente Vertreter weitgehend. Als Fazit sagte in der Studie ein Redaktor: «Am besten ist Religion gekoppelt mit Sex, Gewalt, Erziehung, Schule oder Staat. Rein religiöse Fragen sind weniger interessant.»

Kirchen haben immer eine Wirkung

Auch wenn sich das gesellschaftliche Umfeld verändert, etwas bleibt: Die Nachfolger von Jesus sind in die Welt gesandt. Sie haben empfangen und sie sind aufgefordert, zu teilen. Teilen, indem sie auf Bedürfnisse antworten. Was immer Christen mit diesem Erbe tun oder nicht tun. Ob sie aktiv kommunizieren oder nicht. Christen tragen immer eine Botschaft in die Welt hinaus, sie sind sich nur häufig der Wirkung nicht bewusst. Auf irgendeine Weise werden sie wahrgenommen, lautet ein Standard in der Kommunikationsindustrie. «Man kann nicht nicht kommunizieren», sagt Dr. Paul Watzlawick, Professor für Psychotherapie an der Stanford University. Kirchen haben immer eine Wirkung: Brillenträger erhalten den Bonus der Intelligenz, füllige Leute den der Gemütlichkeit. Und Kirchen gelten heute leider erst einmal als langweilig, ein Relikt aus alten Zeiten.

Wirkung entsteht immer. Wer «no comment» sagt, hat keine Chance, die Information zu beeinflussen oder sie zu stoppen. Und das gilt von Anfang an: «You never get a secord chance to make a first impression.» (Du kriegst nie eine zweite Chance, um einen ersten Eindruck zu machen.) Haben die Kirchen eine Wirkung, die in guter Erinnerung bleibt?
Der damalige Chefredaktor der Tageszeitung «Südostschweiz», David Sieber, durfte 2012 an der Synode der evangelisch-reformierten Landeskirche des Kantons Graubünden einen Vortrag halten. Hintergrund war ein Gespräch mit dem verantwortlichen Dekan und Kommunikationschef. Die Frage, die ihm gestellt wurde: Warum berichtet die «Südostschweiz» nur noch so wenig über die Synode? Im Folgenden ein längerer Auszug seiner Antwort: Weil das kaum jemanden interessiert. Und so versuchte er, das den Synodalen ausführlich zu erläutern: «Das tönt in Ihren Ohren brutal. Denn für Sie ist die Synode ein sehr wichtiger Anlass. Genauso wichtig wie für die Jäger die Generalversammlung und für den

«Wer ‹no comment› sagt, hat keine Chance, die Information zu beeinflussen oder sie zu stoppen.»

«Nur wer interessiert ist, kann Interesse, also Aufmerksamkeit erregen. Denn Aufmerksamkeit hat auch etwas mit Beziehung zu tun.»

Musikverein die Fahnenweihe. Aus Ihrer Optik ist eine breite Berichterstattung mehr als gerechtfertigt, ja eine zwingende Notwendigkeit, der sich die Zeitungsmacher nicht entziehen dürfen. Wir machen es trotzdem. Denn wir haben eine andere Brille auf. Nämlich jene unserer Leserschaft. Wir stellen uns täglich die Frage, was unsere Leserinnen und Leser interessieren könnte. Wir stellen uns täglich die Frage, wie wir Inhalte, die wir zum Beispiel aus staatspolitischen Gründen für relevant erachten, so aufbereiten können, dass sie möglichst viele Menschen interessieren. Wir stellen uns täglich die Frage, ob der Themenmix und die Themenaufbereitung stimmt. Sind wir bei der Politik am Ball? Haben wir eine spannende Person im Blatt? Haben wir ein Interview? Einen Kommentar? Haben wir Ernstes und Unterhaltendes, Leichtes und Schwereres?

Wir kämpfen um Aufmerksamkeit. Das sollten Sie auch tun. Sie müssten sich eigentlich ähnliche Fragen stellen, wie wir es tun. Beginnen Sie mit der Frage, wie Sie die Aufmerksamkeit der Medienmacherinnen und -macher erregen können. Dafür müssen Sie die Medien und Ihre Macher verstehen, das heisst, Sie müssen sich für die Medien und ihre Macher interessieren. Und Sie müssen sich in die eigentlichen Adressaten, also die Leserinnen und Leser, hineinversetzen. Nur wer interessiert ist, kann Interesse, also Aufmerksamkeit erregen. Denn Aufmerksamkeit hat auch etwas mit Beziehung zu tun. Die Frage aller Fragen lautet deshalb: Bin ich interessant? Oder medienspezifisch: Habe ich eine Geschichte zu erzählen? Denn das ist das, was wir brauchen: Geschichten. Relevante, emotionale, newswertige und auch wunderliche, schräge, spezielle Geschichten. Wenn Sie damit zu uns kommen, haben Sie unsere Aufmerksamkeit fast auf sicher.

«Aussen fix und innen nix!»

Aufmerksamkeit ist ein kostbares Gut. Denn sie kostet Zeit. Zeit, die die Menschen bereit sind, in uns zu investieren, weil wir interessant sind. Das gilt für die Medien wie auch für die Kirchen. Wie auch die Tatsache, dass sowohl Zeitungen wie Kirchen an Quote verlieren. Wir verlieren Abonnenten (haben aber steigende Leserzahlen), Sie verlieren Mitglieder. Uns macht die Gratiskultur zu schaffen, Ihnen die Konkurrenz von zahllosen Sekten, Freikirchen und Placebo-Religionen. Sie sind, ob Sie wollen oder nicht, ebenso Teil des Aufmerksamkeitswettbewerbs. Wenn Sie sich also über Ihr Aufmerksamkeitspotenzial im Klaren sind, dann nützen Sie ganz direkt dem Erfolg Ihrer Organisation.

Und noch eine Gemeinsamkeit verbindet uns: Wir sind beide Dienstleistungsunternehmen. Beide müssen sich ihrer Kundschaft anpassen (und nicht etwa umgekehrt), ohne das Kerngeschäft – bei uns die Information, bei Ihnen die Erlösung – zu vernachlässigen oder gar zu verleugnen. Wenn unsere Leserinnen und Leser unser Informationsangebot nicht mehr nur auf Papier, sondern auch im Internet, dem Smartphone und dem Tablet konsumieren wollen, dann müssen wir das ermöglichen. Wenn die Kirchgänger andere Gottesdienstzeiten wünschen, werden Sie diese anpassen müssen. Wenn Sie merken, dass die Leute in Scharen in die Kirche strömen, wenn der Gottesdienst rockt, dann werden Sie das tun.»

So weit die Analyse von David Sieber. Die Eingangsfrage war simpel: Warum berichten die Medien so wenig über die jährliche Synode? Die Antworten des Medienprofis ebenso: Weil das kaum jemand interessiert. Die Konsequenzen daraus sind brisant. Da geht es längst nicht mehr um die eine Synodenveranstaltung, sondern um das gesamte kirchliche Programm, das auf den Prüfstein muss. Nur wer bereit ist, sich kritisch zu hinterfragen, kommt einen Schritt weiter.

Fassaden-Kommunikation ist falsch

Kommunikation ist gefährlich. Die Kirchen spüren, dass ihre abgeschottete Kultur immer häufiger in den Clinch kommt mit dem Mainstream der Gesellschaft. Man fühlt sich missverstanden mit seinen religiösen Anliegen. Anstatt sich mit dieser wachsenden Kluft fruchtbar auseinanderzusetzen, kapseln sich viele Kirchen ab, sprechen intern eine andere Sprache als gegen aussen. Da kommt es vor, dass im Prospekt eine Kinderwoche verkauft wird, der Prediger intern aber von Kinder-Evangelisation spricht. Was an offener Kommunikation mit der Gesellschaft immer schwieriger wird, versucht man mit einem makellosen Auftritt wettzumachen und investiert ins Erscheinungsbild.
Und deshalb ist es nicht verwunderlich, wenn die Zielgruppe sich manchmal äussert: «Aussen fix und innen nix!» Das führt zu Fassaden-PR: Fassaden-PR ist falsch und führt nicht zum Ziel.

KEHRSEITE

Tages-Anzeiger · Freitag, 5. Dezember 2003

Bushs falscher Vogel

Der Truthahn, den George W. Bush bei seinem Blitzbesuch in Bagdad so stolz präsentierte, war lediglich ein Requisit.

Von **Ignaz Staub, Washington**

Einer Umfrage zufolge stieg die Beliebtheit des amerikanischen Präsidenten um sieben Prozentpunkte, nachdem er letzte Woche an Thanksgiving die Truppen im Irak besucht hatte. Eines der eindrücklichsten Bilder der Visite war jenes, das festhielt, wie der lachende Ehrengast den Soldaten einen reich verzierten Truthahn auf einem Tablett vorzeigte. Der mächtigste Mann der Welt als Kellner – volkstümlicher gehts nimmer.

Inzwischen hat die «Washington Post» enthüllt, dass der knusprige Vogel, den George W. Bush vor sich hertrug, zwar prächtig zubereitet, aber lediglich zur Zierde bestimmt war. Die Soldaten in Bagdad wurden, wie üblich, aus der Kantinenküche bedient. Indes will das Weisse Haus nicht zum Voraus vom Manipulier-Truthahn gewusst haben. Auch sei nicht geplant gewesen, dass der Präsident das Tablett mit dem Vogel ergreifen würde. Militärs zufolge ist es üblich, Buffets an Festtagen derart zu dekorieren. Alles purer Zufall, obwohl höchst willkommen.

Trotzdem stellt der Vorfall erneut die Glaubwürdigkeit eines Weissen Hauses in Frage, das mitunter der Wahrheit nachzuhelfen pflegt. Zum Beispiel ist neuerdings auch erwiesen, dass es während des Fluges von Air Force One nach Bagdad keinen viel sagenden Dialog zwischen dem Kapitän der Präsidentenmaschine und einem Piloten von British Airways gegeben hat.

«Habe ich da eben Air Force One gesehen?», funkte der BA-Pilot laut Angaben des Weissen Hauses ins Cockpit des US-Jumbojets. Darauf soll der Lenker der Präsidentenmaschine nach einer Denkpause erwidert haben: «Gulfstream 5», was die Signatur eines kleineren Flugzeuges ist. Dies wiederum habe der britische Pilot nach längerem Schweigen mit einem wissenden «Oh» quittiert.

Laut British Airways hat die Unterhaltung nie stattgefunden, was inzwischen auch das Weisse Haus einräumt. Mutmasslich, heisst es dort, habe sich der britische Pilot mit einem Lotsen im Londoner Kontrollturm unterhalten, und die Männer im Cockpit von Air Force One hätten das Ganze überhört. Es ist eine Version, welche die Briten ebenso wenig bestätigen mögen. «Wir haben das Ganze geprüft», sagt laut «Washington Post» eine Sprecherin von BA in London: «Den Dialog gab es nicht.»

Die Episode mit dem Truthahn und der Präsidentenmaschine erinnert an den 1. Mai 2003. Damals landete George W. Bush mit einem Jet und in voller Kampfmontur auf dem Deck eines Flugzeugträgers im Pazifik, um das Ende grösserer Kampfhandlungen im Irak zu verkünden. Dabei liess das Weisse Haus die Nation im Glauben, die «Abraham Lincoln» sei noch auf der Fahrt zurück in die Heimat. In Wirklichkeit aber war der Träger bereits in Küstennähe und musste extra gedreht werden, damit das Land auf Bildern nicht zu sehen war. Das Kriegsschiff war also nicht, wie zu hören war, zu weit entfernt für einen Helikopterflug des Präsidenten.

Solche Fassaden-PR machte der ehemalige US-Präsident George W. Bush bei seinen Truppen: Im Bild servierte er seiner Truppe am Thanksgiving Day (Erntedank-Tag) lächelnd und imagefördernd einen fetten Truthahn. Das war beeindruckend – ein Präsident, der sich um seine Truppen kümmert und ihnen Fleisch serviert. Das führte zu vielen positiven Medienberichten. Anschliessend kam aus, dass der Truthahn auf seinen Armen von der Dekoration stammt und aus Plastik war. Also doch kein sozialer Präsident, sondern ein Showman. Kein Wunder, schütten die Medien in einem Nachzug viel Häme auf den Präsidenten. Das ging in die Hose.

Dieses Beispiel zeigt deutlich, dass Schminke, ein toller Gag oder reines Marketing nicht ausreichen, wenn es an Inhalt fehlt. Oder sogar zum Bumerang werden kann. Wer nur an der Oberfläche die Webpage oder die Rhetorik verbessert, aber am Verhalten nichts ändert, für den kann der öffentliche Auftritt sogar negativ werden. Wenn (Frei-)Kirchen den Anspruch haben, für die Öffentlichkeit interessant zu sein, dann muss es auch hinter den Kulissen funktionieren.

Worte müssen mit den Taten übereinstimmen. Gäste von Gottesdiensten und anderen Anlässen werden sensibel überprüfen, ob «es sich auch also verhielte», wie es die Zuhörer in Beröa gemäss Apostelgeschichte 17 nach den Predigten von Paulus schon getan haben. Stimmt der Auftritt gegen aussen mit den postulierten Wertmassstäben nicht mit dem eigenen Verhalten überein, wird einem das früher oder später um die Ohren geschlagen. Angeben nützt also nichts. Im Gegenteil: Es ist ein klassisches Eigentor.

«Schminke, ein toller Gag oder reines Marketing reichten nicht aus.»

Statt kritischer Auseinandersetzung begnügen sich viele Fromme mit billigen Feinbildern und wettern: Die Journalisten sind es, die uns schlecht machen. Das schweisst zwar in der eigenen Gruppe zusammen. Doch die Folgen sind fatal: Einmal mehr bleibt die kritische Auseinandersetzung mit eigenen Fehlern und Versäumnissen auf der Strecke. Und damit ist auch die Frage vom Tisch, was zu tun ist, damit sich wieder mehr Menschen für die christliche Botschaft interessierten. Denn schuld in dieser Logik sind die Journalisten. Herausfordernder ist diese Sicht: Bei den Medienschaffenden handelt sich in der Regel um professionelle, gut informierte und verlässliche Vertreter ihrer Zunft. Dass sie hinter die Fassaden gucken und die Themen kritisch begleiten, gehört zu ihrem Job. Und für alle, die sich nach der Bibel richten, gilt: Liebe deinen Nächsten wie dich selbst. Und darüber hinaus sagte Jesus sogar: Liebet eure Feinde. Es gibt also gar keinen Grund, die Journalisten zu hassen. Im Gegenteil: Wie man mit ihnen umgeht, so kommt es häufig auch zurück. Wenn man es ihnen schwer macht, zu ihren Informationen zu kommen, werden die Journalisten eben andere Mittel einsetzen. Wer aber hinsteht, bereitwillig und transparent Auskunft gibt, erhält in der Regel eine faire Chance für die Veröffentlichung seiner Ansichten und Argumente.

Was Medien können

Medien transportieren immer mehr Inhalte immer schneller zu ihren Lesern. Ein rasanter Wandel: Als Kolumbus 1492 Amerika entdeckte, dauerte es fünf Monate, bis Europa es wusste. Als 1865 US-Präsident Lincoln ermordet wurde, benötigte die Übermittlung dieser Nachricht über den Atlantik noch zwölf Tage. Heute geschieht dies innert Sekunden. Die Medien bringen die Welt ins Haus. Das was die Medien nicht bringen, findet keinen Eingang ins Bewusstsein des Menschen. Wenn Kirchen ihr Denken und Fühlen nicht öffnen für die Öffentlichkeit, fehlt ihnen das Bindeglied zu den Menschen, mit denen sie ins Gespräch kommen wollen.

Was sind überhaupt Medien? Das Wort Medien kommt vom lateinischen Adjektiv «medius» und bedeutet, in der Mitte befindlich. Journalisten haben grundsätzlich die Aufgabe, als unabhängiger Beobachter neutral über eine Sache zu berichten. Wenn wir von Medien sprechen, meinen wir Massenmedien: Radio, TV und Presse. Sie sind das Transportsystem für Informationen. Medien sind mit Sicherheit nicht Selbstzweck, sondern ein Mittel, um Inhalte jeglicher Art zu transportieren. Ohne Medien können Menschen nicht kommunizieren, kann eine Gesellschaft nicht funktionieren und Religion wird nicht öffentlich diskutiert. Auch können Wissenschaft und Kultur sich nicht entwickeln. Nicht ohne Grund bezeichnen wir heute unsere Gesellschaft als Mediengesellschaft. Dies gilt auch noch weitgehend in Zeiten von Social Media (mehr dazu im Kapitel 12).

Was können Medien? Zeitungen, Fernsehen und Radios übermitteln Nachrichten und Botschaften. Medien sind jedoch nicht der Ursprung dieser News, sondern sie transportieren lediglich Informationen über Ereignisse. Medien können

- **Öffentlichkeit herstellen:** Etwas, was bisher nur einem kleinen Kreis bekannt war, wird der Öffentichkeit zugänglich gemacht. Wenn zum Beispiel ein Lehrer im Staatskundeunterricht eine Karikatur über Christoph Blocher zeigt und sich über die SVP lustig macht, dann bleibt dies in einem überschaubaren Kreis der Klasse. Wenn das aber ein Schüler mit dem Handy fotografiert und auf Facebook postet, kann das rasch grössere Kreise ziehen. Und wenn der «Blick» davon Kenntnis bekommt, gibt das eine tolle Schlagzeile. Der Skandal zieht Kreise, die Schulbehörden schalten sich ein, es gibt eine Untersuchung. Bald weiss es die halbe Schweiz.
- **Thematisieren:** Medien können ein vielleicht noch unbedeutendes Thema aufnehmen und verstärken. Wenn zum Beispiel eine Zeitung vom Vorfall im Klassenzimmer Kenntnis hat, kann sie das Thema «Politik in der Schule» thematisieren. Weitere Zeitungen ziehen die Geschichte weiter und schreiben einen Artikel, ob Lehrer generell politisch links stehen.

«Das was die Medien nicht bringen, findet keinen Eingang ins Bewusstsein des Menschen.»

Vielleicht gibt es im Kantonsrat einen Vorstoss mit dem Ziel, politische Äusserungen im Schulzimmer künftig mit einem Verweis zu ahnden. Ein zunächst unscheinbarer Vorfall bekommt grosse Aufmerksamkeit.

- **Informieren:** Grundsätzlich wollen Medien informieren. Daher gibt es regelmässige Nachrichten und Tageszeitungen.
- **Kommentieren:** Gemäss journalistischem Selbstverständnis werden Nachrichten und Kommentare getrennt. Während Nachrichten aus der neutralen Sicht eines unbeteiligten Beobachters geschrieben sein sollten, sind im Kommentar persönliche Färbungen erlaubt, ja erwünscht. In einem Kommentar kann ein Journalist Klartext sprechen, ob er etwas gut oder schlecht findet. Ein Kommentar kann einordnen oder weitere Schritte fordern. Daher werden Kommentare und persönliche Äusserungen in der Regel mit Namensangaben und häufig auch mit einem Bild des Autors versehen.
- **Unterhalten:** Die vermischten Seiten in der Tageszeitung geniessen grosse Beachtung. Menschen haben ein Klatschbedürfnis. Oft spricht man heute auch von Infotainement – eine Kombination von Informationen und Entertainement (Unterhaltung).

- **Meinungen bestätigen:** Oft werden die Medien als die vierte Gewalt in der Gesellschaft bezeichnet. De facto haben sie aber neben Parlament, Regierung und Gericht keine gesetztlich legitimierte Macht. Sie haben natürlich Einfluss, der aber nicht unbeschränkt ist. Dabei kann sich ein Volk durchaus gegen den Willen einer Mehrheit von Parlament und Medien entscheiden, was die Grenzen der Macht aufzeigt.
- **Meinungen verunsichern:** Speziell vor politischen Abstimmungen nehmen Medien prominent Stellung. Das kann Meinungen bestätigen oder verunsichern. Aber letztlich ist das Stimmvolk mündig und kann sich diesem Einfluss entziehen, zum Beispiel durch die sozialen Medien.
- **Wichtiges und Unwichtiges unterscheiden:** Schon rein die Informationsflut zwingt die Medien dazu, Gewichtungen vorzunehmen. Wir stehen heute in einem Konkurrenzkampf zur Nachrichtenflut auf dieser Welt. Die Nachrichtenagenturen leiten etwa 5 Prozent ihrer Informationen an die Redaktionen weiter. Von diesen 5 Prozent werden schliesslich 2 bis 20 Prozent abgedruckt. Absender müssen sich deshalb überlegen, wie sie gehört werden.
- **In- und Out-Themen bestimmen:** Auch hier gilt, dass Einfluss hat, wer häufig in den Medien vorkommt. Hinzu kommen Aussagen von Stil- und anderen Experten, die scheinbar In- und Out-Themen bestimmen. In einer individuell ausgerichteten Gesellschaft setzen sich solche Trends aber nicht mehr in dieser Breite durch.

Kampf um Aufmerksamkeit

Wieso sollen Christen überhaupt kommunizieren? «Wirb oder stirb» heisst es dazu in der Wirtschaft. Aber spricht denn die Bibel nicht einfach für sich allein? Sind darum menschliche Anstrengungen notwendig? Darauf gibt es nicht nur eine Antwort. Wir leben in einer Informationsgesellschaft. Und die hat ein Problem: Es gibt deutlich mehr Informationen, als Menschen verarbeiten können. Da wird die Aufmerksamkeit zu einer knappen Ressource. Aufmerksamkeit ist gemäss der Definition im Brockhaus ein «psychischer Zustand [...], bei dem das Bewusstsein auf bestimmte Objekte, Vorgänge, Gedanken ausgerichtet ist» .

Als Menschen in der westlichen Welt begegnen wir heute täglich 4000 bis 5000 Werbebotschaften. Man buhlt geradezu um uns. In dieser Reizüberflutung wird es laufend anspruchsvoller, sich noch bemerkbar zu machen. Die schlechte Nachricht ist: Die Menschen können immer weniger lang aufmerksam zuhören. Das wurde wissenschaftlich untersucht: Gemäss dem «National Center for Biotechnology Information / U.S. National Library of Medicine» betrug die durchschnittliche Aufmerksamkeits-Zeitspanne im Jahr 2000 noch zwölf Sekunden, sie ist 2013 auf acht Sekunden gesunken. Das ist nun bereits weniger als bei Goldfischen, die im Durchschnitt neun Sekunden aufmerksam sein können. Die durchschnittliche Länge eines angeschauten Internetvideos ist 2013 auf 2,7 Minuten gesunken und liegt jetzt noch bei 1,5 Minuten. Im Büro checken die Angestellten ihre E-Mails rund 30 Mal pro Stunde und Smartphones werden heute mehr als 150 Mal pro Tag zur Hand genommen. Informationsangebote und eine immer tiefere Aufmerksamkeitsspanne.

«Die durchschnittliche Aufmerksamkeits-Zeitspanne eines Menschen ist auf acht Sekunden gesunken.»

Das Internet und Smartphones sind Auslöser und Katalysatoren dieses rasanten Wandels. Otfried Jarren, Prorektor an der Universität Zürich und Professor am Institut für Publizistik und Medienforschung, gab im Juli 2014 der NZZ zu Protokoll: «Die unabhängigen Medien sind in den vergangenen Jahren auch deswegen unter Druck geraten, weil immer mehr Inhalte produziert werden: von anderen Medienhäusern, von Bloggern, aber auch von Unternehmen und Nonprofit-Organisationen.»

2012 wurde erstmals ein Aufmerksamkeitsindex publiziert, und zwar aus zwei Faktoren: Gesamtumsätze (Vertrieb, Werbung, Gebühren) einer Branche und die aufgebrachte Gesamtnutzungszeit. Der Aufmerksamkeitsindex (AIX) quantifiziert die Gesamtkosten (sowohl direkte Nutzerzahlungen, als auch indirekte Kosten in Form von Werbung), die ein Nutzer pro Stunde Medienkonsum aufbringt in Relation zur Nutzungszeit. Den höchsten Index-Wert erzielt das Kino, das maximale Zuwendung des Nutzers erfordert. Radio erzielt den niedrigsten Index-Wert als sogenanntes Nebenbeimedium. Offenbar versprechen sich Konsumenten und Werbekunden von hochinvolvierenden Medien (z.B. Kino) bzw. passgenauen Informationen (z.B. Fachzeitschriften) einen besonders hohen Nutzen. Auch das Web erreicht bislang nur einen geringen Aufmerksamkeitsindex

Aufmerksamkeitsindex
Was eine Stunde Nutzung im Durchschnitt bringt:

Medium	Wert in Euro	Kommentar
Kino	4,58	Im Kino sind wir noch aufmerksam und machen nichts anderes.
Zeitschrift	2,14	Eine Zeitschrift wird zusätzlich zur Tageszeitung abonniert.
Buch	1,11	Obwohl jedes dritte Buch nicht fertiggelesen wird, lesen wir es vertieft.
Tageszeitung	0,74	Wir wollen täglich über das Weltgeschehen informiert sein.
Video, DVD	0,54	Weil wir das bewusst erwerben, ist die Aufmerksamkeit höher als im TV.
TV	0,13	Der Fernseher läuft oft nebenbei.
Musik	0,12	Elektronische Informationen erhalten weniger Aufmerksamkeit.
Internet	0,10	Wir surfen rasch von Seite zu Seite, ohne uns etwas zu merken.
Radio	0,05	Dient eher der Berieselung als der bewussten Konsumation.

Fünf Tipps im Umgang mit Medien

Wie können Kirchen die Spannung zwischen dem Auftrag (biblische Substanz zu vermitteln) und die Bemühungen um Öffentlichkeitsbezüge möglichst optimal vereinbaren?

1) Sensibilität entwickeln: Wer keine Lokalzeitung liest und sich nicht mit den Menschen im Dorf oder in der Stadt trifft, weiss nichts über ihre Bedürfnisse und was sie bewegt. Wer in die Öffentlichkeit treten will, muss eine Sensibilität für die aktuellen Themen entwickeln. Der englische Theologe John Stott sagte treffend: «Wir müssen ein Ohr in der Bibel haben und ein Ohr in der Welt.» Kirchen müssen im Sinne der Nächstenliebe auf die Bedürfnisse der Welt reagieren.

2) Selber aktiv werden: Vor allem kleinere Zeitungen und Quartierblätter sind teilweise offen, wenn ihnen Organisationen eine Vorschau auf einen Anlass schicken oder im Nachhinein einen Bericht verfassen. Wer den zuständigen Journalisten anruft, kann nichts verlieren. Er erfährt, ob sie vielleicht selber Interesse haben, einen Journalisten zu schicken oder ob sie offen für einen fertigen Bericht sind. Warum nicht gleich einen Beitrag vereinbaren mit Textlänge, Foto und Einsendeschluss? Das ist heute mit digitalen Fotos und E-Mail kein so grosser Aufwand mehr. Mit aktiver Kommunikation können Kirchen selber Themen setzen und Einfluss nehmen, worüber in der Öffentlichkeit berichtet wird. Wenn Kirchen, Werke und Einzelpersonen in der Öffentlichkeit auftreten, sollten sie dies mit Aktionen tun, die für die Öffentlichkeit auch interessant sind, und das so professionell wie möglich tun.

3) Keine Angst vor negativen Berichten: Kirchen benötigen Kritikfähigkeit. Wer sich in die Öffentlichkeit begibt, erhält nicht nur Halleluja-Rufe. Da stellt sich die Frage, wie dünnhäutig Kirchen sind und mit Kritik umgehen können. Schnell besteht die Gefahr, wehleidig, betupft und mit Drohungen zu reagieren. Das bewirkt wenig und zeugt auch von wenig Selbstbewusstsein. Positiv ist da eine Aussage des ehemaligen Pro-Christ-Redners und Pfarrers Ulrich Parzany: «Christen sollten sich gegenüber Kritik locker verhalten. Wir sind ja keine Fanatiker.» Kritik ist immer auch Gratisberatung: Kirchen sollten überprüfen, wieso der Journalist Anlass für einen kritischen Bericht hatte. Ist die Kritik berechtigt, sollte das unbedingt verändert werden. Langfristig sollte eine öffentliche Kommunikation positiv gefüllt werden. Der Kreativität sind da keine Grenzen gesetzt.

4) Journalisten sind auch Menschen: Man kann mit Journalisten eine Beziehung aufbauen und freundliches Feedback geben. Wenn eine Kritik völlig unberechtigt erscheint, kann man auch mal das Gespräch suchen oder eine Aussprache anregen. Jede Reaktion hat Wirkung. Jeder Leserbrief wird dem schreibenden Redaktor auch vorgelegt. Das lässt ihn nicht unberührt. Journalisten sind auch nur Menschen. Zusätzlich braucht es auch gute Beziehungen zu Behörden, Nachbarn und der Gesellschaft, die manchmal über Kirchen Auskunft geben.

5) Kontinuität gewährleisten: Öffentlichkeitsarbeit passt nicht zu einer Maulwurfstrategie. Wenn man nur selten auftaucht, werden die Menschen eher irritiert den Kopf über den Sonderling schütteln. Kommunikation ist eine Führungsaufgabe. Für Kirchen lohnt sich, mindestens pro Quartal einen öffentlichen Auftritt in der Jahresplanung an die Hand zu nehmen. Das können auch traditionelle Anlässe sein, die aber bewusst und frühzeitig für den öffentlichen Auftritt gestaltet werden.

Das Leidenschaft-Relevanz-Modell

In einer disruptiven Medienwelt mit einem dramatischen Rückgang der Printmedien haben es Inhalte immer schwieriger, publiziert zu werden. Eine gute Geschichte ist daher die Voraussetzung für Aufmerksamkeit. Und dann braucht es natürlich die richtigen Kanäle, um sie zu verbreiten. Guter Inhalt ist daher in der Kommunikation immer noch der König («Content is king»). Guter Inhalt ist das Herzstück jeder Kommunikationsstrategie. Doch lässt sich allein mit nützlichen oder unterhaltsamen Informationen jede Zielgruppe überzeugen? Dies ist nur dann der Fall, wenn der Inhalt für die Nutzer so relevant ist, dass sie sich nicht nur selber damit auseinandersetzen, sondern auch mit anderen darüber diskutieren. «Guter Content hat sich deshalb im Kampf um Aufmerksamkeit zu einer neuen Währung entwickelt», erklärt Kommunikationsberater Alexander Gligorijevic. Er hat daher das «Leidenschaft-Relevanz-Modell» entwickelt.

Je nachdem, welche Bedeutung ein Thema für uns hat, beschaffen wir uns Informationen auf verschiedene Art und Weise. Zwei ausschlaggebende Kriterien sind die Relevanz des Themas und die Leidenschaft, die wir für ein Thema hegen. Wer von einem Thema begeistert ist, sucht aus freien Stücken auf Google danach, liest Blogartikel, Einträge in Foren oder schaut sich Videos zum Thema an. Je grösser die Leidenschaft, desto eher recherchiert die Zielgruppe selbst und intensiver nach dem Thema.

Der andere treibende Faktor für die Auseinandersetzung mit Inhalten ist die Relevanz des Themas: Wer den Führerschein machen oder eine Hypothek aufnehmen will, wird aktiv nach den Voraussetzungen und Angeboten recherchieren. Mag sein, dass die Leidenschaft für die Hypothek nicht riesig ist, aber die Relevanz ist gegeben.

Das Leidenschafts-Relevanz-Modell als Entscheidungshilfe

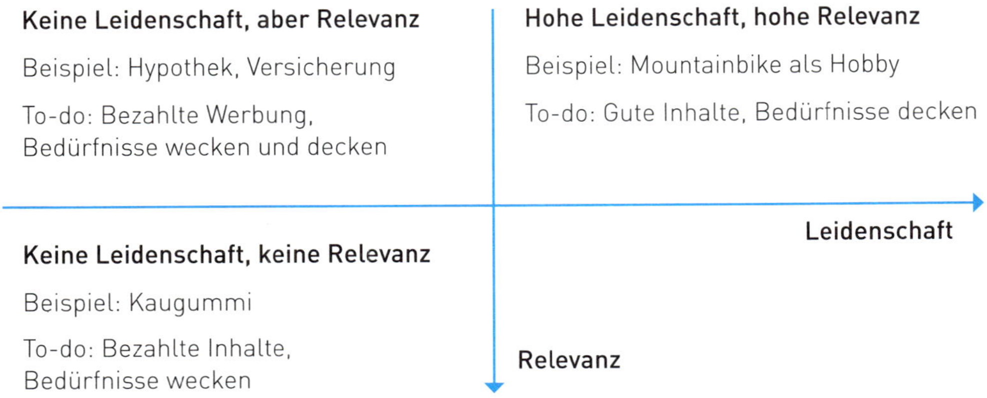

Quelle: HWZ Hochschule für Wirtschaft Zürich, Center of Digital Business, Yea(h)rbook 2015, Alexander Gligorijevic

- Im linken unteren Quadranten im Leidenschafts-Relevanz-Modells finden sich Produkte und Dienstleistungen, die weder Leidenschaft auslösen noch eine grosse Relevanz für die Nutzer haben. Um für ein langweiliges Produkt Aufmerksamkeit zu erzeugen, muss das Unternehmen einen grossen Schritt auf den Konsumenten zugehen und seine Aufmerksamkeit für kurze Zeit mit einem unglaublich kreativen Werbemittel gewinnen.
- Im linken oberen Quadranten finden sich Themen, die ebenfalls keine Leidenschaft beim Konsumenten wecken, aber Relevanz haben. Als Beispiel kann die Hypothek oder der Abschluss einer Versicherung genannt werden. Mittels bezahlter Werbung lässt sich der potenzielle Hausbesitzer zu einer vertieften Auseinandersetzung mit dem Thema bewegen.

«Die Kommunikation selbst braucht also einen Mehrwert: einen Nutzwert, eine Relevanz, einen Unterhaltungswert.»

- Im rechten oberen Quadranten sind die Themen angesiedelt, die für die Zielgruppe eine hohe Relevanz und eine hohe Leidenschaft aufweisen. Hier kann der enthusiastische Mountainbiker als Beispiel dienen. Seine Leidenschaft schlägt sich im langen und intensiven Konsum von Information rund um das Thema nieder.

Für Kirchen oder Organisationen, die vermehrt auf Inhalte setzen und sich die bezahlte Werbung nicht leisten können oder wollen, stellt sich daher die Frage: Kann die Organisation ein relevantes Thema mit dazugehöriger leidenschaftlicher Zielgruppe ins Zentrum rücken, das gleichzeitig auch als inhaltliche Basis zur Erreichung der Marketingziele taugt? Im Idealfall deckt sich das Thema mit den Dienstleistungen der Kirche oder Organisation. Dies ist aber nur äusserst selten der Fall. So rückt zum Beispiel Red Bull das eigene Produkt, ein äusserst süsses, koffeinhaltiges Getränk, komplett aus dem Fokus. Das Unternehmen ist zu einem Medienunternehmen mutiert, dessen Inhalte zwar die Marke Red Bull tragen, aber völlig von dem eigentlichen Produkt losgelöst sind. Dank der ständigen Präsenz der Markt, auf den Mobilgeräten der Zielgruppe gepaart mit dem dichten Netz an Red-Bull-Verkaufsstellen geht die Rechnung auf. Die mit Werbebotschaften zugemüllten Konsumenten folgen Themen, Wünschen, Träumen, Schlüsselwörtern, Events oder Personen – aber nur sehr selten in erster Linie Brands. Die Strategie von Red Bull besteht darin, auf die Konsumenten zuzugehen und die eigene Marke hinten anzustellen. Die Kommunikation selbst braucht also einen Mehrwert: einen Nutzwert, eine Relevanz, einen Unterhaltungswert. Der Unterhaltungswert ist dabei der Haupttreiber für die Beachtung und Verbreitung einer Botschaft. Das tönt wie ein Paradox: Der gleiche Konsument, der die Werbeblöcke im Fernsehen ausblendet, betrachtet freiwillig Werbefilme im Internet. Aber eben nur die wirklich unterhaltsamen Spots. Das «Teilen» – die so genannte «Shareability» – wird in der heutigen Gesellschaft zum zentralen Erfolgsfaktor. Weil im Teilen («sharing») ein Testimonial des Absenders steckt, hat der Kontakt einen stärkeren Einfluss. Als Erfolgsfaktor im crossmedialen Storytelling gelten heute: Beim Inhalt sind Aktualität, Emotion, Mehrwert und Überraschung entscheidend. Zudem sind Empfehlung, Interaktivität, Vernetzung und Vertiefung wichtig. Eine klare Identität ist die Voraussetzung für Agilität. Schnell reagieren kann nur, wer genau weiss, wer er ist und welches Bild er erzeugen möchte.

Kirchen müssen bei der Verkündigung entscheiden: Wollen sie im Stil von Billy Graham auftreten? Der schaffte es in den 1960er- und 1970er-Jahre noch, ganze Sportstadien mit vor allem gesprochenen Worten zu füllen. In dieser Zeit waren in unseren Regionen auch noch sogenannte Zeltevangelisationen mit Verkündigern wie Wilhelm Pahls unterwegs. Das funktioniert heute nicht mehr. Eine Person wie Pfarrer Ernst Sieber wirkt hier viel nachhaltiger. Er war wohl das bekannteste reformierte Aushängeschild in der Schweiz, überzeugte durch Wort und Tat (siehe dazu Kapitel 9). Auch die Bibel macht uns übrigens klar, dass wir gemäss Jakobus «Täter des Wortes» sein sollten.

«Es geht in der Kommunikation um ein gemeinsames Verständnis.»

Wie nimmt die Welt die Christen wahr?

Welche Bilder und Symbole senden wir aus? Christen haben als Nachfolger von Christus den Auftrag, nicht einfach mit sich selber beschäftigt zu sein, sondern mit der Welt zu kommunizieren. Das Licht gehört in die Dunkelheit, das Salz in die Suppe. Wie aber können Christen und Kirchendistanzierte miteinander kommunizieren? Dazu müssen wir uns zuerst fragen: Was ist gute Kommunikation? Hier eine gute Zusammenfassung, die vor allem auch Eltern von Kindern sehr geläufig ist:

gesagt	›	Ist noch nicht	›	gehört
gehört	›	Ist noch nicht	›	verstanden
verstanden	›	Ist noch nicht	›	einverstanden
einverstanden	›	Ist noch nicht	›	angewendet
angewendet	›	Ist noch nicht	›	beibehalten

Gute Kommunikation ist anspruchsvoll. Kommunizieren heisst im hergebrachten Sinn «gemein machen»: Informationen werden in die Öffentlichkeit ausgesendet und damit Allgemeingut. Im Wort «kommunizieren» ist auch die Wortbedeutung «in Verbindung stehen» oder «Verbindungen knüpfen» enthalten. Kommunikation kommt vom lateinischen Wort «communis», was gemeinsam bedeutet. Es geht in der Kommunikation um ein gemeinsames Verständnis. Menschen kommen miteinander in Kontakt und reden miteinander. Gute Kommunikation bezweckt ein interessantes Gespräch, damit beide gern in Kontakt miteinander bleiben. Oder um noch eine Definition anzufügen: Kommunikation ist das Total aller Verhaltensweisen, durch welche menschliche Kontakte entstehen, sich beeinflussen und vertiefen lassen.

Für eine gute Kommunikation gibt es ein paar wichtige Grundregeln. Das zeigt sich am Sender-Empfänger-Modell.

Sender-Empfänger-Modell

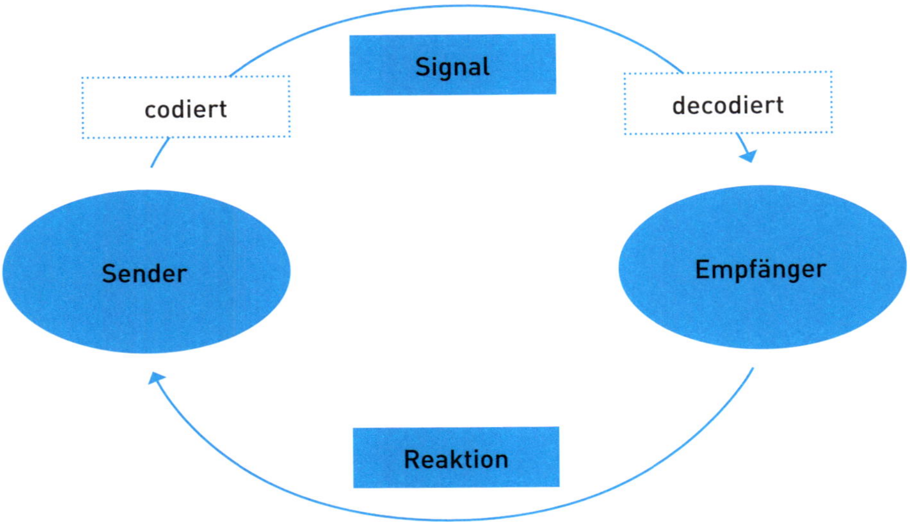

Wörter sind nur Ausdrucksmittel für die Gedanken und Gefühle des Senders. Dabei denken wir meistens in Bildern. Im Kopf des Empfängers entstehen durch die gleichen Worte oft andere Bilder. Dies geschieht durch die Codierung des Absenders, die vom Empfänger zuerst decodiert werden müssen. Man kann diese Codierung auch Filter nennen. Filter sind wie Datenbanken im Gehirn. Sie fügen der Information eine persönliche Bedeutung zu. Filter sind Lebenserfahrungen, Vermutungen, Haltungen und Vorurteile zum Gegenüber oder dem Thema, Hintergrundwissen, Erinnerungen, Empfindungen, Einstellungen, Erziehung, Erwartungen, Gemütszustand, Hemmungen, Werte, Müdigkeit und Unlust. Diese Filter verhindern oft, dass wir einander verstehen.

«Entscheidend ist auch die nonverbale Kommunikation.»

Bilder können sich aber auch ungefiltert in unser Unterbewusstsein einschleichen und uns emotional ansprechen. Was kommt Ihnen bei Donald Trump in den Sinn? Ein Mann mit blonder Mähne, roter Krawatte, rotem Kopf, schlüpfrigen Worten, polternden Gesten, kriegerischen Attributen und so weiter und so fort.
Entscheidend ist daher auch die nonverbale Kommunikation: Es geht darum, die richtigen Emotionen zu schaffen. Menschen sprechen zu Menschen durch Sprache, Tonfall, Mimik und Gefühle. Oft wird nonverbal viel mehr mitgeteilt, als man sich bewusst ist. Körpersprachliche Signale können falsch interpretiert werden. Dadurch findet «zwischen den Zeilen» auch eine Kommunikation statt. Zum Beispiel kann sich jemand sofort eingeengt fühlen, obwohl der andere eigentlich sachlich spricht. Richtig ist nicht, was ich sage, sondern, was der andere verstanden hat.
Eine Nachricht enthält gleichzeitig oft mehrere Botschaften. Symbole können mehr sagen als tausend Worte. Aber gerade Symbole sind mehrdeutig. Die Kirchen müssen überdenken: Was lösen sie mit ihren Symbolen, Signeten und ihrer Sprache aus? Sinnvolles Kommunizieren fordert den Sender heraus, sich in den Empfänger hineinzudenken. Er darf nicht nur sender- und botschaftsorientiert sein. Der Sender muss versuchen, die Sprache, das Denken, die Kultur und das Verhalten des Empfängers zu verstehen. Missionare im Ausland müssen lernen, sich der neuen Kultur anzupassen: Sprache, Kleidung, Verhalten. Christen hier jedoch sprechen und kleiden sich oft anders und leben in einer eigenen Kultur. Wenn aber Kirchen kein Bewusstsein für das Denken und Fühlen der Gesellschaft entwickeln, fehlt ihnen eine Grundvoraussetzung für die öffentliche Kommunikation, also ausgerechnet für ihre Zielgruppe, mit der Kirchen gemäss Matthäus 20 um jeden Preis kommunizieren müssen.

Interesse bei den Menschen wecken

Wenn die Kirchen also Menschen erreichen wollen, müssen sie wissen, was diese interessiert. Ähnliche Fragestellungen haben Journalisten, sie müssen ihre Zeitungen auch so machen, dass sie bei den Lesern auf Interesse stösst. Es lohnt sich deshalb, uns die Kriterien aus dem Journalismus-Handbuch «Einführung in den Journalismus» aus dem letzten Kapitel nochmals zu vergegenwärtigen. Als wichtigste Kriterien erwähnt sind:

- Aktualität
- Dramatik
- Kind
- Gefühl
- Nutzen
- Unterhaltung
- Trend/Mode
- Geld
- Tod
- Fortschritt
- Folgenschwere
- Nähe/Betroffenheit
- Tier
- Kuriosität/Gag
- Mensch/Prominenz
- Konflikt/Kampf
- Sex
- Macht
- Grafik/Fotos
- Ökologie

Möglichst viele dieser Faktoren braucht es, um Aufmerksamkeit zu erhalten. Es ist eine Bestandesaufnahme menschlicher Neugierde und Interessen. Dabei unterscheidet man zwischen «hard news» und «soft news». «Hard news» handeln von Geschehnissen, die für die Entwicklung einer Gesellschaft von Bedeutung sind. Dazu gehören Veränderungen in Wirtschaft, Politik und Kultur; Konflikte, Kriege und Friedensbemühungen. Bei den «soft news» geht es um Menschliches, Individuelles, Kurioses, Sensationelles. Es ist das Aussergewöhnliche, bei dem der Unterhaltungswert überwiegt.
Grundvoraussetzung für die Kommunikation in der Öffentlichkeit ist öffentliches Interesse. Öffentliches Interesse ist das, wofür sich die überwiegende Mehrheit der Menschen interessiert. Unter Öffentlichkeit versteht man die Summe des Bewusstseins (Reflex, Assoziationen) der Menschen. Das sind Vorgänge und Fakten, für die sich die überwiegende Mehrheit der Menschen interessiert und die bei den meisten die gleichen Gefühle und Bilder auslösen. Mit ihnen baut man die Brücke zu den Empfängern einer Botschaft. Je grösser die Zahl der Öffentlichkeitsbezüge in einer Botschaft, desto mehr fühlen sich die Empfänger ernst genommen und miteinbezogen. Geschichten werden nur wahrgenommen, wenn sie den Nerv der Zuschauer treffen. Die Geschichte muss aktuell sein, muss den Zuschauer da abholen, wo er emotional gerade steht. Je grösser die Zahl der Öffentlichkeitsbezüge in einer Botschaft, desto mehr fühlen sich die Empfänger ernst genommen und einbezogen.

Positive Schlagzeilen sind möglich

Es ist möglich, dass Christen in dieser Welt positive Schlagzeilen machen: Pastor Rick Warren gilt in den USA als einer der bedeutendsten Menschen und schaffte es schon auf das Titelbild des «Time»-Magazins. Das Magazin «Newsweek» zählt ihn zu den «15 Menschen, die Amerika gross machen» und laut «The Economist» ist er der «unbestritten einflussreichste Pastor Amerikas». Dies durch seine praxisnahen Bestseller wie «Leben mit Vision» (30 Millionen verkaufte Exemplare), seine Gebets- und Beratertätigkeit für den damaligen US-Präsidenten Barack Obama oder seine Aktivitäten in Afrika. Die Baptistenkirche «Saddleback» in Los Angeles hat er auf der grünen Wiese gegründet und zu heute über 20 000 Gottesdienstbesucher am Wochenende geführt.

Genau dieses Ziel müssten die Kirchenführer in der Schweiz haben: auf dem Titelbild sein des «Blick», auf der Frontseite der «Neuen Zürcher Zeitung» oder in den Schlagzeilen der «Tagesschau». Als Anfang ein etwas bescheideneres Ziel: einmal von der Lokalzeitung angefragt zu werden für ein Interview über die Arbeit der lokalen Kirche. Das wird dann passieren, wenn sich die Kirchen nicht mit sich selber beschäftigen, sondern gesellschaftsrelevant werden. Die wahre Kirche lebt nicht in einem geschlossenen Raum, sondern mitten in dieser Welt. Ein Pastor war über drei Jahrzehnte im Dienst, als er einmal seine Predigtthemen analysierte. Selbstkritisch sagte er: «Wir haben einen starken Hang zu Insiderthemen. Renner sind Lobpreis, Evangelisation, Gemeinschaft, Jüngerschaft, Dienst in unzählig vielen Formen.» Eine zutreffende Analyse, die leider auf viele Kirchen zutrifft. Lassen wir uns von Dietrich Bonhoeffer herausfordern: «Kirche ist nur Kirche, wenn sie für andere da ist.»

Öffentlichkeitsarbeit mit kleinem Budget

Starke öffentliche Auftritte sind vielleicht leichter, wenn man über ein grosses Budget verfügt. Was aber, wenn Sie nur über ein kleines Budget verfügen? Dazu vier konkrete Tipps.

1) Aktivieren: Es geht um den «Call to action» (Ruf zum Handeln), Menschen zu engagieren. Das Web 2.0 hat die Formen des Engagements vervielfältigt. Wir sind nicht nur passive Empfänger von Nachrichten, sondern können selbst aktiv solche verfassen. Kirchen können Kontakt mit den Engagierten haben, in den Dialog treten, eine Community bilden. Kirchen können selbst für eine Organisation eine Aktion machen und z.B. soziale Missstände dokumentieren. Vorbild USA: Die Mitarbeiter von e-democracy klopfen an den Haustüren amerikanischer Städte, um möglichst viele Bewohner eines Stadtviertels in lokale Mailinglisten aufzunehmen und ihnen zu zeigen, wie sie mit Hilfe von Internet-Nachbarschaftsforen ihr Viertel verbessern können.
Dann geht es auch darum, die klassischen Medien zu nutzen: Das beste Rezept für einen erfolgreichen Kickstart vieler Aktionen waren gross aufgemachte Artikel in renommierten Tageszeitungen oder elektronischen Medien. Die Revolution in Tunesien erreichte erst eine kritische Masse, nachdem «Al Jazeera» die Nachrichten von regimekritischen Bloggern klassisch über die Fernseher in die Wohnzimmer von Tunis und Kasserine brachte. Kirchen müssen dazu Multiplikatoren gewinnen: Das können Journalisten, Community-Aktivisten, NGOs, politische Eliten oder Unternehmen sein. Das kann man gut als Aktivieren mit Campaigning bezeichnen: Campaigning ist die Kunst, alle Register ziehen zu können, um wirkungsvoll und effizient ein gegebenes Ziel zu erreichen und/oder Menschen zu bewegen. Dabei geht man strategisch vor und setzt alle Mittel zielgerichtet ein. Man bedient sich des ganzen Werkzeugkastens der Kommunikation. Basis von Campaigning ist polarisieren, profilieren, positionieren.

«Campaigning ist die Kunst, alle Register ziehen zu können, um wirkungsvoll und effizient ein gegebenes Ziel zu erreichen und/oder Menschen zu bewegen.»

2) Provozieren: In den 1990er-Jahren sorgte die Zürcher Sektion der Schweizerischen Volkspartei (SVP) mit provokativen Inseraten immer wieder gezielt für Empörung. 1993 löst das Messerstecher-Inserat (ein Mann greift mit dem Messer eine Frau an) eine Welle der Empörung aus. 1998 holte die Zürcher SVP das Messerstecher-Inserat noch einmal aus der Schublade. 1995 folgte das Stiefel-Inserat als Provokation im Wahlkampf: Ein EU-Stiefel trampelt einen Schweizer Stimmausweis nieder und zerquetscht ein Schweizerlein beinahe mit. 2004 folgten Ratten-Inserate und 2015 wurde der SVP-Geschäftsführer für das

Inserat «Albaner schlitzen Schweizer auf» verurteilt. Diese Bildrhetorik liefert immer wieder Gesprächstoff. Die SVP geht davon aus, dass in einer allfälligen Abstimmung diese Darstellung viele Stimmbürger beeinflusst, zumal die Missbrauchsthematik am Stammtisch immer wieder diskutiert wird. Solche Tabubrüche sind auch mit Risiko behaftet, weil sie an die Grenze gehen und teilweise auch vor höchst umstrittenen inhaltlichen Aussage nicht zurückschrecken.

3) Partizipieren: Konfuzius wird mit dem Zitat in Verbindung gebracht: «Sage es mir, und ich werde es vergessen. Zeige es mir, und ich werde es vielleicht behalten. Lass es mich tun, und ich werde es können.» Wir befinden uns heute in einer Social-Media-Mitmach-Gesellschaft: Jeder ist heute ein Fotograf oder ein Journalist. Ein Beispiel ist Easyvote.ch, das aus dem Jugendparlament entstanden ist. Sie haben das Ziel, dass die Anzahl der 18- bis 25-jährigen Wähler von 30 auf 40 Prozent steigt. Sie haben mit coolen Flyern und Partys begonnen, erzielten damit aber wenig Wirkung. Dann haben sie eine Studie gemacht, die zeigte: das direkte Gespräch suchen. Und Wählen soll Spass machen.

4) Unterhalten: Wie erwähnt stehen Kirchen in einem Kampf um Aufmerksamkeit. «Ich bin kein Hellseher, aber eines ist sicher: Das neuen Jahr wird die Informationsflut weiter zunehmen. 10 000 Botschaften sollen es bereits heute vom Erwachen bis zum Gutenachtkuss sein. Werbetreibende, die ihre Botschaft da nicht überraschend vermitteln, werden vom Publikum schlicht nicht mehr wahrgenommen.» Das sagte Markus Ruf, Creative Director und Mitinhaber Ruf Lanz, einer der kreativsten Werbeagenturen in der Schweiz. Kirchen müssen auch gegen den Strom schwimmen und anders sein. Ein gutes Beispiel für überraschende Kommunikation lieferte hier Pfarrer Lukas P. Huber: Er heftete ein Schild an den Eingang des Schulhauses seiner zweiten Pfarrgemeinde mit der Aufschrift «Pfarrer an der Arbeit, bitte stören. Er arbeitet heute im Schulhaus Guntmadingen.»

«Kirchen müssen auch gegen den Strom schwimmen und anders sein.»

Wenn Christen positive Schlagzeilen machen

Von Markus Baumgartner

Inspirierende Ideen – zur Nachahmung empfohlen

Wird über Christen und Kirchen meist nur negativ berichtet? Nein, das zeigt eine Auswertung von zehn Jahren Dienstagsmail. Woche für Woche sammelte das Dienstagsmail positive Artikel in säkularen Medien und erklärte, wie solche positiven Schlagzeilen möglich wurden. Die Auswertung von 500 gelungenen Medienauftritten zeigt, worauf es ankommt: Gefordert ist Bereitschaft, aus dem christlichen Ghetto auszubrechen und mit der Öffentlichkeit zu kommunizieren. Diese umfassende Ideensammlung soll zur Nachahmung inspirieren.

Kritisiert ist schnell. Gesagt, wie es besser gehen soll, ist ebenso ziemlich schnell. Doch konkret umsetzen ist wohl das Schwierigste. Deshalb zeigt dieses Kapitel Dutzende von Beispielen von Kirchen und Menschen aus dem kirchlichen Umfeld, die mit ihren Aktionen positive Schlagzeilen gemacht haben. Es sind also keine gutgemeinten Medienmitteilungen, die nie abgedruckt worden sind, sondern Aktionen, die tatsächlich Widerhall in den säkularen Medien gefunden und so einen Beitrag zur öffentlichen Diskussion geleistet haben.

Im Herbst 2008 ging das Dienstagsmail an den Start. Das Dienstagsmail, das wöchentlich an über 2500 Pfarrpersonen, Pastoren, Diakone und Interessierte versendet wird, soll Inspiration sein, wie christliche Inhalte aktueller, öffentlicher und gesellschaftsrelevanter werden. Es wird vom Autor dieses Kapitels verfasst und berichtet über Organisationen und Personen, die ihren christlichen Glauben in der Öffentlichkeit konkret und mit grosser Glaubwürdigkeit vertreten und damit auf breites Interesse stossen. Das Dienstagsmail basiert immer auf säkularen Medien, die positiv über Christen und Kirchen berichten. So gesehen ist das Dienstagsmail ein interessanter Spiegel, was die Menschen beschäftigt. Ansonsten hätten es die Beispiele nicht in säkulare Medien geschafft, die sich an ein grösseres Publikum auch ausserhalb der christlichen Szene richten. Es ist immer nur ein Thema und immer positiv.

«In der Infoflut, die ein Gemeindeleiter zu bewältigen hat, stellt das Dienstagsmail eine tolle Aufhellung dar! Kurz, relevant und klar.»

Das Echo von den Leserinnen und Lesern des Dienstagsmails ist sehr erfreulich. Es gab Reaktionen wie: «Das ist ein guter Ansatz und ein Bedürfnis für mich», «Die Dienstagsmails kann ich gut gebrauchen, ich finde es cool, dass es dieses gibt» oder «In der Infoflut, die ein Gemeindeleiter zu bewältigen hat, stellt das Dienstagsmail eine tolle Aufhellung dar! Kurz, relevant und klar. Sie machen da einen guten Job!» und «Ich bedanke mich für das Dienstagsmail. Ich bin schon so weit, dass ich es jede Woche erwarte. Es hat mir auch schon etliche Anstösse gegeben». Und weiter: «Es tut gut, solch positive Berichte aus dem Reich Gottes zu hören. Sie inspirieren einem und helfen selbst fantasievoll an der Arbeit zu bleiben», erklärt ein Dienstagsmail-Abonnent.

dienstags Mail

www.dienstagsmail.ch

«Dienstagsmail-Award»

Eine Jury aus Medienprofis aus Fernsehen, Radio und Print wählt einmal pro Jahr aus den im Dienstagsmail beschriebenen Aktionen drei Personen aus, die für einen Award nominiert werden. Darüber können dann alle Leserinnen und Leser online abstimmen. Im Rahmen eines Begegnungsfestes treten die Nominierten auf und erhalten einen symbolischen Preis der Ermutigung. Die bisherigen Preisträgerinnen und Preisträger sind:

- 2018 Elisabeth Augstburger (auch nominiert Tina Schmidt und Pfr. Christian Walti)
- 2017 Sr. Ingrid Grave (auch nominiert Michel Fischer und Pfrn. Hetty Overeem)
- 2016 Pfr. Daniel Simon (auch nominiert Simone Maurer und Sr. Veronika Ebnöther)
- 2015 Pfrn. Katharina Hoby (auch nominiert Pfrn. Sibylle Forrer und Tabea Inäbnit/Matthias Altwegg)
- 2014 Viktor Wittwer (auch nominiert Annarös Vonlanthen/Fritz Stettler und Pfr. Markus Giger)
- 2013 Pfr. Patrick Schwarzenbach «Gallus Pfarrer» (auch nominiert Ernst Tanner und Heilsarmee-Banc Takasa)
- 2012 Rudolf Szabo (auch nominiert Sr. Elisabeth Müggler und Stefanie Lochbühler)
- 2011 Helen und Nathanel Steinemann (auch nominiert Johannes Czwalina und Pater Hanspeter Betschart)
- 2010 Bluesdiakon Reto Nägelin (auch nominiert Pfr. Stefan Moll und Pfr. Beat Müller)

Hunderte Mut machende Beispiele aus zehn Jahren Dienstagsmail

Die Zusammenstellung der bisher über 500 publizierten Dienstagsmails ist thematisch geordnet und enthält jeweils eine kurze Zusammenfassung. Sie geht zuerst auf Aktionen von Pfarrpersonen ein und zeigt dann aber, dass auch andere kirchliche Personen und «gewöhnliche» Christen positiv in den Medien wahrgenommen werden. Nebst dem klassischen Dienst am Nächsten sind beispielsweise auch Weihnachten, Ostern und Pfingsten vielversprechende Anknüpfungspunkte. Wer mehr zu den einzelnen Beispielen wissen will, kann über das Archiv auf der Webpage www.dienstagsmail.ch auf die ausführliche Beschreibung zugreifen. Auf dieser Seite können sich auch Interessierte für das kostenlose Dienstagsmail anmelden.

Kreative Pfarrpersonen

Immer wieder schaffen es Pfarrerinnen und Pfarrer mit ausgefallen und kreativen Ideen in die säkularen Medien. Weil sich das öffentliche Bild vom durchschnittlichen Pfarrer oft auf die Vorstellung beschränkt, dass da jemand in einer halbleeren Kirche (mit dem Moralfinger) von der Kanzel herab predigt, fallen bunte und lebensfrohe Aktionen umso mehr auf. Dass in dieser Rubrik so viele Pfarrpersonen vorkommen zeigt eines: Gerade auch als Pfarrer oder Pfarrerin kann man sich in der heutigen Gesellschaft positiv Gehör verschaffen.

Pfarrer Werner Näf schläft in der Kirche. (Bild refgachlingen.ch)

«Gerade auch als Pfarrer oder Pfarrerin kann man sich in der heutigen Gesellschaft positiv Gehör verschaffen.»

- **Pfarrerin als Videokünstlerin:** Die Genfer Pfarrerin Carolina Costa und ihr Mann Victor stellen Szenen aus ihrem Alltag nach, filmen sie und stellen sie ins Internet. Diese Online-Clips «Ma femme est pasteure» über Gott, die Welt und das Eheleben zwischen Kirche und Pfarrhaus kommen an.
- **Pfarrerin kennt keine Tabus:** Sibylle Forrer gehörte zum Team, das das «Wort zum Sonntag» spricht. Der reformierten Pfarrerin ist es ein Anliegen, zu aktuellen Themen aus christlicher Sicht Stellung zu beziehen und zum Nachdenken anzuregen. Sie macht dies in einer Sprache, die auch ausserhalb des kirchlichen Kontexts verstanden und gehört wird, und wurde dafür von Medienprofessor Vinzenz Wyss gelobt.
- **Pfarramt ausserhalb der Kirche:** Katharina Hoby ist Pfarrerin, doch sie hält sich meistens ausserhalb der Kirche auf. Sie ist langjährige Seelsorgerin für Zirkusleute und Schausteller – ein spezielles Angebot für die Fahrenden. So fand zum Beispiel eine Predigt in der Autoscooterbahn statt. Die Zuhörer sassen in den bunten Putschautos.
- **Pfarrerin auf Beizentour:** Corinne Dobler ist Pfarrerin in Bremgarten und auch in Beizen unterwegs: «Ich finde es genial, dass die Kirche zu den Menschen geht. Das ist eine Chance für die Kirche. Ich treffe bei der Gastroseelsorge auf Leute, die kaum je eine Kirche betreten.»
- **Pfarrer rockt den Gottesdienst:** Fast für jeden Geschmack gibt es die passende Musik und Messen: Jodel-, Orchester- oder Gospelmessen. Eine Pop-/Rockmesse in Mundart hat Gemeindeleiter Markus Limacher bisher vergebens gesucht. Und daher selber eine geschaffen.
- **Auf ein Bier beim Pfarrer:** «Der Wein erfreut das Herz» – so steht es in der heiligen Schrift. Ein Berliner Pfarrer hat sich das zu Herzen genommen und in Berlin mitten in seinem Kiez eine Kneipe eröffnet. Er nimmt sich Zeit für seine Gäste. Während der Woche ein «normales» Restaurant, steht dort jeden Sonntagabend ein anderer Geistlicher am Tresen.
- **Sport-Pfarrer an Olympischen Spielen:** An den Olympischen Winterspielen in Sotschi vermittelte Jörg Walcher aus dem Thurgau als Olympic Chaplain Werte über den Moment hinaus und kümmerte sich ums seelische Wohl der Sportler. Bei ihm durften sich sicher auch Sportler mit Liebeskummer und anderen Anliegen melden.
- **Zum Pfarrer in die Garage:** Wer bei Jaroslav Duda heiratet, erhält eine Ehegarantie von mindestens 15 Jahren. Dazu bietet der katholische Priester von Bülach die Paare jährlich zum Service auf. Bis jetzt hat er eine Erfolgsquote von 100 Prozent. Für Pfarrer Duda ist eine Ehe wie ein Auto, das jährlich einen Service braucht.
- **Der Heavy-Metal-Pfarrer:** «Der Hirte der schwarzen Schafe» titelte der «Tages-Anzeiger» ein Porträt über den reformierten Pfarrer Samuel Hug. Er ist überzeugt: «Viele Metal-Texte befassen sich mit dem Glauben. Aber klar provoziere ich mit meinem Auftreten gewisse Leute», sagt er gegenüber der Zeitung «20 Minuten». Er hat das christliche Heavy-Metal-Netzwerk unblack.ch gegründet.

- **Der Gallus-Pfarrer:** Pfarrer Patrick Schwarzenbach lebte wie Gallus vor 1400 Jahren allein im Wald und machte sich auf die Spuren von Stadtgründer und Einsiedler Gallus. Der Jugendpfarrer verzichtet im Rahmen des Gallusjubiläums für drei Monate auf sein warmes Bett. Nebst Spiritualität kümmert sich Schwarzenbach um alltägliche Dinge: «Holzsammeln wird viel Zeit in Anspruch nehmen.»
- **Der Trick-Pfarrer:** Adrian Jaggi verkündet das Wort Gottes und täuscht die Leute. Der Prediger veranschaulicht seine Botschaften mit Tricks. Bei seinen Auftritten schreibt der Berner zuerst die Predigt. Anschliessend überlegt er sich, wie er seine Aussagen den Zuhörern bildlich darstellen kann. Adrian Jaggi lässt Gegenstände verschwinden, vermehrt Geldnoten oder lässt aus dem Nichts ganze Kartenhäuser entstehen.
- **Der skatende Priester:** Da immer weniger Schäfchen den Weg in die Kirche finden, fährt er jetzt hinaus in die Welt. In schwarzer Robe zeigt der Geistliche Zoltan Lendvai aus Ungarn seine Künste auf dem Skateboard und predigt dazu. Damit schaffte er es auf YouTube weltweit auf schon über eine Million Aufrufe.
- **Pfarrer ist Kommunikator des Jahres:** Für den internationalen deutschen PR-Preis 2010 wurde Pfr. Joachim Gauck als «Kommunikator des Jahres» ausgezeichnet. Es ist die höchste PR-Auszeichnung im deutschsprachigen Raum. Geehrt wurde er für sein Wirken in der ehemaligen DDR und als Bundespräsident.
- **Pfarrer als Tourismuspräsident:** Es hat konkrete Auswirkungen auf die Gesellschaft, wenn sich ein Pfarrer dort einbringt, wo die Menschen sind. Christoph Gysel ist ein aussergewöhnlicher Pastor: Seit 1986 lebt er mit seiner Familie im Saastal. Er ist neben seiner Berufung als Pastor auch Vizepräsident von Saas-Fee/Saastal-Tourismus, Winzer, Hotelier, Buchautor und Friedensrichter.
- **Pfarrer vermehrt Geld:** 180 Zehnernoten verteilten Pfarrer Beat Müller und der Banker und Präsident der Kirchenpflege Urs Baumgartner nach dem Erntedankgottesdienst an die verdutzten Kirchgänger in Neukirch TG. Diese sollten die zehn Franken für wohltätige Zwecke bis zum Suppentag vermehren. Aus den ausgeteilten 1800 Franken machten die Kirchenmitglieder über 8000 Franken.
- **Pfarrer schläft:** Werner Näf hat sich zum Start als reformierter Pfarrer in Gächlingen SH etwas einfallen lassen. Eine Woche wohnte der Pfarrer im Kirchenraum der Kirche. Jeden Tag war offene Tür. So wurde die Gächlinger Kirche zum Start der Amtszeit gleich auch zur Pfarrwohnung.
- **Der Abt, der zwitschert:** Der Walliser Martin Werlen war der 58. Abt des Benediktinerklosters in Einsiedeln. Abt Martin hat keine Scheu vor modernen Medien. So ist er im Dezember 2009 unter die «Twitterer» gegangen, als ihn das Schweizer TV-Magazin «10vor10» dazu als Internet-Laie einlud. Heute teilt er in seinem Twitter-Channel Neuigkeiten aus dem Alltag mit. Seine Begrün-

dung: «Der Urauftrag der Kirche ist es, die Menschen da abzuholen, wo sie sind. Und heute sind die Leute im Netz.»

- **Pfarrer unterrichtet in Klubschule Migros über Koran und Bibel:** «Über die wichtigen Sachen sollen wir uns ein eigenes Urteil bilden. Das gilt besonders auch für die Grundlagen des Glaubens.» Das ist das Thema eines dreiteiligen Kurses der Bibelgesellschaft Ostschweiz, der von Pfarrer Dr. Bernhard Rothen (Hundwil) durchgeführt wurde. Er fand in der Migros-Klubschule im Hauptbahnhof St. Gallen statt.
- **Pfarrer mit regelmässiger Kolumne im «Blick»:** Pfr. Roland Diethelm ist Kolumnist beim «Blick am Abend». «Ich kümmere mich um Fragen, die Jung und Alt beschäftigen», sagt er und fährt fort: «Die Orientierungslosigkeit nimmt zu. Wem soll man sich noch anvertrauen?» Er kommt auch sonst als Experte zu Wort.
- **Wenn Gott Fragen stellt:** In seinem neuen Buch stellt Fredy Staub auf Basis von Gottes Aussagen in der Bibel die wesentlichen Fragen des Menschseins. Antwort geben unter anderem Sängerin Maja Brunner, Bischof Felix Gmür oder alt Bundesrat Christoph Blocher. Das Buch ist ein weiterer Wurf des umtriebigen Pfarrers, der an der Universität Bern Theologie studierte. Bekannt wurde er mit seiner CD «Mehr Spass am Sex» und seinen Gottesdiensten, bei denen er Geld verteilte statt sammelte. Als Seminarleiter, Coach, Autor und CD-Produzent hat er über 220 000 Menschen an seinen Vorträgen, Erlebnisabenden und Seminaren begeistert.
- **Pfarrer als Notfallseelsorger:** Der reformierte Pfarrer und Notfallseelsorger Peter Schulthess betreut seit Jahren Angehörige von Opfern in Notsituationen. Der engagierte Seelsorger hat zwei Bücher über seine Erfahrungen aus der Notfallseelsorge («Hiobsbotschaft») und über Begegnungen mit Engeln («Wie Engel begleiten») geschrieben. Schon fast 20 Jahre sammelt Peter Schulthess Erlebnisberichte, in denen Menschen erzählen, wie sie das Wirken von Engeln erfahren haben.
- **Pfarrer mit vielen Followern:** Daniel Simon war nicht nur Pfarrer des Evangelischen Gemeinschaftswerks (EGW) in Thun. Seit 2010 ist er auf Twitter aktiv und macht vielfältige Erfahrungen. «@DrPfarrer» heisst sein Name auf Twitter. Nicht ganz unbescheiden, aber konsequent. Er hat sich schon über 1350 Follower zugelegt. Das sind viel mehr «Nachfolger» als in seiner Kirche jemals Platz finden würden.
- **Von Patent Ochsner ins Pfarramt:** Einst spielte er Gitarre und Cello bei der populären Berner Mundart-Band Patent Ochsner. Heute ist Philippe Stalder Tontechniker und weiterhin Musiker – und zudem Pfarrer in der Berner Vorortsgemeinde Gümligen.
- **Wanderpfarrerin mit Esel und Tipi:** Hetty Overeem übt ihr Amt auf unkonventionelle Art aus: Als Wanderpfarrerin begegnet sie den Menschen dort, wo diese gerade sind. Wenn die Menschen nicht mehr in die Kirche gehen, dann kommt die Pfarrerin halt zu ihnen.
- **Der Fussball spielende Pfarrer:** Pfarrer Daniel Baumgartner ist Pfarrer der evangelisch-reformier-

ten Kirchgemeinde Pratteln-Augst und hat ein besonderes Hobby: Er ist Präsident des FC Pratteln. Auf dem Fussballplatz fordert er die Sportler auch Mal auf, weniger zu fluchen.

- **Pfarrerin ist auch Feuerwehrfrau:** Das Feuer des Glaubens entzünden und Feuer in der Welt löschen: Pfarrerin Janine Haller verbindet beide Tätigkeit auf sich selbst. Trotz der Doppelbelastung musste sie bisher noch keinen Gottesdienst und kein Taufgespräch sausen lassen.
- **Der joggende Pfarrer:** Jeremias Treu ist als evangelischer Pfarrer gern in Kontakt mit den Menschen. Er hat eine weitere Möglichkeit entdeckt, wie er seine Gemeinde besser kennenlernen kann – joggend.
- **Pfarrer überzeugt 500 Jahre nach Zwingli:** Viel Applaus erhielt Pfarrer Christoph Sigrist für seine lebendigen Kanzelworte und den liturgischen Mix im Zürcher Grossmünster: christliche Andacht mit politischer Komponente und ökumenischem Akzent; Bruder-Klaus-Gebet, Luther- und Bonhoeffer-Zitat, apostolisches Glaubensbekenntnis. Das ergab der «Kirchencheck» des «Tages-Anzeigers».
- **Pfarrer wurde Pionier der Phytotherapie:** Die Produkte von Kräuterpfarrer Künzle gehen auf Originalrezepte von Johann Künzle (1857–1945) zurück, den Schweizer Pionier der Phytotherapie. Der katholische Priester ist neben Pfarrkollege Sebastian Kneipp der bekannteste Kräuterpfarrer und Förderer der Pflanzenheilkunde.
- **Der Unruhestifter:** Pfarrer Christian Walti ist Pfarrer in Bern und will vor allem eines - neue Menschen auf unkonventionelle Art und Weise kennenlernen. Diese hat die reformierte Landeskirche 500 Jahre nach der Reformation dringend nötig. Doch dazu muss sie sich verändern. Pfarrer Walti reformiert sich selber täglich.
- **Christlicher Glaube ins Heute übersetzen:** Was verbindet die Psychologin Kafi Freitag, den Schiedsrichter Urs Meier, den gelähmten Samuel Koch, Kardinal Kurt Koch oder Sepp Blatter und Christoph Blocher? Es ist die Sehnsucht nach Versöhnung. Achim (Hans-Joachim) Kuhn ist Pfarrer in Männedorf und hat einen Sammelband mit prominenten Personen zum Thema Konflikt und Versöhnung herausgegeben. Im Buch kommen 29 Persönlichkeiten zu Wort.
- **Der letzte Schweizer Kapuzinerpfarrer:** Pater Marzell Camenzind wohnt jetzt offiziell bei seinen Mitbrüdern im Kloster Schwyz. Damit geht eine 329-jährige Ära zu Ende: Die Schweizer Kapuziner verlassen das Urserntal. Seit 1688 waren sie in Andermatt. Marzell Camenzind wirkte 30 Jahre in der Talschaft Urseren. Der Priester wurde ursprünglich als Staatsfeind verdächtigt und war für die Beerdigung von Gotthard-Rocker Steve Lee zuständig.
- **Bibelworte in der Zeitung ausgelegt:** Peter Ruch war 35 Jahre lang bis zu seiner Pensionierung als reformierter Pfarrer in Pfyn, Schwerzenbach und Küssnacht am Rigi tätig. Er schreibt er in der Wochenzeitung «Weltwoche» wöchentlich über Bibelworte.
- **Priester begeistert Millionenpublikum:** 2014 überraschte Ray Kelly ein

Hochzeitspaar, als er am Altar anfing, «Hallelujah» von Leonard Cohen zu singen. Jetzt hat es der irische Priester wieder getan – vor einem noch grösseren Publikum auf der bunt beleuchteten Bühne der britischen Castingshow «Britains Got Talent».

- **Pfarrer ist auch Politiker:** Durch politische Engagements kommen Pfarrer direkt in Berührung mit den Bedürfnissen der Gesellschaft und zeigen ihr gesellschaftliches Engagement. Die SP hat den evangelischen Pfarrer Andreas Gäumann fürs Stadtpräsidium in Steckborn TG nominiert. In Wettingen AG hatte die EVP den reformierten Pfarrer Lutz Fischer-Lamprecht für den Gemeinderat portiert.

Kreative Kirchenpersonen

Man muss nicht professionelle Pfarrperson sein, um in der Öffentlichkeit für die Kirche oder den christlichen Glauben einzustehen. Es gibt viele kreative Personen aus dem kirchlichen Umfeld, die für die Medien interessant sind. Sie wagen etwas oder stehen für eine einzigartige Idee ein.

Schwester Veronika Ebnöther. (Bild zVg)

- **Die bloggende Nonne in Jeans:** Sie trägt von Kopf bis Fuss Jeans. Allerdings in Form einer Ordenstracht. Veronika Ebnöther ist eine sogenannt katholische Freelance-Schwester. Ihr Stand nennt sich «Geweihte Jungfrau». Für ihren Unterhalt kommt sie selber auf. Dafür arbeitet sie unter anderem als Pfarreihelferin in den Bündner Bergen im Safiental und als Gefängnisseelsorgerin. In ihrer Freizeit schreibt Schwester Veronika ihren eigenen Blog «Frommbeeren» über kostbare Früchte.
- **Ausgezeichneter Unternehmer:** Jedes Jahr wird der «This-Priis» an Unternehmerinnen und Unternehmer verliehen, die nachhaltige Stellen für Menschen mit Handicap schaffen. 2014 erhält ihn Ruedi Hertig, ehrenamtlicher Gemeindeleiter der Evangelisch-methodistischen Kirche (EMK) in Rüti ZH. Das KMU Elektro Hertig in Tann-Rüti beschäftigt 13 Angestellte. Seit über 20 Jahren arbeiten bei Elektro Hertig auch Mitarbeiter mit körperlicher oder psychischer Behinderung.

«Man muss nicht professionelle Pfarrperson sein, um in der Öffentlichkeit für die Kirche oder den christlichen Glauben einzustehen.»

- **55 Jahre Sonntagsschule:** Sie hat mehr Geschichten aus der Bibel erzählt als die meisten Pfarrer und konnte dabei auf eine treue Zuhörerschaft zählen. Nach 55 Jahren hat sich Marlis Ramensperger in Leuzigen BE als Sonntagsschullehrerin in den Ruhestand verabschiedet.
- **Als Nestlé-Direktor aufs Spitalschiff:** Roland Decorvet war 23 Jahre in verantwortungsvollen Positionen bei Nestlé, unter anderem Länderchef in China und in der Schweiz. Dann wechselte er die Seite und leistet Freiwilligenarbeit als Geschäftsführer eines christlichen Spitalschiffs, das in Afrika die Bevölkerung medizinisch versorgt. Heute führt er eine Firma in Afrika, die lokale Lebensmittel fördert.
- **Glaube und Humor in der Kirche:** Still und meditativ – so kennen wir die Kirche. Dabei lässt sich die Frohe Botschaft auch anders verkünden, findet die Theologin und Spassmacherin Gisela Matthiae. Mit roter Pappnase tritt sie als «Frau Seibold» in der Kirche auf.
- **Theologe sorgt als Musiker für Furore:** Dänu Wisler ist Musiker und Theologe. Er spielte mit dem Alphorn auf dem Eiger, dann unternahm er einen Quergang durch die Schweiz. Seine Musik gehört zum festen Programm verschiedener Radiostationen.
- **Alternativer Nobelpreis für Missionar:** Mission und Missionar ist fast zu einem Schimpfwort geworden. Das gilt nicht für Bischof Erwin Kräutler, der 2010 den Alternativen Nobelpreis erhalten hat. Es gibt gemütlichere Orte als die brasilianische Indio-Region Xingu, um als Seelsorger und Missionar zu wirken. Die Auszeichnung gilt seinem Einsatz zum Schutz des Regenwaldes und seinem beharrlichen Einsatz für die Rechte der indigenen Bevölkerung.
- **Gott ist grösser als Elvis:** Einst küsste sie 1958 als 19-jährige Schauspielerin Elvis in einem Kinofilm von Hollywood. Heute ist Mother Dolores Priorin im Benediktinerkloster in Regina Laudis. «Gott ist grösser als Elvis» heisst ein Dokumentation des US-Senders HBO, der für einen Oscar nominiert wurde. Die Dokumentation zeigt die Verwandlung der jungen Schauspielerin Dolores Hart zur Klosterschwester.
- **Kuscheldecke für jedes Flüchtlingskind:** Die Aargauerin Simone Maurer gibt mit dem Projekt «Mini Decki» den Flüchtlingskindern etwas von ihrem Wohlstand weiter. Freiwillige nähen für Flüchtlingskinder eine Decke, die wärmt und schützt. Sogar Ikea hilft mit und verschenkt Decken als Grundmaterial.
- **Vom Theologen zum Traumproduzenten:** Als Sänger von Kinderliedern ist Andrew Bond beim jungen Publikum längst ein Star. Wie kaum ein anderer Schweizer scheint der gelernte Theologe erkannt zu haben, wie man sich in die Herzen der Jüngsten singt. Seinen Ruf als erfolgreichster Kinderliedermacher in der Schweiz bestätigen eindrückliche Zahlen: 650 000 verkaufte Tonträger und unzählige ausverkaufte Konzerte.
- **Wortstarke Nonne:** Schwester Ingrid Grave ist auch mit über 80 Jahren eine wortstarke Nonne geblieben, die Themen der Bibel und der Kirche regelmässig in die Öffentlichkeit trägt. Kürzlich hielt sie die Festansprache zum Thema «Am Anfang war das Wort – 800 Jahre Dominikaner-

orden» an der Theologischen Hochschule in Chur. Bekannt wurde sie als TV-Moderatorin der «Sternstunden».

- **Ein guter Mensch unter Menschen:** Elisabeth Augstburger war Landrats-Präsidentin des Kantons Baselland und höchste Baselbieterin – zum ersten Mal besetzte die EVP dieses Amt seit 1938/39. Sie erhielt von allen Seiten Lob. Die Zeitung «Schweiz am Sonntag» schreibt: «Sie ist stets freundlich, fast schon bis zum Überschwang, nie ein böses Wort, engagiert in unendlich vielen Ehrenämtern und Organisationen, stets zugunsten von Kindern, der Schwachen, Armen und der Umwelt.» Andere betonen Augstburgers Religiosität und ihr offen praktiziertes Christentum.
- **Seit Jahrzehnten für den Frieden:** Louise Schneider, 86, sprayte die Worte «Geld für Waffen tötet!» auf die Bauabschrankung vor der Nationalbank in Bern. Ihre Aktion ging um die Welt. Sie ist eine gläubige Friedensaktivistin, die ihre Inspiration aus dem Evangelium hat.
- **Jugendbücher erobern die Schweiz:** Susanne Wittpennig («Maya & Domenico») und Carlo Meier («Kaminski Kids») haben zusammen rund 750 000 Bücher verkauft. Ihre Kinder- und Jugendbücher enthalten christliche Werte und Aussagen auf eine Art, die auch eine entkirchlichte Leserschaft ansprechen und mitunter sogar begeistern kann.
- **Vom Playboy zur Bibel:** Sie war ein stadtbekanntes Szenegirl, Stylistin, Produzentin, She-DJ, Lebenskünstlerin, Trendscout: Als Tina «Venus» Weiss moderierte sie das erste Erotik-TV-Magazin der Schweiz («Lust und Laune» auf TeleBärn) und veranstaltete wilde Partys. Dann vollzog sie einen radikalen Wandel und folgt nun Jesus nach. Über den erstaunlichen Wandel hat sie ein Buch geschrieben.
- **Vergeben trotz Versagen:** Die Rimuss- und Weinkellerei Rahm ist nach 72 Jahren im Besitz der Familie am Ende. Die Traditionsfirma wurde Opfer eines Betrugs. Patron Robert Rahm (79) bleibt auch in der Krise seiner christlichen Gesinnung treu: Dem betrügerischen Finanzchef hat er vergeben.
- **Cartoonist und Gefängnisseelsorger:** Fred Grob schreibt Bücher, begleitet Randständige und geht freiwillig ins Gefängnis. Als Gefangenen-Seelsorger besucht er die Insassen und ist für sie da. Er schreibt auch Andachten für die Zeitung.

Besondere Gottesdienste

Wenn gewohnte Klischees durchbrochen werden, ist das für die Medien interessant. Erwartet man von einem Gottesdienst eigentlich harte Kirchenbänke, veraltete Lieder und eine Predigt, die mit dem Alltag wenig zu tun hat, so können anders gelagerte Feiern überraschen. Die entsprechende Resonanz in den Medien macht das deutlich.

Berggottesdienst in der Kapelle «Maria zum Schnee». (Bild wegwandern.ch)

«Wenn gewohnte Klischees durchbrochen werden, ist das für die Medien interessant.»

- **Velogottesdienste sprechen Menschen an:** Die reformierte Kirche Sissach organisiert regelmässig Outdoor-Gottesdienste. Pfarrer Gerd Sundermann will eine Kirche mit Schwung. «Die ursprüngliche Idee war, dass wir eine zusätzliche Klientel ansprechen wollen, nämlich Familien mit Kindern, die Lust haben auf einen Sonntagsausflug, auf eine Andacht Open Air an einem schönen Ort und gemütliches Beisammensein», erklärt Pfarrer Gerd Sundermann.
- **Campingstuhl statt Kirchenbank:** Die Kirche ist leer und zeigt ihren spiegelnden Holzfussboden. Für einmal müssen Gottesdienstbesucher ihre Stühle selbst mitbringen. Ein Gast probiert einen afrikanischen Klapphocker aus. Daneben stehen ein roter Clubsessel und ein Esstischstuhl mit blauem Sitz. Sara Dietrich, Studentin der Kunstakademie in Münster hatte die Idee und nannte sie «Change Places».
- **Trucker- und Country-Gottesdienst:** Boogie-Woogie statt Orgel: Der etwas andere Gottesdienst unter freiem Himmel ist jedes Jahr ein besonderer Moment, den sich viele nicht entgehen lassen. Gegen 400 Trucker, Biker und Countryfans besuchen jeweils den Gottesdienst am internationalen Trucker- und Country-Festival in Interlaken. Das Berner Urgestein Jacky's sorgt für den Blues, der langjährige Pfarrer von Habkern, Claude Hämmerly, für das Wort.
- **Gottesdienst live in Altersheime übertragen:** Gottesdienst wird zum Live-TV-Event. Durch die Live-Übertragung können auch betagte Menschen im Pflegeheim das Geschehen mitverfolgen. Vermehrt werden mit speziellen Funkleitungen die Gottesdienste direkt ins Alters- und Pflegeheim übertragen – der Dorfpfarrer wird so zum TV-Prediger.
- **Gottesdienste für Männer:** Eine Männerbewegung ergattert allmählich ihren Platz in der Gleichstellungslandschaft, schreibt die Aargauer Zeitung «Der Sonntag». Ein Mosaikstein in diesem Angebot ist auch ein Männergottesdienst, der in der katholischen Kirche in Rheinfelden schon einige Male stattfand. Initiator ist Priester Florian Piller. Seine Überzeugung: «Der Kirchenalltag ist vorwiegend auf Frauen ausgerichtet.»
- **Gottesdienst im Zürcher Zoo:** Auch dieses Jahr verbrachte die reformierte Kirche Zürich-Wiedikon einen sommerlichen Gottesdienst im Zoo. Der spezielle Ort lädt ein, Themen über Tiere und das Zusammenleben von Tier und Mensch aufzugreifen. «Die Erforschung der Tierwelt eröffnet uns hier immer wieder verblüffende neue Erkenntnisse. Sie lassen uns nicht nur staunen, sondern laden auch ein, unsere menschlichen Verhaltensweisen – manchmal ernsthaft, manchmal humorvoll – zu betrachten», erklärt Pfarrerin Sara Kocher.
- **Alpgottesdienste in der Natur:** In der freien Natur und besonders auf Berggipfeln fühlt sich der Mensch Gott und dem Himmel besonders nah. Viele schön gelegene Plätze und Berggipfel sind nach einer einfachen Wanderung bequem zu erreichen. Was John Wesley als Gründerfigur des Methodismus im 18. Jahrhundert in England tat – Gottesdienste im Freien durchzuführen - ist daher

wieder angesagt: Kirchlich in den Aus-Gang gehen!

- **Rhetorik-Experten in Gottesdienst einladen:** EMK-Pfarrer Stefan Moll mochte den Vorwurf von langweiligen Predigten nicht mehr länger hören und engagierte TV-Experte Patrick Rohr zusammen mit einer Journalistin des «Zofinger Tagblatt», für einen Gottesdienstbesuch. Die EMK in Zofingen war an diesem Morgen bis auf den letzten Platz gefüllt und die Predigt von Stefan Moll hat den Experten überzeugt: «Ehrlich, offen, kommunikativ.»
- **Bluesgottesdienste im Alltag:** Ein Zürcher Afterwork-Blues-Gottesdienst bietet christliche Gedankenanstösse im modernen Kleid. Und schafft es damit prominent in die Zeitung. Der Blues trifft alle: Manager, Büezer, Jung und Alt. Unüblich aber ist, dass die Kirche den Blues hat. Dafür sorgt Reto Nägelin, «Bluesdiakon» im Herzen von Zürich.
- **Pastor empfiehlt mehr Sex:** Für eine bessere Ehe empfiehlt ein Pastor mehr Sex. Mit diesem Tabubruch sorgte er für Aufsehen – und für Lebensfreude. Seine Predigt schaffte es auf CNN und in die «New York Times». Fromme Christen gelten als langweilig, verklemmt und rückständig. Kein Wunder, stiess die Botschaft von Pastor Ed Young auf grosses Interesse.
- **Wellnessprogramm in der Kirche:** Vom Wochenstress erholen und Energie tanken: Das bietet die reformierte Kirche Unterägeri mit «Soul on Sunday» und versteht sich auch als Wellnessprogramm. Einige innovative Seelsorger trotzen dem Trend der Kirchenaustritte und füllen ihre Häuser mit unkonventionellen Methoden.
- **Konfirmation und Firmung:** Sie sind ideal für den öffentlichen Auftritt, denn Jugendliche sind ein wichtiges Thema für die Medien. Meist haben die Lokalzeitungen keine Zeit oder Kapazität, einen eigenen Journalisten an die Feier zu schicken. Doch haben eigene, gut geschriebene Texte eine grosse Chance, abgedruckt zu werden.
- **Ehejubiläen feiern:** Mit einem Festgottesdienst in der Kirche und einem Galaabend im Pfarreizentrum feierte die Kirche die Ehejubiläen – und unterstützt damit die Paare. Was hält Paare zusammen? Was könnten Kirchen beitragen, dass Ehen halten? So lädt die katholische Pfarr- und Kirchgemeinde Wil alle ihre Ehejubilare zu einem grossen Fest ein.
- **Gottesdienst im Wilden Westen:** Für einen Gemeinschaftssonntag gibt es in der Heilsarmee-Kirche Huttwil zu wenig Platz. Die Verantwortlichen verbanden die Not mit einer Tugend: Sie luden zum Gemeindesonntag in die Fraumatt City in Dürrenroth. Dies ist eine fix installierte, originelle Westernstadt. Rund 350 Gäste meist in Wildwestkleidung erlebten so einen unvergesslichen Tag.
- **Jodlermesse als Publikumsmagnet:** Pfarrer Klaus-Dieter Hägele malte in seiner Bergandacht in Bachläger oberhalb Grindelwald treffend in Worten das Panorama, das sich den gut 500 Anwesenden bot. Die Gäste konnten so gut in sich kehren und sich der Schönheit der Alpen und der Momente ohne Hektik bewusst werden. Jodler- und Ländlermessen boomen. Volle Kirchen sind garan-

tiert. Wegbereiter dieser speziellen Gottesdienstform war Jost Marty.

- **Gottesdienst ein Publikumsmagnet:** Mit den 690 000 Gottesdienstbesuchern oder knapp 36 Millionen pro Jahr übertrumpfen die Schweizer Kirchen die beliebtesten Sportanlässe bei Weitem. Davon gehen 260 000 (38 Prozent) in katholische Kirchen, 200 000 (29 Prozent) in evangelische Freikirchen, 100 000 (14 Prozent) in reformierte Gotteshäuser und 75 000 (11 Prozent) in muslimische Gemeinschaften. Zu diesem Schluss kommt 2013 eine Untersuchung des Nationalen Forschungsprogramms «Religionsgemeinschaften, Staat und Gesellschaft» der Universität Lausanne.
- **Alltag in die Kirche holen:** Eine neue Form des Gottesdienstes führt Pfarrer Renato Tolfo in Rebstein ein. Zu jeweils einem Thema lädt er drei Experten ein, die aus ihrer Berufs- oder Lebenswelt berichten. Ein Konzept, das Alltag und Glauben verknüpft.
- **Gottesdienst in der Firma:** Aus der Kirche heraus, hinein ins Dorf, direkt zu den Menschen – das möchte die reformierte Kirchgemeinde Meisterschwanden-Fahrwangen mit ihren Werktags-Gottesdiensten. Sie finden jeweils unter der Woche direkt bei Unternehmen statt. Zum Beispiel zum Thema «Drückt der Schuh?» in der Schuhfabrik oder in der Autogarage zum Thema «Service fällig?».
- **Ein König im Gottesdienst:** Mit einem Schwinger-Gottesdienst gepaart mit einer Fotoausstellung und einem prominenten Gast setzte Pfr. Andrea Marco Bianca in Küsnacht ZH ein Gleichnis in die heutige Zeit um. Er füllte damit die Kirchenbänke und spricht die Menschen an.
- **Gottesdienst am Feierabend:** Die reformierte Kirche Zürich-Sihlfeld bietet in ihrem Monolith statt am Sonntag neu einen Gottesdienst zum Feierabend an. Damit versucht sie, attraktiver für mehr Menschen zu sein. Denn die klassischen Sonntagsgottesdienste wurden nicht mehr gut besucht.
- **Digitalisierter Gottesdienst:** Eine katholische Theologin lancierte zusammen mit einem reformierten Pfarrer die Website «Preachers». Mit Videopredigten und weiteren Angeboten wollen sie eine neue spirituelle Plattform bieten.

Anlässe mit Prominenten

«Nichts interessiert den Menschen so stark wie der Mensch», lautet eine Weisheit aus der Kommunikationsbranche. Wenn sie dazu noch prominent sind, umso grösser die Schlagzeilen. Prominente verschaffen sich problemlos Medienpräsenz. Als Sprachrohr können daher mit ihrem Engagement Identifitätstiftend wirken. Dies ist eine Steilpassvorlage für die Kirche.

Beat Schlatter. (Quelle beatschlatter.ch)

- **Beat Schlatter als Prediger engagiert:** Komiker Beat Schlatter macht sich viele Gedanken zu Kirche und christlichen Werten. Auf Einladung hat er zum ersten Mal in der reformierten Kirche in Küsnacht am Zürichsee gepredigt. Er findet, dass sich die Kirche neu erfinden sollte.
- **Präsident der Nächstenliebe:** José Mujica ist Präsident von Uruguay. Oft wird er auch als der ärmste Präsident der Welt bezeichnet, denn Mujica schert sich einen Dreck um Geld und sein Erscheinungsbild. Er ist ein Mann, dem es ausschliesslich um das Wohl seines Volkes geht. Er lebt das «Geben ist seliger denn nehmen» und sagt: Reich ist nicht, wer am meisten besitzt, sondern wer am meisten teilt. Mujica spendet rund 90 Prozent seines 12 000 US-Dollar Einkommens an Organisationen, die arme Menschen und Kleinunternehmer unterstützen.
- **Wenn Prominente glauben:** Einst hatte sich Fernsehmoderator und Buchautor Röbi Koller von der Kirche abgewandt. Heute engagiert er sich wieder überzeugt. Auch wegen Schicksalen, die er gesehen hat. Röbi Koller kennt man vor allem als

«Nichts interessiert den Menschen so stark wie der Mensch.»

TV-Moderator. Weniger vertraut ist die Vorstellung, dass er predigt, wie beim 60-Jahr-Jubiläum der Pfarrei Bruder Klaus in Kriens, schreibt die «Neue Luzerner Zeitung». Er sprach über das von der Pfarrei gesetzte Motto «Über uns hinaus zu sich hin».

- **Der Mann hinter «Oh Happy Day»:** Edwin Hawkins ist der Komponist von «Oh Happy Day», dem meistgespielten Gospelhit aller Zeiten. Die Geschichte dieses Songs ist zu einem grossen Teil auch die Geschichte von ihm. Er wurde zum Vater der zeitgemässen Gospel Music. Die Gospel-Legende gastierte in der Schweiz.
- **Das Coming-Out eines Christen:** Der stellvertretende Chefredaktor von Deutschlands grösstem News- und Entertainment-Portal Blild.de sorgt mit einem Geständnis als gläubiger Christ für Furore: Angesichts des IS-Terrors an Tausenden von Christen kann Daniel Böcking nicht mehr länger schweigen.
- **Der Seelsorger von Carlos:** Kein Schweizer Jugendlicher stand mehr in den Medien als der junge Mann mit dem Pseudonym Carlos. Streetchurch-Pfarrer Markus Giger spielte als Seelsorger eine wichtige Rolle, schreibt der «Blick». Bereits vor seiner Verhaftung hatte Carlos ein enges Vertrauensverhältnis zu dem Geistlichen aufgebaut, der auch als Gefängnisseelsorger arbeitet. Giger ist Leiter der evangelisch-reformierten Streetchurch. Sie unterstützt schwierige und straffällige Jugendliche und versucht, ihnen eine neue Perspektive zu geben.
- **Abdankung für prominente Person:** Für die Kirche bieten sich Auftrittschancen auch bei der Abdankung von prominenten Personen. So geschehen bei Benedict Schubert: Er ist Pfarrer in der Peterskirche, die Teil der Kirchgemeinde Basel West ist. Er war im Basler Münster für die Abdankung von Märchenkönigin Trudi Gerster verantwortlich, die 2013 im Alter von 93 Jahren gestorben war.
- **Promis rezitieren die Bibel:** Der Adliswiler Pfarrer Achim (Hans-Joachim) Kuhn hat ein Buch herausgegeben: In diesem äussern sich bekannte Persönlichkeiten zu ihrem liebsten Bibelzitat, darunter alt Bundesrätin Eveline Widmer-Schlumpf. Die insgesamt 23 Autorinnen und Autoren kommen aus den Bereichen Politik, Wirtschaft, Theologie, Journalismus und Kunst.

Soziale Aktionen

«Seid aber Täter des Wortes und nicht Hörer allein; sonst betrügt ihr euch selbst», sagt Jakobus (1,22) unmissverständlich. Man kann sich nun fragen, was die Gesellschaft im Umfeld einer Kirche von diesen Tätern spürt. Oder was die Ärmsten der Welt davon spüren. Da wo sich Wort und Tat verbinden, hat die Kirche exzellente Chancen für die Wahrnehmung in den Medien. Solche Aktionen und Taten sind meist konkret abbildbar und dadurch für die Medien interessant.

Die «Unfassbar» mit den Pfarrern Tobias Rentsch und Bernhard Jungen. (Bild refbejuso.ch)

«Soziale Aktionen und Taten sind meist konkret abbildbar und dadurch für die Medien interessant.»

- **Vom Pfarrer zum Barkeeper:** Pfarrer Bernhard Jungen hatte genug nach 30 Jahren auf der Kanzel in Ittigen bei Bern. Er hat kurz vor seinem 60. Geburtstag seine Stelle aufgegeben und sie gegen ein Abenteuer eingetauscht: Seit Mitte August ist er mit der «Unfassbar» unterwegs, einer Bar auf drei Rädern. Er geht dorthin, wo das Leben stattfindet. Statt Bibelversen gibt's Bier und Begegnungen.
- **Gratis-Kino als Sozialprojekt:** Dutzende von Filmvorführungen fanden im Gratiskino in Wald ZH statt. Viktor Wittwer steht mit viel Herzblut dahinter. Jedes Kind erhält beim Eintreten ein Getränk, einen Snack und ein Los. «Normalerweise sind es um die 80 Kinder. Unser Rekord liegt bei 180 Anwesenden an einem Nachmittag», sagt Initiant Viktor Wittwer.
- **Fabrikkirche Winterthur – ein kirchliches Sozialunternehmen:** Was als Jugendkirche begann, ist zu einem Arbeits- und Integrationsprojekt mit Gottesdiensten geworden. Die historische Werkhalle auf dem Sulzerareal in Winterthur war lange das Domizil der Fabrikkirche. Ziel der evangelisch-reformierten Kirchgemeinde war eine Jugendkirche zu gründen und die Abwanderung der Jungen zu stoppen.
- **«Love in Action» in Zürich:** Helfen und Liebe verschenken, ohne etwas zurückzuerwarten: Das ist «Love in Action». Das diakonische Projekt lebt nach dem Motto: «Kleine Dinge, mit grosser Liebe getan, verändern die Welt.» Dabei machen rund 15 verschiedene Kirchen und Partnerorganisationen aus der ganzen Ökumene mit 47 Projekten und rund 600 Mitarbeitenden mit. Ziel der Initiative war es, den Bewohnern der Stadt Zürich Gutes zu tun und dadurch die Liebe Gottes praktisch erfahrbar zu machen.
- **Zürichs grösstes Klassenzimmer:** Rund 180 Asylsuchende treffen sich einmal pro Woche im Kirchgemeindehaus Aussersihl. Sie büffeln Deutsch und erhalten ein Gratismittagessen. «Die Menschen, die zu uns kommen, sind hoch motiviert und wissbegierig», sagt der Lehrer. Wobei Lehrer in diesem Fall ein dehnbarer Begriff ist. Remo ist nämlich Mathematiker und mit seinen 70 Jahren schon längst pensioniert, schreibt der «Tages-Anzeiger».
- **Rapper bringt Hoffnung ins Gefängnis:** Saymon Kuziem ist Hip-Hop-Musiker. Der junge Singer- und Songwriter mit Künstlernamen Saymo'K tritt für «Prison Hope» oft in Gefängnissen auf: Seine Songs widmet er jungen Straftätern, die er in ihren Zellen besucht, und denen der 24-jährige gläubige Christ mit angolanischen Wurzeln Hoffnung bringen will. Jetzt kann man seine Lieder auch in Freiheit hören: Er hat seine erste CD aufgenommen, schreibt die Zeitung «20 Minuten».
- **Kirche auf der Gasse:** Kirchliche Gassenarbeit überzeugt. Sie praktiziert die aufsuchende Sozialarbeit und setzt sich für die praktischen Probleme der Menschen ein. Die kirchliche Gassenarbeit in Bern unterstützt Menschen niederschwellig, anonym und kostenlos. Das dreiköpfige Team versucht dort zu helfen, wo gerade Not am Mann oder an der Frau ist – mit sauberen Spritzen und etwas Essbarem, mit Kondomen und Kleidern, beim Umgang mit den Sozialämtern oder bei Schwierigkeiten mit der Polizei und mit der Suche nach einer Übernachtungsmöglichkeit.

- **40 000 Frühstücke serviert:** Das Angebot der Evangelisch-methodistischen Kirche Solothurn für Randständige hat Tradition. «Gottes Liebe gilt allen Menschen. Wir fühlen uns darum mit Menschen in Not verbunden und versuchen, solidarisch zu leben», hält die Evangelisch-methodistischen Kirche Solothurn auf der Homepage zu ihrem sozialen Engagement fest. Nun wird das 10-Jahre-Jubiläum des «z'Morgetisches» für Randständige gefeiert. Zahlreiche Helfer, Sponsoren und Zmörgeler haben zu einem ausgiebigen Jubiläumsfrühstück den Weg in das Gotteshaus gefunden, berichtet die «Solothurner Zeitung».
- **Zeit für Menschen in Not:** Rémy Beusch erhielt als Sozialdiakon von der reformierten Kirchgemeinde Rothrist den Auftrag, neue Sozialprojekte zu entwickeln. Entstanden ist ein Netzwerk, das Familien und Einzelpersonen in besonderen Notlagen unterstützt und der Kirche viel öffentliches Wohlwollen einbrachte. Die Resonanz ist äusserst positiv, welche die Kirche für ihr Sozialnetzwerk erhält, berichtet das «Zofinger Tagblatt». Die reformierte Kirche Rothrist wird in der Öffentlichkeit wahrgenommen als Institution, in der das Evangelium im Wort verkündigt und in der Tat erfüllt wird.
- **Generationen leben wieder zusammen:** Ein Neubauprojekt bringt mehrere Generationen unter einem Dach zusammen. Es leistet einen Beitrag gegen Individualisierung und Vereinsamung vieler Menschen. Im Hintergrund sind engagierte Christen. «Intergeneration ist für mich Zusammenleben, das die verschiedenen Ressourcen der Generationen nutzt, das voneinander lernt, einander unterstützt und sich in unserer Generation immer mehr breit macht.» Initiantin Nina Müller lebt das konkret. Im Projekt wohnen Familien, Singles, allein erziehende, Paare und Senioren.
- **Seelsorger im Gefängnis:** Frank Stüfen betreut in der Strafanstalt Pöschwies Hunderte von Gefangenen und Angestellten seelsorgerisch. Er will hinter Gittern Träume schenken. «Eingesperrt werden, bedeutet, dass der Kontakt zu den engsten Angehörigen und Freunden sofort abreisst oder nur noch im Notprogramm läuft», schildert ein Langzeitgefangener seine Situation.
- **Eine Woche wie die Armen leben:** In Chicago ermutigte Pastor Bill Hybels die Mitglieder seiner Kirche, sich eine Woche lang wie die Ärmsten der Welt zu ernähren. So begannen Tausende etwas zu tun, was kein Amerikaner normalerweise tun würde. Sie identifizierten sich mit den Armen auf der ganzen Welt und assen fünf Tage lang, was sie essen, und tranken, was sie trinken. Das bedeutet nur Reis und Bohnen sowie nur Wasser während fünf Tagen.
- **Kirche bietet «Hotel» für Gestrandete:** Bei Christoph Sigrist, Pfarrer am Grossmünster in Zürich, klingelt es regelmässig am Pfarrhaus. Er wird um eine milde Gabe angegangen. Randständige Menschen, Asylsuchende oder Arbeitslose schildern ihre Notsituation. Statt klingender Münzen gibt es für die Ärmsten und Schwächsten von den Kirchen einen Flyer – aber dieser ist fast noch mehr wert. Darauf die Wegbeschreibung zum besonderen Restaurant Café

Yukka. Hier finden Randständige seit 30 Jahren ein neues Zuhause.

- **Gemeinsame Gassenarbeit der Kirchen:** Der Verein Kirchliche Gassenarbeit Bern beschäftigt drei Angestellte und öffnet zweimal pro Woche die kirchliche Gassenarbeit. Daneben leistet die Gassenarbeit Überlebenshilfe und Prävention. Der Verein besteht seit 1988 aus zurzeit 29 evangelisch-reformierten Kirchgemeinden der Stadt und der Agglomeration Bern.
- **Kirche organisiert Fest im Gefängnis:** Regelmässig organisiert Nathanael Steinemann, Pastor der evangelischen Freikirche GvC Chile Hegi, mit einem Team «Events» im Gefängnis Winterthur. «Als Zeichen der christlichen Nächstenliebe», wie Steinemann gegenüber dem «Tages-Anzeiger» sagt. «Wir wollen uns um diese Menschen am Rande der Gesellschaft kümmern.»
- **Gassen- und Milieuarbeit mitten in Zürich:** Freak? Paradiesvogel? Missionar? Peter Widmer ist wohl alles zusammen. Der ehemalige Pastor fällt schon mit seiner Kleidung aus dem üblichen Rahmen: auffällige Ledermütze, bestickte Jeans, Silberringe und Kette mit grossem Kreuz. Seit Jahren durchkämmt Peter Widmer mit seiner Frau Dorothée das Zürcher Rotlichtmilieu.
- **Runder Tisch gegen die Prostitution:** Vor Jahren lud die evangelisch-reformierte Kirche St. Gallen erstmals zum Runden Tisch gegen den Menschenhandel ein. Die Initialzündung bekam Marlies Schiltknecht als Beauftragte für Diakonie in der Zusammenarbeit mit der Beratungsstelle Maria Magdalena. Vertreten am Tisch waren Polizei, Opferhilfe, kantonale Staatsanwaltschaft und mittendrin Marlies Schiltknecht als neutrale Gastgeberin.
- **Heiland Sack:** Frei nach dem Motto «Kleine Dinge in Liebe getan, verändern die Welt» werden von den Kirchen Basileia Vineyard in Bern und Basel seit Jahren jede Woche Bedürftige mit Zuwendung und Lebensmitteln und einem «Heilandsack» versorgt. Die Kirchen sind auch sonst für ihre sozialdiakonische Arbeit bekannt.
- **Glücklich mit Behinderten:** Über 50 Jahre leben mit Behinderten. Jean Vanier, 88, Gründer der christlich inspirierten «Arche»-Gemeinschaften, hat eine Ehrung der Französischen Ehrenlegion erhalten. Er ist einer der grössten Zeugen christlicher Nächstenliebe in unserer Zeit.
- **Kirche wendet sich allen Menschen zu:** Daniel Gerber ist als Sozialdiakon Leiter Flüchtlingsprojekte der reformierten Kirche Dietikon. Seit einigen Monaten kümmern sich immer mehr Freiwillige der Kirchgemeinde um rund 200 Flüchtlinge. Ein Beispiel von vielen, wie Glaube konkret in der eigenen Umgebung gelebt wird.
- **Kirchen spenden Hilfe in der Not:** Beim verheerenden Hochhausbrand des Grenfell Tower in London sind 2017 mindestens 80 Menschen im Feuer ums Leben gekommen. Christen leisteten vorbildliche Nachbarhilfe.
- **Arm und Reich an einem Tisch:** Das Robin-Hood-Restaurant in Madrid ist ungewöhnlich. Mitten in einem noblen Viertel gibt es am Mittag ein gutes Essen für Zahlende und am Abend für Obdachlose. Gastwirt ist Pfarrer Ángel Garcia. Seine Kirche ist 24 Stunden offen.

Öffentliche Aktionen

Christlicher Glaube und Spiritutalität spielt sich nicht nur hinter dicken Kirchenmauern ab. Wenn immer sich die Kirchen mit guten Initiativen an die Öffentlichkeit begeben, können sie positiv auffallen. Wenn solche Aktionen auch noch kreativ sind, berichten meist auch die Medien gern und positiv darüber.

Coffee & Deeds – des etwas andere Kirchenkaffee. (Bild coffee-deeds.ch)

«Wenn immer sich die Kirchen mit guten Initiativen an die Öffentlichkeit begeben, können sie positiv auffallen.»

- **Aufmüpfiger Stadtsegen:** In Zug erklingt alle drei Jahre der Stadtsegen – an vier verschiedenen Orten und begleitet von Cello, Gottesdienst und einem Podium. Die Aktion wird von Zug Tourismus unterstützt. Der Stadtsegen in Zug ist eine Art öffentlicher Betruf wie beim Alpsegen. «Er erinnert uns daran, dass wir von dem leben, was uns zufällt», erklärt Brigitta Kühn-Waller von der Steuergruppe der Citykirche.
- **Der Relaunch im Seetal:** Der Altersdurchschnitt einer Kirche steigt von Jahr zu Jahr, wenn nicht eine gute Familien- und Jugendarbeit für stete Verjüngung sorgt. Ist eine Kirche überaltert, droht manchmal das Ende. In Seon schafft die Freikirche Chrischona die Wende. Der Neubau wurde öffentlich u.a. mit dem Gemeindepräsidenten gefeiert.
- **Modernstes Chilekafi der Schweiz:** In Zürich-Hirzenbach entstand mit Coffee & Deeds das wohl modernste und innovativste Chilekafi der Schweiz. Ziel der Initianten: Eine exzellente Gastronomie verschmilzt mit einem einzigartigen Problemlösungs-Atelier. Es soll belebend wirken für ganz Hirzenbach und nicht nur für die Leute, welche aktiv in der Kirchgemeinde mitwirken.
- **Populäre Kinderwochen in den Ferien:** In den Frühlings- oder Herbstferien veranstalten verschiedene Kirchen spezielle Kinderwochen oder Musical-Projekte. Das Angebot ist für alle offen und bringt viele Kinder mit ihren Eltern in die Kirche.
- **Die wandernde Kirchenbank:** Um Gespräche über Kirche, Gott und die Welt zu fördern, zieht die Reformierte Kirche Bäretswil ZH mit einer Kirchenbank durchs Dorf. Die wandernde Kirchenbank war während Monaten an verschiedenen Orten in Bäretswil anzutreffen. Auf einem A4-Blatt in der Mitte der Banklehne steht in grossen Lettern geschrieben: «Mach mal Pause.»
- **Kirchen an der Gewerbemesse:** Die Kirchen in Pfäffikon ZH engagierten sich an der Pfäffiker Mäss, wo gegen 10 000 Besucher vorbeipilgerten – so viel wie Pfäffikon Einwohner hat. Die Kirchen präsentierten sich unter den 90 anderen Ausstellern in den Hallen und Gewächshäusern, schreibt die Zeitung «Zürcher Oberländer». Der gemeinsame Stand der Kirchen zeigte eine spannende Entdeckungsreise durch die Welt der Bibel – mit Wettbewerb und tollen Preisen.
- **Öffentliche Taufen:** Taufen in der Öffentlichkeit sind wohl eines der stärksten Glaubenszeugnisse. Sie erhalten entsprechende Beachtung. Einmal im Jahr führt die evangelische Kirche Bischofszell-Hauptwil einen Taufgottesdienst in der Thur für ungetaufte Erwachsene durch. Die reformierte Kirche Schöftland feierte einen Familiengottesdienst im Schwimmbad Rütimatten.
- **Jugendwoche:** Ein Ferienangebot für St. Gallen und Region sorgt für Furore! Haben Sie als Kirche schon mal über 350 Kinder und Jugendliche in acht verschiedenen Camps parallellaufend in der ganzen Stadt verteilt? Dabei kommen 70 bis 80 Prozent der Teilnehmer aus einem kirchenfernen Umfeld. Und die Lokalzeitung berichtet in einer grossen Vorschau über den Anlass? Die Baptisten in St. Gallen, die sich «Kirche Bild» nennen, haben eine

solche Projektwoche für die Herbstferien zum neunten Mal auf die Beine gestellt.

- **Pokern in der Kirche:** Gemeinsam mit dem Cevi organisierte die reformierte Kirche in Derendingen einen «Church-Poker». 60 waren beim ersten Pokerturnier in der Kirche dabei. Neue Formen sind auch gefragt, wenn die Jungen von der Kirche angesprochen werden sollen. Denn die meisten verlassen nach der Konfirmation oder der Zeit in der Jugendgruppe die Kirche.
- **Kirchen mitten im Dorffest:** Weit über 20 000 Menschen tummeln sich am jährlichen Märet-Fescht in Solothurn. Mitten drin die Landes- und Freikirchen. Seit dem Jahr 2000 endet das Fest jeweils am Sonntag mit dem Open-Air-Gospel-Gottesdienst auf dem Märet-Platz. Dies ist ein ökumenischer Festgottesdienst, an dem jeweils zwischen 700 und 800 Personen teilnehmen. Beteiligt sind sämtliche christlichen Kirchen in Solothurn – das war die Bedingung des OK. Rund 50 Helfer räumen auf nächtlicher Kehrichttour den Abfall weg. Dabei gehen die Pastoren und Pfarrer mit gutem Beispiel voran.
- **Jungscharlager zieht Kreise:** Michael Breiter hat die Jungschar der Evangelisch-methodistischen Kirche Flawil als Leiter zu einem öffentlichen Thema in der Zeitung gemacht. Er veranstaltete einen Werbenachmittag in der Jungschar und schrieb selber einen Artikel darüber. Darüber hatte er sich vorher bei der Lokalredaktion des «St. Galler Tagblatt» erkundigt. Michael Breiter: «Ich wusste gar nicht, dass man es so einfach in die Zeitung schafft.»
- **Kirche bietet Insel der Ruhe:** Was sich heute Gehör verschaffen will, redet laut und gebärdet sich schrill. Wie wohltuend ist da ein Kontrapunkt der Ruhe: Die Kirche BewegungPlus in Liestal bietet einen Raum der Stille an. Sie will damit Raum schaffen für Ruhe, eine Art Insel. Der Raum steht allen Interessierten offen und soll helfen, sich aus dem Lärm des Alltags zurückzuziehen.
- **Wenn Kirchenmusik lebendig und vielseitig wird:** Gute Erfahrungen machen die katholischen Kirchen mit dem Kirchenklangfest Cantars. Sie begegnen den Vorurteilen, mit denen sich die Kirchenmusik konfrontiert sieht: Sie sei langweilig, die Lieder nicht mehr zeitgemäss, das Ambiente verstaubt. Mit Stilen von Klassik bis Jazz, vom Jodeln bis zu Hip-Hop, vom Gospel bis zur Afromusik zeigt Cantars, dass das Gegenteil der Fall ist.
- **Bibelgarten als Anziehungspunkt:** 2005 wurde der erste Schweizer Bibelgarten in Gossau SG eröffnet. Inzwischen ist der Garten zu einer eigentlichen Attraktion gediehen. Er befindet sich bei der katholischen Andreaskirche. Dort wurde das Gelände des früheren Friedhofs zu einem besonderen Garten gestaltet.
- **Open-Air-Kino vor der Kirche:** Der Kirchplatz in Altstätten SG wird jährlich zum Open-Air-Kino. Die meisten Filme regen zum Nachdenken an und vermitteln Werte. Das Open-Air-Kino ist jedes Jahr ein besonderes Erlebnis für Gross und Klein. Neun Filme werden auf dem Kirchplatz Altstätten im Open-Air-Kino gezeigt.
- **Kirche entdeckt das Bier:** Das Netzwerk Junge Erwachsene der

reformierten Kantonalkirche St. Gallen bietet immer wieder Aussergewöhnliches an. Ein Blick in die Vergangenheit zeigt, dass Bierbrauen ein fester Bestandteil der christlichen Kultur war. Rudy Van Kerckhove, Pfarrer und Bierliebhaber, machte in einem Infoblock deutlich, wie eng die Biertradition mit der Kirche verknüpft ist.

- **Kirchen Luzern an der grössten Messe präsent:** Hingehen, wo die Menschen sind. Nach diesem Motto präsentierten die Luzerner Landeskirchen ein kreatives Konzept an der Luga. Rund 110 000 Personen besuchen die Luga, die Zentralschweizer Erlebnismesse, pro Jahr. Sie alle mussten an der «Baustelle Leben» vorbei – dem gemeinsamen Angebot der drei Luzern Landeskirchen römisch-katholisch, reformiert und christkatholisch.
- **Wie ein Sprayer zum Segen einer Kirche wird:** Es stand schlecht um die katholischen Dorfkirche im baden-württembergischen Goldscheuer. Sie war marode, die Fassade trostlos, die Innenwände waren von den Heizungen zum Teil schwarz geworden. Dann kam der Street Artist Stefan Strumbel. Pfarrer Thomas Braunstein war von den Ideen des Graffiti-Künstlers begeistert. Sie einigten sich darauf, dass Strumbel den kompletten Innenraum der Kirche neu gestalten darf. Heute nennt der Pfarrer den Künstler «ein Geschenk des Himmels».
- **Kirche am nationalen Feiertag:** Keine Zeitung kann auf die Berichterstattung des nationalen Feiertages verzichten. Eine Chance für die Kirche. Beispiele aus der Schweiz zeigen, wie Kirchen, Jungscharen und Pfarrerinnen und Pfarrer den Nationalfeiertag als Plattform in diesem Jahr genutzt haben.
- **Längster Kaffeetisch organisiert:** Das ist neuer Rekord in Deutschland. Die längste Kaffeetafel in der Offenburger Innenstadt – an 1375 Meter Tischgarnituren wurden an mehr als 6000 Gäste über 1900 Liter Kaffee ausgeschenkt. Eine gelungene Aktion mitten in den Sommerferien.
- **Öffentliche Diskussion über Zukunft der Kirche:** Mit dem Projekt Zukunft und Pfarrei (Zupf) bezog die katholische Kirche in Alpnach die Bevölkerung mit ein. Mit Erfolg. Die Zupf-Kommission hat dazu gezielt einen Plan erarbeitet, um breit gefächert unterschiedliche Gruppierungen, Behörden und Vereine in den Prozess mit einzubeziehen.
- **«Xtreme Heaven» schafft jungen Menschen Zugang zur Kirche:** In die Höhe klettern, sich fallen lassen, getragen werden und an die Grenzen gehen. Das ist der Hochseilgarten in der Kirche Bruggen in St. Gallen. Gegen 1000 Besucher werden in den rund sechs Wochen in die «Kletterkirche» gelockt – gut die Hälfte aus der Zielgruppe der 18- bis 29-Jährigen.
- **Expedition Bibel für Bevölkerung:** Die Landeskirchen im unteren Toggenburg organisierten die Ausstellung «Expedition Bibel». Hier können Kinder und Erwachsene die Heilige Schrift mit allen Sinnen entdecken. In der Kirche St. Kilian von Bütschwil gastierte die Wanderausstellung «Expedition Bibel».
- **Heilsarmee geht an Sexmesse:** Mit dem Motto «Sex ist nicht immer sexy» geht die Heilsarmee an die

grösste Sex-Expo von Johannesburg in Afrika. Sie wollen ansprechbar für die Menschen sein. «Wenn Jesus Christus heute noch auf der Erde wäre, würde er neben uns an der Sexpo stehen», sagte die Heilsarmeesprecherin Majorin Carin Holmes zur Agentur Agence France-Presse (AFP). Sie wollen das «christliche Verständnis von Sexualität» fördern. «Die Heilsarmee ist eine der Attraktionen an der Sexmesse», titelte die Zeitung «Cap Times» dazu.

- **Kirchen im Europapark:** Seit 2005 engagieren sich die evangelische und katholische Kirche in Deutschlands grösstem Freizeitpark unweit der Schweizer Grenze. Jetzt haben sie ihr Engagement erweitert. So gibt es spezielle Veranstaltungen für kirchliche Besuchergruppen.
- **Stadt Zürich erhält Kloster:** Ein ökumenisches Kloster mitten in der Stadt Zürich zwischen Langstrasse und Letzigrund: Mitten im Zürcher «Chreis Cheib» betreiben acht Mitglieder einer Kerngruppe in der evangelischen Bullingerkirche ein Kloster – und bieten auch Platz für Flüchtlinge oder andere Menschen in einer Notsituation.
- **Zusammenklang als Gebet:** In St. Gallen erschallte von sämtlichen Kirchtürmen ein Glockenkonzert. Das waren 118 Kirchenglocken für ein Miteinander. Diese Weltpremiere war zugleich ein lautstarkes Zeichen für Frieden und Versöhnung in der Welt.
- **Wortgefecht zwischen Pfarrern und Slam-Poeten:** Wer hat das bessere Wort? Drei wortgewaltige Pfarrersleute stellten sich in der Matthäuskirche in Basel drei bekannten Slam-Poeten im verbalen Duell. Über den Sieg am ersten Basler «Preacher Slam» entschied das Publikum.
- **Reformation konkret:** Das Erscheinen der revidierten Lutherbibel 2017 ist einer der grossen Höhepunkte des Reformationsjubiläums. Zu diesem Anlass verschenkt die Deutsche Bibelgesellschaft für ein Jahr die revidierte Lutherbibel als App.
- **Kirchen an der Ski-WM:** An der Ski-WM 2017 in St. Moritz waren auch die Bündner Landeskirchen präsent. Im Zentrum stand eine aussergewöhnliche Lichtinstallation beim schiefen Turm von St. Moritz. Für die Fachstelle Kirche und Tourismus sind sportliche Grossanlässe eine gute Gelegenheit, Menschen aufzusuchen, wenn sie nicht mehr in die Kirche kommen.
- **Öffentliches Bücherregal:** Unkomplizierter Büchertausch vor der Kirche: Vor dem reformierten Kirchgemeindezentrum in Bülach wurde ein öffentlich zugängliches Bücherregal eingeweiht. Es lädt zum unkomplizierten Büchertausch ein. Anschliessend las die Schriftstellerin Klara Obermüller aus ihrem neuen Buch vor.
- **Kirche erhält «grünen Güggel»:** Die katholische Kirche St. Pirminius im Bezirk Winterthur in Pfungen ZH wurde für ihr Umweltmanagement mit dem «grünen Güggel» ausgezeichnet. Der Weg dahin führte über neue Pflanzen, abgedichtete Fenster und ökologisches Druckpapier.
- **Kirche da, wo du bist:** Vor 30 Jahren ging Radio BeO auf Sendung. Das Regionalradio des Berner Oberlandes hat sich in den vergangenen Jahren von einem kleinen Projekt zu einem eigenständigen Medium etabliert, das weit über das Berner Oberland hinaus gehört und geschätzt wird. Von Anfang

an mit dabei waren die Kirchen – finanziell und auch mit Sendungen.

- **Kirche publiziert 100 Gebete:** Wie betet ein Fussballer? Welche Gedanken gehen einem Sterbenden durch den Kopf? Das neue Buch «Wenn ich rufe» enthält persönliche Gebete von prominenten und anderen Personen aus dem ganzen Kanton St. Gallen. Dieses hat die evangelisch-reformierte Kirche des Kantons St. Gallen zum 500-Jahr-Reformationsjubiläum herausgebracht.
- **Regelmässige Andachten auf Schlager-TV-Sender:** Pfarrpersonen und andere Mitglieder der Evangelisch-methodistischen Kirche (EMK) gestalten die Andachtssendung «Grüss Gott» auf dem Schlager- und Volksmusiksender «musig24». Ein guter Gedanke zum neuen Tag, der zum Nachdenken anregt. Täglich ein neues Thema.
- **Nonnen zwingen US-Waffenhersteller in die Knie:** Eine christliche Investoren-Initiative zwingt den US-Waffenhersteller Sturm, Ruger & Co. zu mehr Transparenz. Eine Gruppe von Aktionären hat auf Betreiben katholischer Ordensfrauen einen Transparenzbericht bei der Aktionärshauptversammlung durchgesetzt.
- **Wie Kirche zum Ereignis wird:** Zum zweiten Mal fand 2018 die «Lange Nacht der Kirchen» im Kanton Aargau statt. Nach dem Erfolg von 2016 ging das Angebot auch dieses Jahr mit viel Begeisterung über die Bühne. Tausende von Menschen besuchten eine oder mehrere der bunten, besinnlichen, verspielten, kreativen, spirituellen und lichtvollen Veranstaltungen. Beteiligt haben sich Reformierte, Katholiken, Christkatholiken und einige Freikirchen.

Zeitgemässe Themen

Wenn in der Öffentlichkeit Themen behandelt werden, die auch zu Kernthemen der Kirchen gehören, kann man bequem als Trittbrettfahrer aufspringen. Aber auch sonst hat die Kirche zu aktuellen Themen etwas zu sagen.

Auch ein wichtiges gesellschaftliches Thema: Dankbarkeit.

- **Warum Glauben guttut:** Therapeuten, Mediziner, Hirn- und Sozialforscher sagen: Glauben tut gut. Wer fromm ist, lebt gesünder, wiegt weniger und hat einen niedrigeren Cholesterinspiegel als Ungläubige. Schon über 1200 Studien bestätigen die positive Wirkung.
- **Universität empfiehlt Dankbarkeit:** Dankbarkeit ist kein Auslaufmodell, sagen Forscher der Universität Zürich. Und liefern damit den Kirchen eine Steilvorlage. Die positive Psychologie untersucht, was den Menschen gesund und was ihn weniger krank macht.
- **Lebenssinn und Glücksverlangen:** Kann man Glück im Leben selber beeinflussen oder ist es in erster Linie eine Frage des Nachdenkens und der Reflexion? Interessanterweise sagte Professor Bruno S. Frey, dass es ein Problem für die Schweiz sei, dass immer weniger Menschen in die Kirche gehen.
- **Hoffnungsbarometer:** Das Phänomen Hoffnung ist seit 2010 ein Forschungsprojekt und wird jährlich als Hoffnungsbarometer ausgewertet. «Nun aber bleiben Glaube, Hoffnung, Liebe», schreibt Paulus den Korin-

«Kirchen habe auch zu aktuellen Themen etwas zu sagen.»

thern. Während Glauben und Liebe häufig thematisiert werden, ist die Hoffnung fast ein bisschen vergessen gegangen. Da schafft das Forschungsprojekt Hoffnungsbarometer Abhilfe. Die Ergebnisse werden an Weihnachten exklusiv von den auflagenstärksten Zeitungen in Deutschland und der Schweiz veröffentlicht.

- **Geschichten überzeugen:** Die deutsche Wochenzeitung «Die Zeit» widmet der literarischen Kraft der Bibel einen gross aufgemachten Artikel: Womit gab man früher seinen Glauben zu erkennen? Mit Geschichten. Die Bibel ist voll mit faszinierendsten Geschichten zu Themen wie Liebe, Verrat oder Tod. Die Geschichten sind eine wichtige kulturelle Grundlage für unsere Gesellschaft.
- **Firmen engagieren Seelsorger für Angestellte:** US-Firmen beschäftigen Seelsorger, die sich um die Sorgen und Nöte der Mitarbeiter kümmern. In der Schweiz gibt es erste Anfänge. Die Seelsorger haben keine psychologische, sondern eine religiöse Ausbildung. Das Schweizer Fernsehen zeigte in einer Reportage, wie sie ihren Klienten zum inneren Frieden verhelfen. Porträtiert wird die Organisation Marketplace Chaplain, die 1984 gegründet wurde und schon über 3000 Seelsorger vermittelt hat. In der Schweiz gibt es die Organisation Swiss Workplace Chaplains.
- **Jesus auf Platz 1:** Eine Studie der University of Cambridge erstellt eine Rangliste mit den 100 bedeutendsten Persönlichkeiten der Geschichte. Das Unterfangen begann 2013. Die Ergebnisse wurden nun in der Studie «Who's bigger?» herausgegeben. Auf Platz Nummer 1 ist Jesus Christus.
- **Glaube ans Glück:** Glücklich zu sein ist das erklärte Lebensziel vieler Menschen. Echtes Glück macht die Menschen frei vom Zwang, zu erwerben und zu verbrauchen. Es liegt viel weniger im Haben als im Sein – im Glücksfähigsein. Der Coach und Theologe Stefan Gerber schlägt in seinem Buch «Glück finden – hier und jetzt» die Brücke zwischen der Glücksforschung und der christlichen Spiritualität.
- **Glaube und Wissenschaft:** Viele Menschen meinen, dass Glaube und die Wissenschaft nicht zusammenpassen. Wegen dieser Annahme neigen besonders säkulare Wissenschaftler dazu, diese Fragen nicht zu stellen. Es gibt aber eine Strömung des Glaubens in säkularen Instituten. Ein Beispiel ist Leslie Wickman, eine gläubige Frau und zugleich Wissenschaftsprofessorin und Raketenforscherin. Oder John Lennox, Mathematikprofessor an der Universität Oxford.

Aktionen zu Weihnachten

In der Adventszeit sind die Tage kürzer, die Menschen besinnlicher und Weihnachten für alle ein Thema. Dieses Umfeld bietet sich für Kirchen geradezu an, mit kreativen Aktionen in der Öffentlichkeit präsent zu sein. In der Weihnachtszeit interessieren sich Menschen und Medien mehr für Kirchen.

- **Schweizer Weihnacht als internationaler Hit:** Regelmässig berichten Zeitungen über Aufführungen von Paul Burkhards «Zäller Wiehnacht». Diese ist mittlerweile in 20 Sprachen übersetzt und wird rund um den Globus gespielt. Das Krippenspiel wurde vor über 50 Jahren einst für die Dorfjugend komponiert.
- **Weihnachten im Gefängnis:** Hansueli Minder bringt als Seelsorger Zeit für Gespräche und Zeit zum Zuhören ins Gefängnis. Damit will er den Menschen Raum für Anteilnahme schen-

Krippenspiel «Zäller Wiehnacht». (Bild https://rokj.ch/zaeller-wiehnacht-auffuehrung-fuer-rokj-27-bis-29-november-2015/)

«In der Weihnachtszeit interessieren sich Menschen und Medien mehr für Kirchen.»

ken. «Als Gefängnisseelsorger schenke ich Zeit und gebe einem Gegenüber Raum im Gespräch. Weihnachten ist im Gefängnis eine spezielle Zeit. Die Trennung vom gewohnten Umfeld wird noch intensiver erfahren als sonst.»

- **Weihnachtsweg für die Besinnung:** Der Weihnachtsweg im Berner Oberländer Dorf Heiligenschwendi stimmt Kinder und Erwachsene auf die besinnliche Jahreszeit ein. In sechs Szenen erzählen lebensgrosse Figuren die klassische Weihnachtsgeschichte: Maria und der Engel, Maria und Josef beim Wirt, die Hirten auf dem Feld, die Engel, die Heiligen Drei Könige und die Krippe. Der Weihnachtsweg ist eine Art Freiluftmuseum unterhalb des Dorfkerns.
- **Lebensgrosse Krippenfiguren laden zum Nachdenken ein:** In Pfäffikon ZH entsteht bei der Kirche Neuhof die Weihnachtsgeschichte mit lebensgrossen Holzfiguren. Zu den drei Figuren gesellen sich nach und nach weitere Figuren hinzu. Kurz vor Heiligabend werden dann 20 Figuren einzelne Szenen der Weihnachtsgeschichte zeigen, schreibt der «Zürcher Oberländer».
- **Die Gefangenen nicht vergessen:** Speziell in der Weihnachtszeit gibt es viele einsame Menschen. Am härtesten trifft es die, die in einer Zelle eingesperrt sind. Da wollte eine Kirche Abhilfe schaffen und lancierte eine Päckli-Aktion. «Denkt an die Gefangenen», steht in Hebräer 13, Vers 3. Die US-Kirche Willow Creek Community Church in Chicago wollte nicht nur über diesen Vers reflektieren, sondern ihn ganz konkret in die Tat umsetzen.
- **Pfarrehepaar macht Weihnachts-Variété:** Rahel Voirol-Sturzenegger ist Pfarrerin in Uesslingen. Ihr Mann Francis ist Chemielaborant. Ihre gemeinsame Leidenschaft gilt dem Variété: Sie verwandeln zwischen Weihnachten und Neujahr die Turnhalle in Herdern im Thurgauer Seebachtal in ein Variététheater.
- **Adventsbus-Aktion in Winterthur:** Stadtbus und die Fabrikkirche wollen mit einem gemeinsamen Projekt mehr Besinnlichkeit in die Vorweihnachtszeit bringen. 25 Jahre lang war der Gelenktrolleybus FBW 101 nicht mehr im regulären Einsatz. Jetzt wurde er überholt, weihnachtlich geschmückt und kommt jeweils im Dezember als Adventsbus zum Einsatz. Die Fahrgäste können sich während der halbstündigen Fahrt Adventsgeschichten und Musik anhören.
- **Besinnliche Weihnachtszeit ermöglichen:** In der reformierten Kirche in Rothrist AG wird ein «Aufatmen in der Adventszeit» durchgeführt. Zur Ruhe kommen, entspannen, Balance finden, aus der Hektik der Betriebsamkeit des Advents entfliehen.
- **Beten lernen im Advent:** Die katholische Pfarrei in Hünenberg ZG startet zum Beginn des Advents eine Gebetsoffensive. «Jeden Tag acht Minuten bewusst dem Gebet widmen – Weihnachten wird man in vier Wochen ganz anders erleben.» Für die Aktion «Beten lernen im Advent» gibt es spezielle Flyer mit Tipps für das tägliche Acht-Minuten-Gebet.
- **Programm, das von Konsum und Kitsch befreit:** In St. Moritz GR verleiht der Bündner Kabarettist Flurin Caviezel dem Advent neue Dimensionen. «Es ist ein Has ent-

sprungen» lautet der Titel des Programms. Befreit von vordergründigem Konsum und Kitsch, dafür mit Humor und Swing lässt Flurin Caviezel und das Saxofonquartett «Die vier Heiligen drei Könige» das Publikum den Stress und Alltag vergessen und versetzten es in Adventsstimmung.

- **Jugendlicher Adventsgottesdienst:** In Weinfelden TG wird am 1. Advent in der evangelischen Kirche ein Jugendgottesdienst durchgeführt. 80 Jugendliche treffen sich, um sich gemeinsam auf die Weihnachtszeit einzustimmen. Der Adventsgodi steht unter dem Motto «Hoffnung in Sicht». Nach dem Programm gibt es beim Punsch Gelegenheit, sich vertieft über Gott und die Welt zu unterhalten.
- **Weihnachtsreise draussen live dargestellt:** Wieso mit der Weihnachtsgeschichte nicht direkt zu den Leuten auf die Strasse gehen? Aus dieser Motivation entstand in Solothurn ein öffentlicher Anlass. Alle Einwohner können so die Weihnachtsgeschichte mitten in der schönen Stadtkulisse auf sehr nahbare Weise miterleben. Auf verschiedenen Plätzen der Stadt wird die Geschichte von der Geburt von Jesus Christus von über 100 Mitwirkenden aufgeführt.
- **Weihnachtsweg mit 19 Stationen:** Ein zwei Kilometer langer Weihnachtsweg. In Märstetten TG stellen Frauen, Männer und Kinder die 2000 Jahre alte Geschichte nach. «Aus den vielen Veranstaltungen in der Adventszeit leuchtet wieder der Märstetter Weihnachtsweg heraus», schreibt die «Thurgauer Zeitung». Wegen der umfangreichen Vorbereitungsarbeiten findet das Ereignis nur alle zwei bis drei Jahre statt.
- **Soundtrack für die Festtage:** «Stille Nacht, heilige Nacht» ist das bekannteste Weihnachtslied überhaupt. Am 24. Dezember 1818 wurde es zum ersten Mal aufgeführt. Volkstümliche Weihnachtslieder gehören noch heute zur fröhlichen, andächtigen Weihnachtsstimmung. Auch Kinder singen die traditionellen Lieder noch gern.
- **Einsame Festtage in frohe verwandeln:** An Weihnachten sind viele Menschen einsam. Doch niemand muss alleine sein, wenn er nicht wirklich will. Da helfen Kirchen mit ihren Angeboten tatkräftig mit.
- **Abendland, Flüchtlinge und Weihnachten:** Die Xmas-Story einmal anders. Der Zürcher Pfarrer Roland Diethelm antwortete brillant auf die Frage «Wo liegt aus christlicher Sicht die Aufnahmegrenze für orientalische Asylsuchende im Abendland, damit es seine Identität nicht verliert?»: «In diesen Wochen feiert das christliche Abendland einen ungarisch-römischen Soldaten (11.11., Martin), eine libanesische Kaufmannstochter und türkische Prinzessin (4.12., Barbara), einen türkischen Bischof (6.12., Nikolaus), einen aramäisch-jüdischen Wanderprediger mit Familie und Hirten (25.12., Jesus) und drei persisch-arabische Sterndeuter (6.1., Drei Könige). Sollte die Gruppe versuchen, montags in Dresden über den Weihnachtsmarkt zu laufen?»
- **Krippen wecken Vorfreude:** Schweizer Dörfer sind im Krippenfieber. Im zürcherischen Marthalen und im freiburgischen Estavayer-le-Lac dreht sich im Dezember alles um Weihnachtskrippen, die Einheimische selber kreiert haben.

Aktionen zu Ostern

Ist Weihnachten ein tief in der Gesellschaft verwurzeltes Ereignis, bei dem das Christkind mindestens noch eine Nebenrolle spielt, ist die Bedeutung von Ostern schon vielen fremd geworden. Mit der Kreuzigung und Auferstehung wird aber an den zentralen Wert der Heilsgeschichte gedacht. Daher lohnt es sich zu dieser Zeit erst recht, mit einer öffentlichen Aktion auf das Wirken von Jesus hinzuweisen.

Ostermarsch vom Dunkel ins Licht.
(Bild refkirchepfaeffikon.ch)

«Die Bedeutung von Ostern ist schon vielen fremd geworden.»

- **Osteraktion für alle Mitglieder:** Wann haben schon 1,7 Millionen Mitglieder persönliche Post von ihrem Präsidenten erhalten? So geschehen in der Evangelischen Kirche in Hessen und Nassau (EKHN). Zur Einstimmung auf Karfreitag und Ostern erhielten die Protestanten einen Brief von Kirchenpräsident Volker Jung. Mit der Aktion sollten die Mitglieder auf die wichtigen christlichen Feiertage Karfreitag und Ostern eingestimmt werden. Zeitgleich wendete sich die EKHN mit Grossplakaten und Fassadenbannern an die Öffentlichkeit.
- **Vom Dunkel ins Licht:** Einer der aussergewöhnlichsten Osterbräuche im Kanton Zürich findet man in Pfäffikon. In den frühen Morgenstunden startet jeweils am Ostersonntag der alljährliche Ostermarsch um den Pfäffikersee. Seit mehr als 30 Jahren feiern die Kirchgemeinden gemeinsam die Auferstehung von Jesus Christus.
- **40 Tage ohne:** Das Netzwerk Junge Erwachsene der reformierten Kantonalkirche und die Fachstelle kirchliche Jugendarbeit des Bistums St. Gallen ermuntern mit der Aktion «40 Tage ohne» 18- bis 35-Jährige, während der Fastenzeit einem Konsumgut oder einer Gewohnheit zu entsagen.
- **Einkehr vor Ostern der Aargauer Gastronomie-Familie:** Jedes Jahr pilgern die Aargauer Wirte samt Angehörigen und Personal am

Dienstag der Karwoche nach Muri, um in der Klosterkirche Einkehr zu halten. Die Feierstunde stand unter dem Motto «Licht – Feuer – Wärme – Lasst uns ein Licht anzünden».

- **Ostern erklärt vom Discounter:** «Warum feiern wir eigentlich Ostern?», fragt das Magazin von Aldi. Der deutsche Lebensmitteldiscounter erklärt in einer Broschüre den Ursprung von Ostern. «Toll gemacht», findet ein Theologe. Wer hätte gedacht, dass wir uns von Aldi Ostern erklären lassen müssen?
- **Ostern im Film erleben:** Die beiden Schweizer Filmproduktionen «The Making of Jesus Christ» und «Der 3. Tag» bringen Licht auf die historischen Umstände der Auferstehung von Jesus. Auch sonst eignen sich Filme zu Ostern ausgezeichnet, um ein breiteres Publikum anzusprechen.
- **Seite zur Bibel auf Platz eins auf Facebook:** Über ein kleines Osterwunder schrieb die auflagenstärkste Schweizer Zeitung «20 Minuten»: Mit 905 125 Aktionen wies «The Bible» in einer Woche mehr Beiträge oder Klicks auf als die Seite des Teenie-Idols Justin Bieber oder die Seite des europäischen Spitzenfussballklubs Manchester United.
- **Facebook fasten:** Der Aufruf in der Gruppe «Facebook fasten» ist kurz und prägnant. «Wir verschwenden so viel Zeit bei Facebook und diversen anderen Social Networks, die wir so viel besser investieren könnten: in unsere Beziehung mit Gott!», schreibt Initiator Marcel Werner. In den 40 Tagen bis Ostern solle man lieber Gott näherkommen, als durch Facebook zu klicken.
- **Max Bolliger überzeugt als Lyriker und Kinderbuchautor:** In «Jesus» (1982) setzt sich das Osterwunder in der Erzählung fort. «Jesus lebte in seinen Jüngern weiter.» Was sie über ihn hörten, «stärkte sie, an ihrem christlichen Glauben festzuhalten». Die Kraft des Glaubens liegt in der Erzählung, die zur Nachfolge befähigt. Max Bolliger war in seiner Bescheidenheit auch ein grosser Theologe.
- **Christliche Botschaft in Schlagersongs:** Der rote Faden beim Schlagergottesdienst in der katholischen Kirche Wittenbach war das Thema Ostern. «Hört man genau hin, geht es in vielen Schlagern um Neuanfänge. Um das Durchschreiten der Dunkelheit ins Licht. Ich versuchte während des Gottesdienstes die Besucher mit meinen Worten dahingehend zu sensibilisieren», erläutert Christian Leutenegger.
- **Ostern ist das Ende vom Ende:** Auf godnews.de gibt es zum Thema Ostern mehrere Motive wie «Jesus unstoppable» oder «Nach sieben Wochen fasten jetzt 7 × 0 Wochen feiern». Richtig viel feiern, also 7 × 70 Mal.

Aktionen zu Pfingsten

An Pfingsten ist die Diskrepanz eines christlichen Gedenk- und Feiertags zum inhaltlichen Wissen darüber in der Bevölkerung noch grösser. Kaum jemand ist sich mehr bewusst, dass an diesen Tag der Ausgiessung des Heiligen Geistes gedacht wird. Gerade darum könnten sich Kirchen wieder ins Zeug legen.

«Kaum jemand ist sich mehr bewusst, dass an diesen Tag der Ausgiessung des Heiligen Geistes gedacht wird.»

- **Spaziergang mit Tiefgang:** In anderthalb Stunden vom Karfreitag zum Pfingstmontag. Die reformierte Kirche Oberdiessbach BE betreibt einen Stationenweg. Er zeigt den Kern des Christentums und schlägt eine Brücke in die Gegenwart.
- **Feiern mit allen Sinnen:** Alle zwei Jahre ein festlicher Garten. Die reformierte Kirche in Hünenberg ZG bot neben einem Weihnachtsgarten auch einen für Ostern und Pfingsten an. Auf dem Rundgang werden Schulklassen und Besucher auf eine Zeitreise entführt.
- **Das Pfingstwunder:** Sibylle Lewitscharoff glaubt an Gott und die Kraft der Worte. Sie bedauert, dass sich die christliche Kirche in einer Form grosser Verwahrlosung befindet. In ihren Büchern erkundet sie die Menschen und das Leben – zuletzt mit «Das Pfingstwunder». In diesem Roman lässt sie ihre Hauptfigur, einen Dante-Forscher, am Tag des Pfingstfests ein Wunder erleben.
- **Pfingstgottesdienst für Biker:** Jürg Rother vom reformierte Pfarramt Ägeri führte über 20 Jahren zusammen mit dem Ägeri Bike Club Pfingstmontags-Mountainbike-Gottesdienste auf einem Aussichtspunkt durch. Auch er selbst trat in die Pedalen.
- **Pfingsten neu erklären:** «Wenn Sie mal Aufsätze in Deutschland schreiben lassen, was Pfingsten bedeutet, dann würde ich sagen, ist es um die Erkenntnis um das christliche Abendland nicht so weit her. Und sich anschliessend zu beklagen, dass Muslime sich besser im Koran auskennen, das finde ich irgendwie komisch. Und vielleicht kann diese Debatte wieder mal dazu führen, dass wir uns mit unseren eigenen Wurzeln befassen und wieder mal mehr Kenntnis darüber haben.» Das sagte die amtierende Bundeskanzlerin der Bundesrepublik Deutschland, Angela Merkel, in Bern.
- **Geschichten überzeugen:** Thies Gundlauch, der theologische Vizepräsident im Kirchenamt der evangelischen Kirche in Deutschland (EKD), ist überzeugt: «Die Bibel ist von Haus aus ein Erzählbuch.» Die Bibel sei voll mit faszinierendsten Geschichten zu Themen wie Liebe, Verrat oder Tod. Die Geschichten sind eine wichtige kulturelle Grundlage für unsere Gesellschaft. Der Ursprung der Kirche an Pfingsten ereignet sich als ein Sprachwunder.

Kreative Werbung

Früher waren die Kirchen die höchsten Gebäude in den Dörfern und Städten. Das hat sich heute geändert. Die Kirchen stehen nicht mehr automatisch im Mittelpunkt der Gesellschaft. Daher sind besondere Anstrengungen für die Bekanntmachung der christlichen Botschaft nötig. Jesus hat uns dazu aufgefordert! «Geht hinaus in alle Welt und sagt es allen» – was ist das anderes, als Werbung machen?

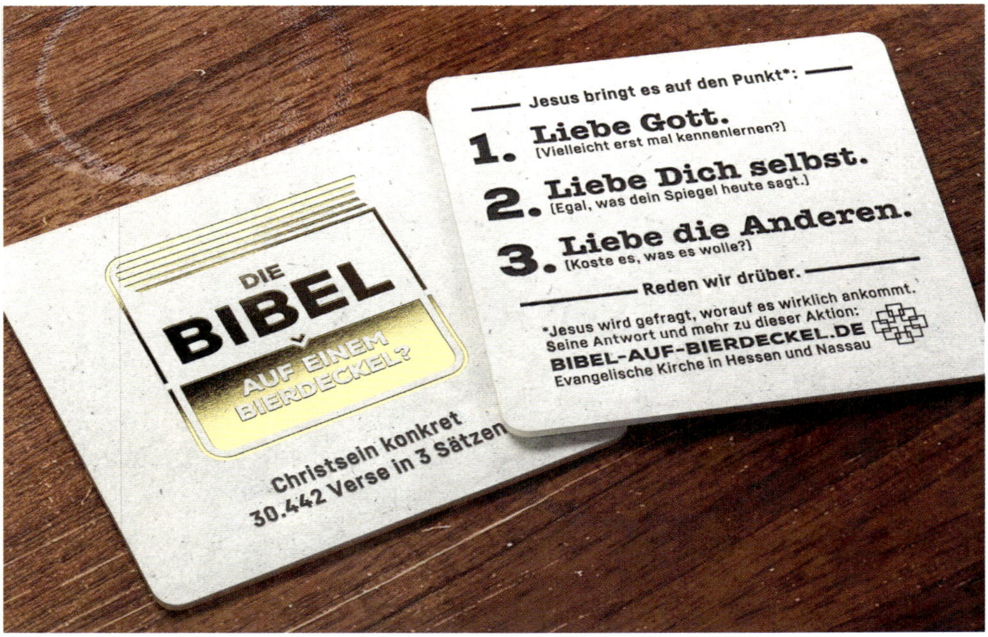

Die ganze Bibel auf einem Bierdeckel. (Bild ekhn.de)

«Früher waren die Kirchen die höchsten Gebäude in den Dörfern und Städten. Das hat sich heute geändert.»

- **Die Heilsarmee hat Humor!** So stand einmal gross auf einem Zürcher Tram: «Entweder Sie bringen unsere Töpfe zum Klingeln. Oder wir singen! Gott sei Dank. Ihre Heilsarmee.» Und 2017 hat sich die Heilsarmee wieder etwas Besonderes ausgedacht: Im Rahmen der lancierten Weihnachtskampagne erhalten rund 800 000 Haushalte im Dezember Post. Im Mailing ist einerseits ein Faltblatt enthalten, welches das Schicksal dreier Menschen erzählt, die dank der Hilfe der Heilsarmee eine Wende zum Guten erfahren durften. Andererseits ist ein Suppenbeutel beigelegt, der daran erinnern soll, dass manchmal schon ein Teller warme Suppe Wunder wirken kann.
- **Kreative Kirchenkampagne gibt Anstösse:** Die Pfarrei Glattfelden-Eglisau-Rafz brachte im Rafzerfeld vier Blachen mit dem Aufdruck «Es gibt Fragen, die Google nicht beantworten kann» an. Plötzlich wurden dies Blachen gemäss Lokalfernsehen von Unbekannten entwendet. Als positiver Nebeneffekt berichteten der «Zürcher Unterländer» und der «Tages-Anzeiger». Durch die Medienberichte sind noch mehr Menschen auf die Aktion der Pfarrei aufmerksam geworden. Für PR-Berater Klaus J. Stöhlker ist der Diebstahl der Plakate ein grosses Kompliment: «Dies ist ein Beweis, dass die Kampagne gut ist.» Er zeigte sich über den Werbeslogan begeistert: «Google ist ein Heiligtum. Wenn sich plötzlich jemand hinstellt und sagt, es gibt eben Fragen, die Google nicht beantwortet, ist das dialektisch eine fantastische Formulierung!»
- **Langfristig angelegte Werbekampagne:** Viele Menschen verbindet mit der Kirche nur noch der Kirchgang an Weihnachten. Das wollte die Evangelischen Landeskirche Württemberg ändern. Mit Aktionen, die zeigen, dass Kirche mehr ist, als man glaubt: modern, interessant, mitten im Leben. Bei der Plakatkampagne wurde an Orten des täglichen Lebens mit Headlines eine Verbindung zwischen kirchlichen Themen und dem jeweiligen Ort hergestellt. Das Ziel: die Kirche wieder in die Öffentlichkeit bringen und mit einer modernen Darstellung kirchlicher Themen Distanz abbauen. Die Kampagne lief von 2002 bis 2009.
- **Millionen von Autofahrern mit Gottes Zusagen erreichen:** Eine Aktion für die breite Öffentlichkeit lancierte in Deutschland das Portal gott.net, und zwar nicht zum ersten Mal. Seit etlichen Jahren hängen grossformatige Plakate an den Autobahnen. Im Oktober gleich an drei Standorten bei Düsseldorf, bei Mücke und bei Magdeburg. Rein rechnerisch kommen in diesem Monat über neun Millionen Autofahrer daran vorbei. Unerwartet und überraschend begegnen sie dort Gottes Zusagen. Viele Menschen rollen oder rasen über die Autobahn des Lebens, die Termine überholen sie. Und plötzlich lesen sie irgendwo «Ich halte dich. – Gott.» Eine religiöse Provokation? Nein, ein Zuspruch ist es, was da steht.
- **Jeden Sonntag geöffnet:** Die Kirchen in Holland lancierten ein Plakat. «Alle unsere Niederlassungen sind jeden Sonntag offen.» Und zusätzlich ist zu lesen: «Jeder ist willkommen, gratis

Botschaften für die ganze Familie, es hat bestimmt auch in ihrer Nähe eine Niederlassung.» Die Kirche spielt damit auf die sonntäglichen Öffnungszeiten vieler Einkaufszentren an.

- **Fragen, die jeden Menschen angehen und beschäftigen:** Werbung machte auch die reformierte Kirche. Die Werbekampagne «Ist das alles, woran sie glauben?» in den vier Kantonen Aargau, Baselland, Basel-Stadt und im Solothurn sollte Menschen dazu bewegen, über ihre persönliche Religiosität, über Kirche und deren Aufgabe in der Gesellschaft nachzudenken. Die Kirche stellt die wesentlichen Fragen, nach dem Leben und dem Sinn.
- **Die ganze Bibel auf einem Bierdeckel:** Die deutsche Werbefachfrau Eva Jung, Leiterin der Werbeagentur gobasil in Hamburg, hat für die Evangelische Kirche von Hessen und Nassau das Evangelium in drei Sätzen auf einen Bierdeckel gepackt. Liebe Gott. Liebe dich selbst. Liebe die anderen. Ihre Begründung: «Der Glaube muss runter vom Podest und rein in den Alltag.» Die Bierdeckel gingen weg wie warme Semmeln.
- **Kirchgemeinde mit eigener Werbekampagne:** Die evangelische Kirchgemeinde Wil SG hat eine eigene Werbeaktion gestartet. Der Gottesdienst kann attraktiv und zeitgemäss sein – mitten im Leben. Und es lohnt sich, selber hinzugehen. Diese Botschaften sollen in der breiten Öffentlichkeit bekannt gemacht werden. Die Kirche will damit auch vom verstaubten Image wegkommen. Ihr Gottesdienst soll zum Gesprächsthema der Stadt Wil werden.
- **Kirche lanciert Informations- und Imagekampagne:** Mit dem Slogan «Auch darum stehe ich zu ihr» sorgt die katholische Kirche im Bistum St. Gallen für Aufsehen. 16 Menschen, darunter ein ehemaliger Häftling und eine Schülerin, erzählen von ihrem Bezug zur Kirche.

Ode an die 2. Reihe

Nicht im Rampenlicht, aber besonders wertvoll: Es braucht nicht nur Kirchen und Menschen, die Schlagzeilen machen. Es braucht auch die still Schaffenden im Hintergrund. Das Dienstagsmail beleuchtet regelmässig Personen, die im Zentrum des Geschehens stehen. Basis des Dienstagsmails sind positive Medienberichte über Kirchen und Christen. Häufig wird die wertvoll(st)e Arbeit aber im Hintergrund gemacht. Von Menschen, die sich nicht ins Rampenlicht drängen, still und treu ihren Dienst verrichten. Sie werden nirgends auf den Sockel gehoben und in keinem Zeitungsartikel erwähnt – und damit auch in keinem Dienstagsmail. Diejenigen, die den Erfolg eines Pfarrers oder einer Pfarrerin ausmachen, gehen gerne vergessen.

«Es braucht nicht nur Kirchen und Menschen, die Schlagzeilen machen. Es braucht auch die still Schaffenden im Hintergrund.»

Auch wenn sie in keinem Dienstagsmail erwähnt sind, erledigen sie ganz wichtige Aufgaben: die Menschen im Hintergrund. Sie sind besonders wertvoll. Damit Kirche heute noch geschehen kann, braucht es Leute in der zweiten Reihe. Toll, dass es Menschen gibt, die sich so selbstlos und mit viel Engagement einsetzen! Es gibt viele spannende Personen, die sich da und dort auf interessante Art und Weise und mit viel Liebe für Menschen einsetzen. Sie sind schon vielen Menschen ein Engel geworden, ohne dass die grosse Öffentlichkeit davon erfährt.

Um das Haus zu bauen, ist jeder Stein wichtig. Und um die Gemeinschaft der Menschen zu fördern, ist jeder Mensch wichtig. Ob gesund oder krank, ob glücklich oder traurig: Christus ist nicht für die Oberschicht, für die Intellektuellen, die (Erfolg-)Reichen und Schönen gekommen. Nein, er ist in erster Linie für die Kranken und Schwachen da. Vor Gott sind wir alle gleich und ohne Hierarchie zum heiligen Priestertum berufen. Es gibt so viele freiwillige Mitarbeiterinnen und Mitarbeiter, die die Kirche ausmachen. Die vielen Ehrenamtlichen haben ein grosses Lob verdient. Einige Kirchen haben schon mit einem Jahresfest für die Freiwilligen begonnen.

Dafür gibt es wieder schöne Beispiele in den Zeitungen: «Kirche verwöhnt Helfer kulinarisch» («Zürichsee Zeitung»), als in Wädenswil ein Fest für 160 Helferinnen und Helfer für ihren ehrenamtlichen Einsatz durchgeführt wurde. «Freiwillige sind ein Geschenk vom Himmel» titelt die «Neue Nidwaldner Zeitung», als die Römisch-Katholische Landeskirche Nidwalden nach zehn Jahren Unterbruch wieder eine Dankesfeier für über 600 Frauen und Männer organisierte, die freiwillig im Dienste stehen. «Ihr leistet Arbeit für mehr Geld als es diejenigen gegen Bezahlung tun.»

An ihren Worten sollt ihr sie erkennen

Von Markus Baumgartner

Über die Sprachfähigkeit der Kirche und was eine gute Predigt ist

Auf viele Fragen, die die Menschen heute beschäftigen, haben die Kirchen keine Antworten mehr. Oder sie können nicht verständlich kommunizieren. Wie werden kritische Fragen an den christlichen Glauben gut beantwortet? Wie gelingt es, den christlichen Glauben fruchtbar ins Gespräch zu bringen? Was ist eine gute Predigt?

Michael Meier ist Fachjournalist für religiöse Fragen beim «Tages-Anzeiger». Der studierte katholische Theologe bekennt: «Ich bin ein verhinderter Konvertit und ein gläubiger Skeptiker. Gläubig und säkular zugleich.» In einem Kommentar in der «Tageswoche» schrieb er: «Die Kirche wird mir, je älter ich werde und je mehr ich über sie schreibe, immer fremder. Die Kirche als Institution zumindest. Auf die Predigt des Pfarrers kann ich gut verzichten, nicht aber auf das Gespräch mit befreundeten Theologen und spirituell wachen Zeitgenossen. (...) Vom Glauben inspirierte Lebensentwürfe, zum Beispiel von Martin Luther, Karl Barth oder Dietrich Bonhoeffer, faszinieren mich. Berufschristen und christliche Beamte in Gestalt von Bischöfen und Prälaten sind mir suspekt.»

Bei einem Glas Bier sprechen die Menschen am Stammtisch meist so, wie ihnen der Schnabel gewachsen ist. Das ist dann in der Regel keine moderne Sprache, aber meist menschlich, nah und vor allem verständlich. Stehen Christen aber auf der Kanzel, vor einer Gruppe oder einem Podium, wird die Sprache rasch künstlich und der Inhalt eher «kanaanäisch». Hier haben die reformierten Christen ein besonderes Problem: Sie sind geprägt vom Grundsatz «sola scriptura» (allein die Schrift), den die Reformatoren propagiert haben. Dabei zeigen verschiedene Studien aus der Hirnforschung, dass Informationen besonders bereitwillig aufgenommen werden, wenn dabei mehrere Sinne angesprochen werden, wie es beispielweise die Katholiken durch ihre Mystik oder den Weihrauch erreichen. Das meiste empfangen die Zuhörer nonverbal. Dazu ist eine Studie von Albert Mehrabian von 1967 zum Standard geworden: Sie brachte an den Tag, dass Sprache nur 7 Prozent der Kommunikation ausmacht, die Stimme dagegen 38 Prozent und die Körpersprache 55 Prozent. Diese Zahlen sind zwar nicht allgemeingültig, denn in seinen Experimenten untersuchte der Wissenschaftler vor allem, wie Emotionen kommuniziert werden. Er beobachtete zum Beispiel, was passierte, wenn jemand «Das ist schön» sagt, aber dies in zornigem Tonfall oder mit bedrohlicher Körpersprache. Daher kommt es in diesem Fall weniger auf die Worte an. Doch die Experimente zeigen, dass die verbal ausgesprochene Sprache einen viel zu hohen Stellenwert geniesst. In der Verkündigung gibt es nicht nur Zuhörer, sondern auch Zuschauer. Diese hören nicht nur, sondern können sehen, fühlen, spüren und riechen.

«Ein Problem ist auch, dass viele Christen es verlernt haben, was ihre Hauptbotschaften sind und wie sie diese kurz und für alle verständlich ausdrücken können.»

Geschichten emotional erzählen

Ein Text allein berührt in der Regel nicht und bewegt kaum jemanden. Es sind die Geschichten, die begeistern. Egal, ob sie per Wort, Bild oder Film erzählt werden. Die Geschichte muss gut und emotional erzählt sein, damit sie beim Publikum Reaktionen hervorruft. Durch Emotionen werden Menschen miteinander verbunden, was sich zum Beispiel beim gemeinsamen Singen zeigt. Gemeinsame Erlebnisse, Gefühle oder zusammen lachen schafft eine spontane Verbundenheit. Daher sollten Geschichten emotional erzählt werden. Die erlebnisorientierte Wahrnehmung ist die stärkste Erinnerung, wenn die Teilnehmer das gleiche empfinden und erleben können. Wichtig ist auch die Dramaturgie: Als Komposition erzeugt sie einen Spannungsbogen, damit die Zuhörer und Zuschauer aufmerksam sind und aktiv bleiben.

Es hilft, wenn bekannte Begriffe anders oder irritierend beschrieben werden, damit die Zuhörer darüber nachdenken müssen. Das ist eine legitime Technik und sie kann auch noch unterhaltsam sein. Zum Beispiel «eine geflügelte Jahresendfigur» (Engel) oder ein raumgreifendes Grossgrün (Baum). Oder was ist eigentlich ein Schatz? Ein zwar wertvoller Gegenstand, der aber so lange verborgen war, dass keiner mehr weiss, wem er gehört. Wieso ist dies ein häufiger Kosename für Ehefrauen? Gerade die Kirche benutzt einen Sprachraum, der relativ stark definiert ist. Die Begriffe haben sich «entkörperlicht» – man nimmt sie nicht mehr so ernst, sie sind nicht mehr so bedeutungsvoll. Ein Marktschreier ist dann erfolgreich, wenn er begeistert von seinem Produkt ist und dadurch andere ansteckt. Je sachlicher die Kommunikation ist, desto weniger wird sie geglaubt und aufgenommen. Eine reine Information bedeutet nämlich erst mal gar nichts. Es wird vergessen, dass Menschen emotionale Wesen sind. Dazu kommt: Alle haben verschiedene Lebenserfahrungen gemacht und besetzen Begriffe mit einem bestimmten Bild. So bedeutet zum Beispiel Haus nicht für alle das Gleiche. Wenn ein Wort benutzt wird, von dem man glaubt, es zu kennen, hat es nicht automatisch eine Bedeutung für andere. Daher ist eine der effizientesten Methoden die Visualisierung – zeigen, was man meint.

Kompetenz für Hauptbotschaften verloren

Ein Problem ist auch, dass viele Christen verlernt haben, was ihre Hauptbotschaften sind und wie sie diese kurz und für alle verständlich ausdrücken können. Schon der weise König Salomo erklärte: «Man vertraut dem Urteil eines vernünftigen Menschen; und wenn er dazu noch gut reden kann, überzeugt er jeden.» (Sprüche 16,21) Und weiter: «Der Kluge redet so, dass man ihn leicht verstehen kann; deshalb überzeugen seine Worte.» (Sprüche 16,23) Oder wie es Petrus (1. Petrusbrief 3,1–2 + 15-16) im Neuen Testament treffend formulierte: «Auch ohne viele Worte sollt ihr Frauen allein durch euer Vorbild eure Männer für Christus gewinnen, die bisher nicht an sein Wort glaubten. Ein vorbildlicher Lebenswandel und die Achtung ihnen gegenüber wirken überzeugender als viele Worte. (…) Seid stets bereit, jedem Rede und Antwort zu stehen, die euch nach der Begründung eures Glaubens fragen. Seid dabei freundlich und respektvoll.» Stets bereit zu sein, hat mit Training zu tun. Wenn ein 100-Meter-Läufer Bestzeit erreichen will, so kann er dies nicht aus dem Stand. Es ist aufwendiges und regelmässiges Training nötig. Gleich müssten auch Christen ihre Auftritte und Sprache regelmässig trainieren.

«Wenn Christen die frohe Botschaft verständlich und spannend verkünden wollen, müssen sie daran arbeiten.»

Was geschieht, wenn an Christen ganz selbstverständliche Fragen wie «Was ist deine Kirche?», «Was ist die Bibel?» oder «Wer ist Jesus?» gestellt werden? Wenn Christen bei diesen Antworten zögern oder stottern, haben sie damit schon angedeutet, dass sie von dieser Botschaft gar nicht überzeugt sind. Hier geht es darum, wieder fit zu werden für Antworten in der Öffentlichkeit auf die wichtigsten Fragen. Das ist gar nicht so einfach, wie zum Beispiel ein Kurs mit Jungscharleitern zeigte. Sie erhielten den Auftrag, für die «Tagesschau» in 20 Sekunden in einem Statement zu erläutern: Was ist Jungschar? Wer ist Jesus? Die meisten Leiter wollten nur die erste Frage beantworten. Die zweite fiel ihnen schwer. Es ist ein Armutszeugnis, wenn Christen es kaum schaffen, die zentralste Figur des Glaubens nicht in 20 Sekunden für ein breites Publikum zu erläutern. Jene die es versuchten, behalfen sich meist mit Worten wie «Heilsbringer» oder «Er ist Liebe, Retter, Hoffnung». Solche Worte klingen für Aussenstehende wie leere Worthülsen. Christen haben verlernt, die Inhalte so zu erläutern, dass die Stammtischrunde in der Beiz es auch versteht. Wenn Christen die frohe Botschaft verständlich und spannend verkünden wollen, müssen sie daran arbeiten.

Sonst sind Christen wie Leuchttürme, die verunreinigt sind und deren Licht nur noch schwach schimmert. Sie müssen gereinigt und ihre Fenster geputzt werden. Christen brauchen wieder eine verständliche Sprache, damit sie gehört werden. Diese Leuchttürme sollen ganz neu erleuchten. Man spricht auch vom sogenannten «Elevator-Pitch»: Während eines Zusammentreffens in einem Lift hat man 15 bis 20 Sekunden Zeit, um sich gegenüber einer interessierten Person zu erklären. Eine mögliche Antwort auf die Frage «Wer ist Jesus?» wäre zum Beispiel: «Wenn Donald Trump der mächtigste Mann der USA ist, dann ist Jesus für mich der mächtigste Mann der Welt. Durch seinen Tod am Kreuz hat er meine Vergangenheit bereinigt, gibt er mir einen Sinn im Hier und Jetzt und schafft mir eine hoffnungsvolle Zukunft – egal, wie Herr Trump in Zukunft regieren wird.» Wir müssen Kommunikation als Dauerauftrag sehen. Vor allem müssen wir unsere Hauptbotschaft wieder entdecken und in 20 Sekunden einfach kommunizieren können. Das muss regelmässig trainiert und angewendet werden.

Todsünden der Kommunikation

- Predigen statt antworten: Schlüsselfragen lassen sich oft mit Ja/Nein, einer Zahl oder einem Satz beantworten. Führungskräfte, Politiker, Lehrer, Mediziner und Theologen haben gegenüber ihrer Klientel hierarchisch oder wissensmässig einen Vorsprung. Doch in der Medienkommunikation müssen sie einen Journalisten auf Augenhöhe hinnehmen. Wenn sie das nicht akzeptieren oder nicht merken, ziehen sie kommunikativ den Kürzeren – selbst wenn sie recht haben.

- Behauptungen statt Geschichten: Behauptungen und Gegenbehauptungen wirken oft verbissen, stur, konstruiert und ideologisch. Geschichten sind anschaulich aussagekräftig – siehe auch bei Jesus mit seinen Gleichnissen aus dem Alltag. Man hört gerne zu. Erfolgreiche Kommunikatoren beschreiben mehr und behaupten weniger.

- Abwehr statt Offenheit: Wer von den Empfängern als abwehrend wahrgenommen wird, bestätigt für sie, dass er etwas zu verbergen hat. Wer erfolgreich kommuniziert, leistet sich entwaffnende Offenheit, auch wenn es etwas wehtut.

- Herde statt Persönlichkeiten: Wer die Zuhörer mit Schlagworten, Klischees, Feindbildern und Sicherheitsgefühl an sich bindet, gibt ein totalitäres Bild ab und verliert dadurch Wohlwollen in der Öffentlichkeit. Ohne Individualität wirkt ein Kommunikator fremdgesteuert.

- Eigene Definitionen statt Öffentlichkeitsbezüge: Wer sein Tun und Trachten nicht mit dem öffentlichen Empfinden in Einklang bringt, neigt dazu, mit eigenen Definitionen und Begriffswelten eine eigene Kultur zu etablieren. Die Folge: eine komplizierte und wortreiche Kommunikation. Im Konfliktfall ist es viel schwerer, Wohlwollen und Verständnis in der Öffentlichkeit zu gewinnen.

- Rituale statt Risiken: Rituale von der Kanzel oder der frommen Sprache fördern zwar eine Bindung zu den Zuhörern, machen aber denkfaul. Rituale verhindern Reflexon, Diskurs und Bewusstheit. Dagegen stählen Risiken in der Kommunikation Bewusstsein und Identität, Denkweite und Sprachkürze. Die Verkündigung muss heute verwundern, irritieren oder erschrecken, um zu Menschen durchzudringen, die sich gerade nicht mit dem Thema beschäftigt.

- Mythen statt Know-how: Wenn man Klischees und Mythen zu oft gesagt hat, hinterfragt man sie irgendwann nicht mehr. Dann unterliegt man plötzlich jemandem, der besser informiert ist und mit wenig Worten die Mythen entlarven kann.

Diskurs neu lernen

Unter vielen Intellektuellen gehört es zum guten Ton, schlecht über das Christentum zu reden. Sie sehen darin eine rückständige Religion, die es verpasst habe, mit der Moderne und deren Anforderungen Schritt zu halten. Sie stehe deswegen dem Fortschritt der Zivilisation im Wege. Wenn sich die Intellektuellen doch mal mit der Religion beschäftigen, dann höchstens in Form einer zur Überheblichkeit neigenden Belustigung: Man schmökert schmunzelnd in skurrilen christlichen Schriften. Für den revolutionären Geist, der dem christlichen Denken innewohnt, interessiert sich die vermeintlich aufgeklärte Gesellschaft aber kaum.

Mit dem Abwenden von der Gesellschaft und der mangelnden Schulung der Sprachfähigkeit vis-à-vis der Gesellschaft hat die Kirche zwei Schlüsselbereiche vernachlässigt, um ihre Mitglieder darauf vorzubereiten, Antworten auf Skeptiker und Atheisten zu geben. Dadurch haben die Christen den Diskurs verlernt. Sie haben die Fähigkeit verloren, gegenüber der säkularen Gesellschaft richtig zu argumentieren und im Gespräch zu bleiben. Wenn jemand fragt, «Was denkst du über Abtreibung?» und die Antwort ist: «Abtreibung ist Mord», dann sagt der andere vielleicht: «Du bist ein Moralist, mit dir kann ich nicht

weiterreden.» Damit wäre der Diskurs beendet. Um im Gespräch zu bleiben, muss man sich überlegen, welches die Geschichte hinter der Geschichte ist. Um beim Beispiel zu bleiben: Die Frau kämpft um die Freiheit ihres eigenen Bauches. Denn es kann sein, dass der Zeitpunkt der Schwangerschaft unpassend ist in ihren Lebensumständen, dass sie sich nicht reif genug fühlt oder im schlimmsten Fall sogar vergewaltigt wurde und gegen ihren Willen schwanger geworden ist. Wer diese Überlegungen mitberücksichtigt, kann anders argumentieren: «Ich respektiere deinen Kampf um die Freiheit deines Bauches – aber darf ich dieser Freiheit, für die du kämpfst, auch die Freiheit des ungeborenen Kindes gegenüberstellen, das biologisch schon alle Anlagen hat, um ein schönes Leben zu führen? Die Freiheit des ungeborenen Kindes, das sich nicht selber artikulieren kann?» So befinden sich Christen in einer Diskussion auf Augenhöhe. Daher sollten theologische Ausbildungsstätten auch Atheisten zu Diskussionen einladen. Wenn Christen von der Botschaft überzeugt sind und sie gut geübt haben, dann müssen sie keine Bedenken haben, mit irgendwem darüber zu diskutieren. Im Gegenteil: Die Argumente gewinnen im Diskurs an Schärfe und Überzeugungskraft.

Ein gutes Beispiel, die Geschichte hinter der Geschichte zu suchen, gibt Paulus in Athen. Er wandelt durch die Stadt und kommt mit den Leuten ins Gespräch. Er erfährt, wo der Schuh drückt. Die Leute bringen ihn auf den Areopag, wo sich die Menschen die neusten Geschichten erzählt haben – so etwas wie das damalige Facebook –, und fordern ihn auf, von seinem unbekannten Gott zu erzählen. Er weiss, es gibt Tausende von Göttern bei den Griechen. Er weiss aber auch vom Altar für den unbekannten Gott. Während einer grossen Seuche stellten die Athener den Altar für den unbekannten Gott auf, damit sie sicher keinen Gott verpassten, der ihnen helfen könnte, diese Seuche zu überwinden. Da erzählt ihnen Paulus eine Geschichte vom unbekannten Gott, nämlich von Christus – und trifft damit den Nerv der Stadt. Paulus befasste sich also intensiv mit dem, was die Leute bewegte, und wurde eingeladen, seine Botschaft zu verkünden. Am Schluss sind nicht alle einverstanden mit ihm, aber einige nehmen das Evangelium auf.

Es geht auch darum, auf ganz kritische Fragen gute Antworten zu haben. Für jeden Standpunkt oder jede Meinung, die jemand vertritt, gibt es Menschen, die das Gegenteil vertreten. Normalerweise behaupten beide Seiten, dass sie richtig liegen, dass sie die besten Argumente und die richtigen Fakten haben. «Wenn Kritiker einwerfen, dass Gott im Alten Testament befohlen habe,

«Es geht auch darum, auf ganz kritische Fragen gute Antworten zu haben.»

Felix Ruther (hinten) übt die Diskussion. (Bild zVg)

ganze Städte auszurotten, müssten Christen Geschichten wie die Zerstörung Jerichos erläutern und begründen können», erklärt Felix Ruther, langjähriger Studienleiter der VBG, einer christliche Bewegung von Berufstätigen, Studierenden und Mittelschülern in der Schweiz. Zur Frage nach der Ausrottung der Bewohner Jerichos könnten Christen beispielsweise sagen, dass die Israeliten grundsätzlich gleich gehandelt haben wie andere Völker in Kriegshandlungen. Ausserdem sei es damals ganz konkret um das Überleben von Israel gegangen. Die Handlungen und Normen der Frühzeit von Israel seien aber später verändert worden. Hier habe eine Entwicklung stattgefunden, welche die Bibel aufzeige. Die Texte aus der Frühzeit Israels hätten somit auch keine normative Bedeutung für unsere Zeit. Ruther: «Man muss mit der Bibel ernsthafter arbeiten als früher, wo man einfach Bibelverse zitieren konnte. Wir müssen mehr Gedankenarbeit leisten und begründen, weshalb die Bibel für uns ein normatives und gutes Buch ist.» Die Dimension der Verbrechen im Namen des Christentums sei ausserdem im Vergleich zu modernen Verbrechen gegen die Menschheit im Namen atheistischer Ideologien vergleichsweise klein. So seien in den 249 Jahren, in denen die Inquisition gewütet habe, nicht mehr Menschen hingerichtet worden als während 40 Minuten der Herrschaft von Mao. Felix Ruther plädiert damit für die Apologetik, die Verteidigung des Glaubens. Wenn ein Professor behaupte, die Bibel sei ein Märchenbuch, sollte ein Student nicht versuchen, das Gegenteil zu beweisen, sondern zurückfragen: Wie kommen Sie darauf? Welche Wissenschaft behauptet das? «Wir müssen hier clever sein und uns gut auf die Auseinandersetzung vorbereiten», betont Ruther.

Auseinandersetzung mit der Kultur

Laut dem Duden ist «Apologetik» die Verteidigung oder wissenschaftliche Rechtfertigung von (christlichen) Lehrsätzen. Die christliche Apologetik beantwortet die Fragen der Menschen über die Wahrheit des Evangeliums. Dabei soll sowohl das Herz als auch der Intellekt der Denker der Gesellschaft berührt werden. Alle sollen auf die Fragen der Skeptiker eine Antwort geben können und so auf die Bedürfnisse des Säkularismus und anderer Weltanschauungen reagieren. Christliche Apologetik versucht zu zeigen, dass die Ansprüche von Jesus wahr und intellektuell sinnvoll sind. In der bereits zitierten Passage von Petrus «Seid stets bereit, jedem Rede und Antwort zu stehen, die euch nach der Begründung eures Glaubens fragen» steht im Urtext für Begründung oder Verteidigung das griechische Apologia.

Christian Hofreiter widmet sich seit 2013 dem Anliegen eines christlichen Glaubens «mit Herz und Hirn» als Direktor des Zacharias Instituts für Wissenschaft, Kultur und Glaube im deutschsprachigen Raum sowie als Research Fellow am Oxford Centre for Christian Apologetics. Er sagt treffend: «Ich kann inhaltlich noch so gute Argumente liefern, wenn mein Gegenüber mich als arrogant und unsympathisch wahrnimmt, wird es ihm schwerfallen, sich auf Gott einzulassen.» Im Englischen gebe es den Spruch: «People don't care what you know until they know that you care.» (In etwa: Es ist den Menschen gleich, wieviel du weisst, bis sie nicht wissen, wieviel sie dir bedeuten.) Hofreiter weiter: «Richtig verstanden ist christliche Apologetik nichts anderes als die Umsetzung des doppelten Liebesgebo-

«Apologetik ist kein Luxus mehr, sie ist in unserer Zeit unverzichtbar.»

tes: Gott mit unserem Verstand zu lieben, also unseren Glauben auch intellektuell zu reflektieren, und unseren Nächsten zu lieben, wie uns selbst. Das heisst konkret zum Beispiel, die Fragen des Anderen ernst zu nehmen, keine platten Antworten zu liefern, zuzugeben, wenn wir keine befriedigende Antwort haben. Gute Apologetik räumt Hindernisse im Glauben aus dem Weg, damit der Blick frei wird auf Jesus. Wenn der Blick auf Jesus frei ist, dann wird in ihm die Schönheit, Wahrheit und Güte Gottes sichtbar wie nirgendwo sonst.»
Wichtig ist dabei die Auseinandersetzung mit der Kultur: Da geht es neben dem, dass man durch gute Argumente sprachfähig wird, immer auch um den Ton, die Sanftmut und Respekt sowie das Wie der Kommunikation. Dazu gehört auch gut hinhören und gute Fragen stellen anstatt zu predigen. Hier bietet das Zacharias Institut für Wissenschaft, Kultur und Glaube (www.zachariasinstitut.org) Weiterbildungen an, zum Beispiel einen 12-wöchigen Onlinekurs: Wie kann ich bei kritischen Fragen zum christlichen Glauben Rede und Antwort stehen? Wie hilfreiche Fragen stellen, andere Weltanschauungen verstehen und den christlichen Glauben fruchtbar ins Gespräch bringen?
Weltweit haben schon viele von diesem Programm profitiert und sind mit neuer Leidenschaft den Fragen ihrer Freunde, Kollegen und Nachbarn begegnet. Das Ziel ist es, Apologeten aus allen Lebensbereichen auszubilden – Pastoren, Jugendpastoren, Geschäftsleute, Kunstschaffende, junge Menschen bei der Vorbereitung auf die Universität, Profisportler oder Hausfrauen. Hilfreich sind auch die beiden Bücher von John Lennox, Mathematik-Professor an der Universtität Oxford: «Gott im Fadenkreuz, eine Auseinandersetzung mit dem neuen Atheismus» und «Hat die Wissenschaft Gott begraben?», wo es vor allem um die Denkvoraussetzungen der modernen Wissenschaft geht. Bei beiden Büchern geht es hauptsächlich um Argumente. Aber auch die Tonalität ist vorbildlich, die in den Büchern durchkommt.

Apologetik ist kein Luxus mehr, sie ist in unserer Zeit unverzichtbar. Wer an Gott glaubt oder die Bibel liest, muss sich nicht länger verstecken. Die Bibel überliefert Werte, welche massgeblich auch unser westliches Gesetz beeinflusst haben. Es ist ein solides, sich nicht veränderndes Regelwerk, das auch rational viel Sinn macht. Die Wissenschaft beruht auf Annahmen und Hypothesen. Vieles ist nicht bewiesen. Das erlangte Wissen ist nur so lange gültig, bis es jemand widerlegt hat. Es verändert sich stetig.

Key messages are key

Schlüsselbotschaften sind am Wichtigsten (Key messages are key), heisst es im Marketing. Was ist die Hauptbotschaft der Christen? Über allem die Liebe! So lautet die Augustinerregel oder auch ein Buchtitel des englischen Erweckungspredigers John Wesley (1703–1791), dem Begründer der methodistischen Bewegung. Ohne die Liebe wäre alles nichts, beschreibt Paulus in 1. Korinther 13: Prophetisch oder wie Engel reden, den Körper im Feuer verbrennen oder mit Glauben Berge versetzen – ohne Liebe ist alles nichts.

Christen überzeugen mit einem Glauben, der in der Liebe tätig ist. Als die Pharisäer Jesus versuchen wollten und ihn nach dem höchsten Gebot im Gesetz fragten, antwortete er ihnen (Matthäus 22,37–39): «Du sollst den Herrn, deinen Gott, lieben von ganzem Herzen, von ganzer Seele und mit all deinen Gedanken. Das ist das höchste und erste Gebot. Ebenso wichtig ist das zweite: Du sollst deinen Nächsten lieben wie dich selbst.» Das führt zu einer Art 1-2-3-Konzept: 1. Liebe Gott, von ganzem Herzen, von ganzer Seele und all deinen Gedanken. 2. Liebe deinen Nächsten. 3. Liebe dich selbst. Alle drei Punkte sind wichtig. Dann steigt die Liebesfähigkeit zu Gott, den Mitmenschen und zu sich selbst! In der säkularen Welt, in Politik und der Gesellschaft geht es heute hauptsächlich um Punkt 3 – liebe dich selbst. Doch einer von dreien reicht nicht aus. Wer authentisch lebt, lebt nach der Botschaft von Jesus.

Der Glaube an Gott basiert auf der Bibel, dem am besten erforschten Buch der Welt mit grösster Auflage und vielen unabhängigen Quellen über viele Tausend Jahre. Die Bibel ist das «Buch der Bücher»: die wirkungsvollste und auflagenstärkste Schrift der Menschheit. Die Bibel ist unglaublich beliebt. Homer ist in 40 Sprachen übersetzt, Shakespeare in 60 und 2017 lag die vollständige Bibel – das heisst Altes und Neues Testament komplett – in 674 Sprachen vor. Sie ist der absolute Bestseller aller Zeiten. Jährlich werden über 400 Millionen Bibeln, Neue Testamente und biblische Schriften verbreitet.

Die Bibel wurde zwar für ihre Zeit geschrieben, ist aber zeitlos in ihrer Anwendung und Interpretation. Vor 500 Jahren haben die Reformatoren die Bibel auf Deutsch übersetzt. Plötzlich konnten eine grössere Anzahl Menschen die Bibel direkt lesen. Zwingli ging sogar so weit und sagte seinen Zuhörern, dass sie nicht auf seine Interpretation hören, sondern Gott soll ihnen direkt durch sein Wort begegnen sollen. Das hat die Eigenverantwortung und eigenes Denken gefördert. Die Spuren der Reformation sind noch heute deutlich erkennbar.

«Die Bibel wurde zwar für ihre Zeit geschrieben, ist aber zeitlos in ihrer Anwendung und Interpretation.»

Das Geheimnis einer guten Predigt

Pointierte Meinungen haben das Potenzial, Reichweite zu erzielen. Es gibt Sätze und Zitate, die noch heute die Welt bewegen. Solche Aussagen wurden auch von Pastoren gemacht: Beispiele sind «I have a dream» von Martin Luther King vor dem Capitol in Washington oder «Von guten Mächten wunderbar geborgen» von Dietrich Bonhoeffer in der KZ-Haft. Eine Sprache, welche den Nebel der Relevanzlosigkeit durchdringt, fängt bei den Profis, den Pfarrern, Priestern und Pastoren an. Eine Predigt ist viel mehr als Gewohnheit und Pflichtgefühl. Es geht um mehr als die gewohnte Sprache und bekannten Floskeln, nur weil sie scheinbar Halt geben in unsicheren Zeiten. Bibeltexte sollten ohne abgehobene Sprache auf das Leben bezogen und in normaler Umgangssprache erklärt und wenn immer möglich mit persönlichen Erfahrungen erzählt werden. Eine direkte Verbindung mit den Gästen entsteht nämlich meist nur dann, wenn der Prediger so viel wie möglich von sich preisgibt. Er teilt seine Erfahrungen und Gefühle und gibt dem Publikum so die Chance, sich mit der Situation zu identifizieren. Es wird ein Bezug zur gesellschaftlichen Realität hergestellt – zu dem was die Gäste aktuell im Kopf haben, was in aller Munde ist. Eine gute Predigt ist authentisch, lebensnah und mitreissend. Sie versetzt in Freude oder Trauer. Der Prediger oder die Predigerin spricht über das, was sie gerade empört, wirklich begeistert, in Freudentaumel versetzt oder tiefe Frustration ausgelöst hat.

«Das Evangelium an der königlichen Hochzeit gepredigt: unverschämt, echt, leidenschaftlich.»

Es war eines der grossen Medienereignisse 2018: die Hochzeit von Prinz Harry und Meghan Markle. Doch nicht das Paar oder die prominenten Gäste standen im Vordergrund, sondern der in Europa bisher unbekannte Bischof Michael Curry. Er hielt für britische Verhältnisse eine äusserst leidenschaftliche Predigt – wie man sie im Gottesdienst einer Windsor-Zeremonie noch nicht gehört hat. Es war wohl die Predigt mit der weltweit grössten Zuhörerschaft: Rund zwei Milliarden Fernsehzuschauer konnten die Emotionen in der St. George's Chapel in Windsor Castle spüren, als Bischof Michael Curry während 14 Minuten eine starke Botschaft überbrachte. Michael Curry stammt aus Chicago und ist das Oberhaupt der Episkopalkirche in den USA, die wie die Kirche von England Teil der Anglikanischen Gemeinschaft ist. Er ist der erste Afroamerikaner in dieser Funktion. Als Nachfahre von afrikanischen Sklaven sprach Bischof Curry die Hochzeitsgäste als «Brüder und Schwestern» an. Er brachte damit einen Hauch der «schwarzen» Kirchenkultur und auch des Kampfes gegen Rassismus mit nach Windsor. In seiner Botschaft betonte er vor allem die Macht der Liebe und erinnerte an die Worte von Jesus Christus, der «die revolutionärste Bewegung der Menschheitsgeschichte gegründet hat». Die Predigt gewann immer mehr an Kraft – seine Stimme wurde immer emotionaler und seine Arme ruderten mit. Curry betonte die heilsame Wirkung der von Sklaven gesungenen Spirituals und zitierte Martin Luther King – dies in einem englischen Schloss und im Angesicht der Kolonisatoren selbst. In den Medien erntete Curry begeisterte Reaktionen: «Das Evangelium an der königlichen Hochzeit gepredigt: unverschämt, echt, leidenschaftlich.»

«Ohne die öffentliche Verkündigung des Gotteswortes stirbt der Glaube und die Kirche verschwindet.»

Ausgezeichnete Predigten

«Also kommt der Glaube aus der Verkündigung, die Verkündigung aber geschieht durch das Wort von Christus.» (Römer 10,17) In diesem Zitat des Apostels Paulus wird die besondere Berufung sichtbar, die mit dem Predigen verbunden ist. «Die Verkündigung ist unglaublich wichtig für die Entstehung des Glaubens (...) Ohne die öffentliche Verkündigung des Gotteswortes stirbt der Glaube und die Kirche verschwindet», erklärt Gottfried Locher, Präsident des Evangelischen Kirchenbundes (SEK). Hunderte von Predigerinnen und Prediger stehen in den reformierten Schweizer Kirchen Sonntag für Sonntag auf der Kanzel. Sie verkündigen das Wort Gottes und übersetzen es in die heutige Zeit. Sie bringen den Menschen den Schatz der Bibel nahe. Das ist eine zentrale Aufgabe der Kirche und eine Chance für die Zukunft: Eine gute Predigt erreicht und bewegt die Menschen. Und sie ist ein Kunstwerk, für das Pfarrerinnen und Pfarrer viel Zeit, Energie und Leidenschaft einsetzen.

Um dies besser sichtbar zu machen, hat der SEK 2014 den ersten Schweizer Predigtpreis lanciert. Die Jury unter Präsident Niklaus Peter wertete in einem theologischen «Voice of Switzerland» insgesamt 181 deutschsprachige Predigten aus, die teilweise mehrmals gelesen, diskutiert und ausgewählt wurden. Die Motivation für Niklaus Peter von der Fraumünsterkirche Zürich dabei mitzuarbeiten: «Gegen Vorurteile zu zeigen, dass es eindrückliche Christen gibt, eindrückliche Initiativen und eine lebendige Predigtkultur.»

Der Preis wurde 2016 zum zweiten Mal vergeben. Preisträger Erich Häring (katholisch, Thurgau) sagte. «Je kürzer die Predigt, desto anspruchsvoller ist die Vorbereitung». Eine Stunde Vorbereitung pro Minute Redezeit sei keine Ausnahme.

In Deutschland wird jedes Jahr der «Bonner Ökumenische Predigtpreis» vergeben. Damit werden seit dem Jahr 2000 Predigten von besonderer Qualität ausgezeichnet – aus allen Landes- und Freikirchen im deutschsprachigen Raum. Dieser internationale Predigtpreis ist in den vergangenen Jahren zu einem anerkannten Massstab für die Qualität christlicher Rede geworden – eine Art «Oscar» für die beste Predigt. Dafür stehen das beachtliche Interesse und vor allem die Vielfalt der Beteiligung nach Geschlecht, Konfession, Lebensalter, beruflicher Funktion und lokaler Herkunft. Sie haben den Preis zu einer besonders repräsentativen Institution ihrer Art heranwachsen lassen. Der Predigtpreis wird vom Verleger Norman Rentrop gestiftet. Die Redekultur auf Kanzeln im deutschsprachigen Raum zu fördern, ist das Ziel des jährlich vergebenen Preises. Darüber hinaus will der Preis die Bibel ins Gespräch bringen.

2017 gewann der reformierte Pfarrer Thomas Muggli-Stokholm aus Bubikon ZH diesen internationalen ökumenischen Predigtpreis. Thomas Muggli-Stokholm ist nach dem Berner Pfarrer und Schriftsteller Kurt Marti der erste Schweizer, dem dieser Preis verliehen wurde. Marti erhielt ihn 2005 für sein Lebenswerk. Thomas Muggli-Stokholm habe in seiner Karfreitagspredigt «eine andere Sicht auf den Jünger Judas geschaffen», schreibt die Jury. Thomas Muggli-Stokholm ist ein Prediger aus Leidenschaft (siehe Interview).

Doch wie zu Beginn des Kapitels gezeigt: Auch alle Laien, die weder ein grosses Publikum, noch ein vertieftes theologisches Wissen noch regelmässig Zeit zur Vorbereitung haben, sollten sich die genannten Grundsätze zu Herzen nehmen. Im Gespräch mit den Nächsten sollten Christen versuchen: Emotionen wecken, achtsam sein, verständlich und authentisch kommunizieren, Fragen stellen und Fragen beantworten.

«An den langweiligsten Predigten oft am längsten gefeilt»

Der reformierte Pfarrer Thomas Muggli-Stokholm gewann den in Deutschland verliehenen ökumenischen Predigtpreis. Im Interview erklärt er, was es zum guten Prediger braucht und warum die perfekte Predigt nicht immer die beste ist.

Interview Heimito Nollé, ref.ch

Herr Muggli-Stokholm, Sie wurden mit dem ökumenischen Predigtpreis ausgezeichnet. Wie fühlte sich das an?
Thomas Muggli-Stokholm: Ziemlich verrückt (lacht). Es war die totale Überraschung für mich. Ich habe ja auch erst zum zweiten Mal am Wettbewerb teilgenommen.

Sie haben mit einer Predigt zu Karfreitag gewonnen. Was ist das Besondere daran?
Speziell daran ist die Briefform. In meiner Predigt ging es mir darum, die Persönlichkeit des Judas zu zeigen. War er wirklich der Inbegriff des Bösen? Oder spiegelt sich in ihm nicht vielmehr das Menschlich-Allzumenschliche, das wir von uns selbst kennen? Die Briefform erlaubte mir, Judas direkt als Bruder anzusprechen.

Sie predigen seit rund dreissig Jahren. Was macht eine gute Predigt aus?
Ich merke das, wenn ich beim Lesen einer Bibelstelle auf das kreative Potenzial des Textes selbst stosse und dieser zu mir zu reden beginnt. Das Schreiben entwickelt dann eine Eigendynamik, die sich vom blossen Interpretieren einer Textstelle unterscheidet. Im Idealfall interpretiere nicht ich den Text, sondern der Text interpretiert mich. Dadurch erschliesst er mir eine neue Sichtweise auf die Gemeinde und mich. Wichtig ist mir auch, dass meine Predigt mit dem heutigen Leben zu tun hat und die Gemeinde anspricht. Als Prediger versuche ich, nicht über die Menschen hinweg zu theologisieren, sondern geerdet zu bleiben.

Wie lange arbeiten Sie an einer Predigt?
Die Vorbereitung und Durchführung eines Gottesdienstes nimmt bei mir ungefähr einen Tag in Anspruch. Das Schreiben der Predigt bildet dabei den Schwerpunkt und schliesst eine sorgfältige Textanalyse der Bibelstelle ein. Oft schreibe ich die Stelle mehrmals ab, damit sie in Fleisch und Blut übergeht. Diesen Text trage ich dann ein paar Tage mit mir herum.

Die Kirche wird oft für ihre abgehobene Sprache kritisiert. Wie soll der Pfarrer zu den Menschen sprechen?
Wichtig ist, dass seine Sprache für einen durchschnittlich gebildeten Menschen verständlich ist. Allerdings: Die Themen der Bibel bleiben wohl immer ein Stück weit fremd. Als Pfarrer ist man da in einem Clinch: Man will einen zeitgemässen Gottesdienst, hat aber mit einer Botschaft zu tun, die sich gegen das allzu leicht Bekömmliche sträubt. Dass ein Mensch, der als Verbrecher gekreuzigt wurde, der Gottessohn und Erlöser sein soll, lässt sich eben nicht als Erfolgsstory verkaufen. Das Fremde an dieser Botschaft soll man auch gar nicht beseitigen, sondern aushalten.

Was gilt es neben einer verständlichen Sprache sonst noch zu beachten?
Als Pfarrer versuche ich, authentisch zu sein. Was ich predige, sollte übereinstimmen mit dem, was ich persönlich denke und fühle.

Hatten Sie als Pfarrer auch schon das Gefühl, ihre Gemeinde zu langweilen?
Ja, diese Momente gab es auch. Es können leider nicht alle Predigten gleich gut gelingen. Übrigens sind die langweiligen Predigten oft die, an denen ich am längsten gefeilt habe. Da waren am Ende alle Ecken und Kanten abgeschliffen.

Zur Person:
Thomas Muggli ist 1962 geboren.
Er ist verheiratet und hat drei Kinder.
Seit 1996 ist er Pfarrer in Bubikon.
Zuvor wirkte er in Buchberg SH.

Keine frommen Sprüche ohne tägliche Knochenarbeit

Von Markus Baumgartner

Wie sich bei Pfarrer Ernst Sieber Wort und Tat ideal verbinden

Pfarrer Ernst Sieber verkörpert mit seinem Lebenswerk glaubwürdige Kommunikation. Kein Wunder: Jahrzehntelang verband er Wort und Tat auf ideale Weise. Er war und ist wohl der bekannteste Schweizer Pfarrer. Das ganze Leben und die Worte von Pfarrer Ernst Sieber sind ein herausragendes Vorbild für die kirchliche Kommunikation in der Schweiz. Der radikale Gottesmann forderte alle heraus: ob aus der liberalen oder aus der evangelikalen Kirchenecke. Sowohl seine TV-Auftritte als auch seine unbürokratischen Aktionen für Menschen in Not waren als «Wort und Tat» derart überzeugend, dass er wohl der glaubwürdigste reformierte Christ in der Schweiz ist. An Pfingsten 2018 ist er verstorben. Was ist sein Vermächtnis?

Es gibt ein Lebensmotto, welches Pfarrer Ernst Sieber bis zum Schluss begleitete: «Der Mensch als Mittelpunkt. Und nicht: Der Mensch als Mittel, Punkt. Jesus Christus bleibt für mich das Zentrum.» Dieses Motto ging einher mit seiner Devise: «Wir müssen Menschen in Not zeigen, dass wir an sie glauben. Meine Brüder und Schwestern brauchen nicht einfach Geld, sondern einen Platz in der Gesellschaft.» Wort und Tat eben. Als seine Stärke bezeichnete er, dass er Menschen erkenne – «auch wenn es dunkel ist». Ernst Sieber wollte stets leben, was er predigt – das bestätigte seinerzeit auch der Zürcher Kirchenratspräsident Ruedi Reich: «Wenn sie ihn hören, dann redet er sehr fromm. Und weil er deckungsgleich handelt, wirkt es glaubwürdig.» Siebers grösstes Verdienst liegt wohl darin, dass er die Öffentlichkeit penetrant auf die Bedürftigkeit der Armen und Notleidenden aufmerksam machte. Er war der Rufer in der sozialen Wüste. Er war den Menschen auf eine menschliche Weise begegnet, hat ihre Sprache gesprochen, ihre Sorgen angehört, ihnen Zeit geschenkt und ihnen Hilfe für den Moment geboten. Pfarrer Sieber selber sagte gerne: «Eine Predigt halten ist nicht schwer – halten, was man predigt, aber sehr.»

«Chömed go lose, au die i de Badhose!»

Der Pfarrer

Ist Pfarrer Ernst Sieber einfach ein kommunikatives Naturtalent, wie es nur wenigen in die Wiege gelegt ist? Oder kann er ein Vorbild für viele Christen sein, die lernen wollen, wie man sich als frommer Mensch in einer säkularen Gesellschaft in die öffentliche Debatte einbringen kann? Wohl beides.
Ernst Sieber war sein Talent als grosser Kommunikator und Botschafter des Evangeliums nicht einfach in die Wiege gelegt. Bis er in der Öffentlichkeit zum Sprachrohr wurde, war es ein langer Weg. Ernst Sieber wurde 1927 in Horgen im Kanton Zürich geboren, wo er auch aufwuchs. Er absolvierte eine landwirtschaftliche Lehre am Zürcher Strickhof und wurde zuerst Bauernknecht auf dem Hirzel. «Und das obwohl mein Lehrer meinte, ich hätte das Zeug zum Schauspieler, Clown oder Maler.» Mit 23 Jahren holte er auf dem zweiten Bildungsweg die Matura nach und studierte in Zürich Theologie. Das Predigen hatte er schon vorher bei den Kühen laut im Stall geübt. Seine erste Stelle als Dorfpfarrer trat er 1956 in Uitikon-Waldegg an, am Rande der

Bild Sozialwerke Pfarrer Sieber SWS

Stadt Zürich, wo er neben seinem Malatelier in Euthal am Sihlsee am Schluss auch wieder lebte. 1967 wechselte er bis zu seiner Pensionierung 1992 als Pfarrer nach Zürich Altstetten. Zeitlebens blieb er aber ein Knecht: «Damit bin ich immer gut gefahren.» 1958 heiratete Ernst Sieber die Sängerin Sonja Vassalli, mit der er vier eigene und vier Pflegekinder hatte.

Als wichtigstes Buch in seinem Leben bezeichnet er die Bibel: «Als Sekschüler habe ich bei der Papiersammlung eine Bibel gefunden. Sie stammt aus dem 16. Jahrhundert und war mir immer ein guter Wegweiser.» Schon als Pfarrer war er unkonventionell. Er ging Risiken ein, stieg von der Kanzel herunter und ging zum Beispiel an heissen Sommersonntagen mit Jazzband und Gospelchor zum Strandbad am Türlersee, wo er mit dem Megafon in der Hand predigte: «Chömed go lose, au die i de Badhose!» Er scheute sich auch nicht, dem Hells-Angels-Boss Tino hinten auf die Maschine zu steigen und durch die Gegend zu brettern. Ernst Sieber zog es immer wieder nach draussen: «Ich habe die Kanzel gebraucht, aber ich wollte beim Predigen nie den Boden unter den Füssen verlieren.» So erklärte er auf die Frage, wo er am liebsten leben würde: «Beim Hoch-Ybrig. Dort vereint sich Fels, Wasser und Acker. Da fühle ich mich geerdet.» Auch nach seiner Pensionierung blieb er der Pfarrer. Meist redete er so viel, dass einige von ihm sagten: «Eigentlich predigt er ununterbrochen. Er findet überall eine Kanzel.»

«Seinen Ruf als Behördenschreck nahm er damals als Kompliment und brachte den Zürcher Stadtrat mehr als einmal ins Schwitzen.»

Der Anpacker

«Die Behörden sprechen immer von Randständigen. Das bringt mich in Rage. Die Menschen, die Zuflucht im Pfuusbus suchen, sind unsere Brüder und Schwestern.» Sein Einsatz für die Schwächeren in der Gesellschaft wurde in Zürich im kalten Winter 1963 während der bis heute letzten Seegfrörni öffentlich wahrgenommen. Das war noch ohne schlagkräftiges Hilfswerk im Rücken. Kurzerhand erklärte er den Kriegsbunker am Zürcher Helvetiaplatz zu einem «Stück Himmelreich für Obachlose». In den 1980er-Jahren wurde er zur Galionsfigur der Drogenhölle auf dem Zürcher Platzspitz. Dem «24-Stunden-Trauerspiel» setzte Ernst Sieber seinen unerschütterlichen Optimismus entgegen, mit «Liebe und Strenge» das «zementierte Leiden» aufbrechen zu können. Nationale Berühmtheit erlangte er, als er bei den Zürcher Jugendunruhen eine gewalttätige Auseinandersetzung zwischen wütenden Demonstranten und der Polizei verhinderte, indem er sich mit seinem Esel auf der Quaibrücke zwischen die Fronten stellte. Oder mit der Weihnachtsaktion 1994 unter dem Titel «Betten statt Letten», als er einen Sonderzug charterte, um mit ein paar Hundert Randständigen im Tösstal in einer leeren Fabrik die siebersche Ausgabe der «Zäller Wiehnacht» zu feiern. Was angesichts der unglaublich grossen Medienpräsenz vielleicht erstaunt: Obwohl Sieber ein absoluter Kommunikationsprofi war und genau wusste, wie er in der Öffentlichkeit punkten konnte, ging es ihm zuerst um die Sache. Er wollte den Bedürftigen helfen. Als ihn ein Journalist bei der Aktion «Betten statt Letten» für eine grosse Weihnachtsreportage begleiten wollte, gelang das erst, als dieser den Pfarrer vor seinem Haus abpasste – viel zu überladen war Siebers Terminkalender, als dass er etwas Verbindliches hätte abmachen wollen. Stets stand bei Ernst Sieber der Mensch im Mittelpunkt und nicht die Vorschriften aus den Amtsstuben. Seinen Ruf als Behördenschreck nahm er damals als Kompliment und brachte den Zürcher Stadtrat mehr als einmal ins Schwitzen. Als er kurzerhand Drogensüchtige in der Wasserkirche einquartierte, liess er sich am nächsten Tag direkt telefonisch in die wöchentliche Sitzung der Zürcher Stadtrates durchstellen, um diesen im Nachhinein über die neuste Aktion zu unterrichten. Furcht kannte Ernst Sieber nicht, lieber schuf er gleich einmal Tatsachen.

Er hat sich für eine Drogenpolitik eingesetzt, bei welcher der Mensch im Mittelpunkt steht. Die Drogenpolitik wurde dadurch effektiv menschlicher und erfolgreicher, letztlich nicht nur in Zürich, sondern auch auf nationaler Ebene.

Wo Not herrschte, half Pfarrer Sieber stets schnell, unbürokratisch, ohne Moralinsäure und gelegentlich auch ohne irdische Bewilligung: So versteckte er etwa in einem kalten Winter heimlich Drogensüchtige im Keller. Eine Herzensangelegenheit wurde ihm auch die Weihnachtsfeier im Hotel Marriott in Zürich. Jeden Dezember feierte er auf Einladung des 5-Sterne-Hotels mit rund 600 «Brüdern und Schwestern» das Fest der Liebe an einer reichen Tafel. Vom «Sune-Egge» über den «Pfuusbus» bis zum «Ur-Dörfli»: 30 Sozialwerke wurden von ihm gegründet oder initiiert. Aus ersten Anlaufstellen, Notschlafstellen, einem Aids-Hospiz und Rehabilitationseinrichtungen entstand 1988 die Stiftung Sozialwerke Pfarrer Sieber (SWS), die er bis 2004 selber leitete und heute rund 200 Personen beschäftigt und von rund 100 Freiwilligen unterstützt wird. Die Zusammenführung der rund zwei Dutzend Einrichtungen erfolgte, um Spendern und Finanzpartnern grössere Sicherheit zu bieten sowie verbindlicher zu werden.

«Der Staat kann nicht lieben.»

Bild Sozialwerke Pfarrer Sieber SWS

Doch wieso braucht es in der reichen Schweiz mit ausgebauter Sozialhilfe überhaupt eine Privatstiftung, die sich der sozialen Probleme annimmt? Nicht zuletzt entlastet ihr Engagement für obdachlose, süchtige, psychisch und physisch angeschlagene Menschen auch den Staat. Oder wie es alt Stadträtin Monika Stocker einmal gegenüber Pfarrer Sieber ausdrückte: «Der Staat kann nicht lieben.» Dort, wo Behörden Fälle sehen, sah Pfarrer Sieber Menschen. Als Stiftung hat die SWS die Freiheit, um einen Menschen zu ringen, ihn nicht aufzugeben, auch wenn er Vereinbarungen nicht einhält, während dem Staat strukturell Grenzen gesetzt sind. Pfarrer Ernst Sieber sah hier trotz der ausgebauten staatlichen Sozialstrukturen ein erweitertes Tätigkeitsfeld für die Kirche.

Finanziell sind die SWS heute gut aufgestellt. Das Gesamtbudget beträgt gut 20 Millionen Franken, rund neun davon stammen aus Spenden und Beiträgen Dritter. Schlanke Strukturen sorgen für eine möglichst effiziente Einsetzung der Mittel. Das war nicht immer so: 2004 schrammten die SWS aufgrund von Misswirtschaft knapp am Konkurs vorbei, der nur dank einer Millionenspende eines anonymen Gönners verhindert werden konnte. Die rettende Spende war jedoch an die Bedingung geknüpft, dass die Familie Sieber sich nicht mehr am operativen Geschäft beteilige. Aus Liebe zum Projekt zog sich Pfarrer Sieber zähneknirschend zurück. Als Gründer, Ehrenpräsident und Identifikationsfigur blieb er immer nah am Geschehen dran. Rückblickend räumte Sieber Fehler ein. Er sei schliesslich Theologe, nicht Finanzfachmann. Und wiederum mit Schalk ergänzte er, «als Gottesknecht» sei er bereit, «auch die Fehler anderer zu übernehmen».

Der Kommunikator

Vermehrt einer breiteren Öffentlichkeit wurde Pfarrer Sieber durch seine TV-Auftritte im «Wort zum Sonntag» bekannt. Dort hielt er nicht einfach Andachten, sondern inszenierte seine Auftritte theatralisch. So nahm er zum Beispiel einen Holzrahmen mit und sagte, man müsse den Rahmen sprengen und verschieben, damit der Mensch wieder mehr Raum erhalte. Visuell verschob er dazu die zwei Hälften des Holzrahmens, bis sie ein Kreuz bildeten. Er schaffte es immer wieder, sich mit starken Symbolen in Szene zu setzen. So wusch er einem Mann öffentlich die Füsse. Oder gebrauchte Requisiten wie das Kreuz mit dem vergoldeten Heiland auf der einen und dem rostigen auf der anderen Seite. Pfarrer Siebers Fernsehpredigten, etwa auf Stelzen oder im Kopfstand, waren legendär: «Wenn ich auf den Stelzen stehe, bin ich der Schweizer, der die Ärmsten und die Ausländer unterdrückt. Wenn ich dann runtersteige und die Stelzen umkehre, werden sie zu Krücken. Das sagt doch unheimlich viel aus!» Doch auch hier: Die wortgewaltigen Auftritte waren unterlegt mit seinem konkreten Handeln. Da sprach keiner aus theoretischer Warte ans Publikum, sondern seine Predigten waren mitten aus dem Leben gegriffen.

Bild Sozialwerke Pfarrer Sieber SWS

Bild Sozialwerke Pfarrer Sieber SWS

Oft dabei waren seine beiden Ziegen «Flöckli» und «Brüneli». Er nutze die rote Clown-Nase und das schwarze Unschuldslamm. Oft zückte er seine schwere Holzkette, deren Glieder aus einem Baumstamm geschnitzt sind, um zu zeigen: Alle Teile der Kette sind verschieden und gehören zusammen. Damit sie nicht zerreisst, muss man immer auf das schwächste Glied Rücksicht nehmen. Manchmal kam er auf seinem Eselchen «Plinia» dahergeritten oder trug ein Kreuz unter dem Arm. Ernst Sieber war sowohl als wortgewaltig bekannt als auch für publikumswirksame Auftritte. Wenn Sieber sprach – lebendig und fulminant – wich das Alter aus seinem Gesicht und seine Augen funkelten. Kein Wunder sagte er: «Ich brauche Symbole für meine Predigten.» Einmal war ein Beamter des Zürcher Tiefbauamtes bei einer Predigt dabei. Ein paar Tage später traf ein netter Brief mit der Aufforderung ein, doch bitte die rote Strassenbaulaterne ans Tiefbauamt zu retournieren. Bei seinen Auftritten wirkte er komödiantisch, witzig, dramatisch, aufrüttelnd.

«Damals habe ich gemerkt, dass man die Information aus dem Herzen heraus weitertragen muss. Ohne dieses Feuer, das in andern eben auch lebt, entsteht keine Breitenwirkung.»

«Der beste Schweizer Redner, der auch zu schwierigen Themen brillant, mutig und gekonnt Stellung bezogen hat.»

Auf die Frage in einem Interview in der Zeitung «Bund» im Jahr 2002, wie er eine so hohe Medienpräsenz schaffe, erklärte er: «Als Bauernknecht sagte ich im Stall Gedichte auf. Wenn ich heute über eine Weide gehe und singe oder jauchze, habe ich den Eindruck, dass sich die Ohren der Tiere öffnen. Es gibt ein Hören von der Schöpfung aus. Gestern sass ich mit Journalisten der ‹Schweizer Familie› zu Mittag. Dieses Zusammensein, das mehr war als ein abstraktes Interview, war plötzlich total lustig. Der Dialog mit Menschen, die aus dem gleichen Holz geschnitzt sind, ist entscheidend. Darum ist für mich die Medienwelt nichts anderes als die Natur oder die Tiere.» Ernst Sieber war sich natürlich bewusst, dass er nur dann in der Öffentlichkeit eine derart grosse Wirkung entfalten kann, wenn Zeitungen und Fernsehen über seine Aktionen berichteten: «Wenn einige Journalisten im Jahr 1963 nicht die richtigen Fragen gestellt hätten, hätte der Bunker nicht weiterbestehen können. Damals habe ich gemerkt, dass man die Information aus dem Herzen heraus weitertragen muss. Ohne dieses Feuer, das in andern eben auch lebt, entsteht keine Breitenwirkung.»

Der Schweizer «Rhetorik-Papst» Harry Holzheu kürte Ernst Sieber 1993 zusammen mit Unternehmer Stephan Schmidheiny und der Gewerkschaftspräsidentin Christiane Brunner als «besten Schweizer Redner». Er zeichne sich dadurch aus, dass er auch zu schwierigen Themen brillant, mutig und gekonnt Stellung bezogen habe. Sieber habe als Politiker in den letzten zwölf Monaten die «stärksten Reden» gehalten. Er langweile das Publikum nicht, weil er frei sprechen würde. Er erzähle Geschichten – man erlebe, statt nur zu verstehen. Und manchmal schweige er einfach zwischen den Gedanken. Jeder fühle sich angesprochen.

Bilder RDB Dukas

TeleZüri-Programmleiter Markus Gilli sagte in der Zeitschrift «persönlich» 2008 über ihn: «Ich hatte es längst aufgegeben, ein klar strukturiertes Gespräch mit Ernst Sieber vorzubereiten. Spätestens nach drei Minuten hat der Pfarrer jedes Konzept über den Haufen geworfen. Fragen, die man ihm stellt, sind nur störend – er ignorierte sie einfach. Denn er ist ein Top-Medienprofi, einer, der sich an keine Vorgabe hält und immer nur eines im Kopf hat: Er will seine Botschaft unter die Menschen bringen. Am liebsten setzt er dafür seine berühmten Requisiten ein, die er jedes Mal anschleppt.» Für Markus Gilli war dieser Pfarrer Sieber eine charismatische Figur, einer, der polarisiert, der Emotionen freisetzt. Emotionen sind des Journalisten tägliches Brot. «Es schleckt keine Geiss weg», sagt Pfarrer Sieber, «dass wir voneinander profitierten.» So resümierte Markus Gilli: «Er ist ein genialer Kommunikator.» Thomas Wildberger, Werber des Jahres 2016 und CEO der Kreativagentur Publicis doppelte nach: «Einer, der weiss, wie man authentisch und zeitgemäss kommuniziert, ist Pfarrer Ernst Sieber.» Mit seiner lockeren Art habe Sieber viele Zuhörerinnen angesprochen.

Bild Sozialwerke Pfarrer Sieber SWS

Pfarrer Sieber verneinte stets, dass seine Ideen spontaner Natur seien. Er könne nur spontan sein, wenn im Innersten eine klare Struktur vorhanden sei. So habe er jede Woche geplant. Er könne nicht leben ohne Pläne. «Ich bin weniger spontan, als es den Eindruck erweckt. Die Struktur einer Predigt muss bei mir genau so präzise gemacht werden wie eine Bildhauerarbeit. Dann kann ich frei entwickeln.» Auf die Kritik, dass er immer in einfachen Worten rede und predige, konterte er: «Aber ich kenne alle Hintergründe! Die lassen sich nur herstellen, wenn man die Zusammenhänge, die ursprünglichen Quellen kennt. Jeder Fachmann weiss, dass man mit Werkzeugen arbeiten muss. Die alten Sprachen sind das Ur-Werkzeug. Ohne die geht es nicht.» Und auf den Vorwurf, zu oft in Symbolen zu sprechen und diese Sprache erst noch mit Showelementen zu unterstützen, erklärte er: «Das Neue Testament besteht aus Gleichnissen. Das ist nichts anderes als Symbolik. In den Gleichnissen wird das Entscheidende über die heilige Botschaft ausgesagt. Symbole und Bilder bewegen am eindrücklichsten, man vergisst sie nicht. Für die Verkündigung des Gottesreiches scheue ich die Bühne nicht.»

«Warum sollte ich nicht die Medien nutzen, um die göttliche Botschaft weiterzugeben?»

Pfarrer Sieber nimmt seine Energie aus jedem Gespräch. Auch mit den «Journis», wie er sie nannte. Die Medien haben ihn zwar auch kritisiert. «Das macht mir doch nichts. Ich mag die Journalisten, auch diese sind Gottes Werkzeug.» Er sehe bei vielen Medienleuten, dass sie echt weitergeben wollen, was sie im Innersten berührt. «Warum sollte ich nicht die Medien nutzen, um die göttliche Botschaft weiterzugeben?» Er mache das sehr gerne. «Beim ‹Wort zum Sonntag› war es für mich befreiend, ein Symbol hinzustrecken. Die Leute schauten darauf und mein Grübenkopf war weg.» Fernsehbüez sei für ihn deshalb interessant, weil er mit einem Symbol die Aufmerksamkeit auf die Sache lenken könne. Als Theologe erst recht. Er hat auch nichts dagegen, die Medien als Werkzeug zu nutzen, um seine Arbeit überhaupt machen zu können. «Sonst wäre nichts gekommen. He, wir bezahlen sieben Millionen Löhne pro Jahr. Wie sollten wir Geld zusammen-

tragen, wenn nicht die Medien berichten würden und die Öffentlichkeit uns dadurch unterstützt. Das macht mich doch klein und bescheiden.»

Um ein Zeichen zu setzen, kündigte er jeweils medienwirksame Auftritte zum Beispiel mittels Kundgebung mit Obdachlosen an. Ein Mittel, dessen er sich häufig bediente, wenn es darum ging, die Menschen für die Sache der Armen aufzurütteln. Zwar sei das sichtbare Elend von den Strassen weitgehend verschwunden, räumte er ein; verdeckt habe es in den letzten Jahren aber eher noch zugenommen. Wenn jemand keine Arbeit habe und von der Gesellschaft ausgegrenzt werde, sei es heute eher noch schwieriger geworden, wieder zurückzufinden. Die Frontarbeit mit Obdachlosen wurde für Sieber daher immer wichtiger denn je. Seine Popularität setzte er bewusst ein. So machte es ihm auch nichts aus, als Promi auf der Strasse erkannt zu werden. «Die Gabe, biblische Gedanken von tätiger Liebe mit bauernschlauer Anschaulichkeit publikumswirksam zu propagieren, machte ihn zu einer Art Seelsorger der Nation», schrieb die Schweizerische Depeschenagentur über ihn.

«Sauschade, deine Kurzpredigten haben manchmal gutgetan.»

Der Politiker

Als Pfarrer Sieber 1991 für die Evangelische Volkspartei (EVP) mit einem Glanzresultat in den Nationalrat gewählt wurde, blieb er nicht lange ein «Hinterbänkler». Auch dort zog es ihn ans Rednerpult, wo er wortgewaltig für seine Anliegen einstand. Am ersten Tag der Session pfiff er aufs Protokoll, trat noch vor der Vereidigung ans Rednerpult und erinnerte die Parlamentarier an die Präambel der Bundesverfassung: «Die Stärke unseres Staates lässt sich messen am Wohle der Armen.» Während einer Rede zeigt er die Schweizer Flagge mit ausgeschnittenem Kreuz – für ihn ein Symbol der Öffnung.

Bild Sozialwerke Pfarrer Sieber SWS

Auch im Bundeshaus engagierte er sich für eine menschenwürdige Drogenpolitik. Sein grösstes Wunschprojekt konnte er leider nicht realisieren: die Gründung eines nationalen Drogendorfs – dem «Bundesdorf», wie er es nannte. «Kein Dorf für Arme, sondern ein Ort, wo Menschen aufgenommen werden und Zeugnis werden, dass es menschliche Liebe gibt.» Also eine Selbsthilfeorganisation für Brüder und Schwestern in Not. Seine Motion wurde zwar 1994 überwiesen – sein grösster politischer Erfolg. Die Umsetzung fand jedoch nie statt. Das Dörfli ist bisher nicht verwirklicht worden.
Er habe eine gute Zeit gehabt im Nationalrat. Sogar die SVP habe seine Kurzpredigten angehört. Autoimporteur und SVP-Nationalrat Walter Frey habe ihm beim Abschied gesagt: «Sauschade, deine Kurzpredigten haben manchmal gutgetan.» Und er selber habe natürlich der Politik viel zu verdanken.

«Kein Wunder, nannte sich Ernst Sieber manchmal selber ein Clown Gottes.»

Der Humorvolle

Bild Sozialwerke Pfarrer Sieber SWS

Pfarrer Sieber spricht in breitem «Züridüütsch». Das versteckte er nie und dabei kam auch immer sein Humor zum Vorschein. «Weisst du, wieso ein Zürcher kein Blatt vor den Mund nehmen kann?», fragte er zum Beispiel in einem Vortrag. «Weil es gar nicht so grosse Blätter gibt!» Er war immer für ein Spässchen zu haben. Sieber hat sich mit seinem Schalk eine Art Narrenfreiheit erarbeitet.

Stets war er mit seinem unverkennbaren Schlapphut und dem Hirtenmantel unterwegs. Als er einmal von der Polizei angehalten und kontrolliert wurde, erinnerte sie den Pfarrer an die Gurtenpflicht. «Ich muss mich nicht ans Auto binden», entgegnete Sieber halb scherzhaft, halb ernsthaft. «Ich bin an Gott gebunden.» Kein Wunder, nannte sich Ernst Sieber manchmal selber ein «Clown Gottes».

«Du musst nur am richtigen Ort was wegnehmen. Es gibt dir das Gefühl, der Herrgott mache etwas mit dir.»

Der Künstler

Ferien kannte Pfarrer Sieber nicht. Nur manchmal reiste er, der selbst wie ein Franziskanermönch aussieht, für eine Auszeit nach Assisi. Ausgleich fand Pfarrer Sieber bei seiner Malerei und dem Schaffen von Skulpturen. Dabei nannte er sich lieber Handwerker als Künstler. Das weit über 200 Jahre alte Bauernhaus hinter dem Sihlsee war seit 1964 das Wochenend-Refugium der Familie Sieber. Dort verbrachte er seine «schönsten Stunden»: «Die Malerei packt mich bei der Seele. Auch muss ich beim Malen nicht reden. Ich lebe in zwei Welten – in der Welt des Wortes und des Schweigens.»
In Horgen stehen eindrückliche, von ihm gefertigte Statuen. Damit wurde er 2014 nochmals zu einem «Wort zum Sonntag» geladen (www.srf.ch/sendungen/wort-zum-sonntag/jesus-lebt-fuer-uns-eine-figurengruppe-von-ernst-sieber). «Das Schöne an Skulpturen ist, dass die Form schon im Material steckt. Du musst nur am richtigen Ort was wegnehmen. Es gibt dir das Gefühl, der Herrgott mache etwas mit dir.»
Insgesamt hat er Hunderte von Bildern gemalt und eine Vielzahl von Skulpturen geschaffen. Er war als Künstler der Pfarrer und als Pfarrer der Künstler. «Ich konnte das nie trennen. Es war für mich eine Qual, mich zu entscheiden. Deshalb mache ich jetzt beides», sagte Sieber.

Bild RDB Dukas

Der Mutige

Für sein Lebenswerk wurde Pfarrer Sieber mit dem «Prix Courage» für seinen lebenslangen Einsatz für Randständige geehrt. Ein mutiger Zeitgenosse war er allemal. Und es ist kein Zufall, dass Pfarrer Ernst Sieber der erste Empfänger des «Prix Courage Lifetime Award» ist. Der Award wird seit 1997 von der Zeitschrift «Beobachter» herausgegeben. Die Redaktion überlegte, wie man das jahrzehntelange und unermüdliche Schaffen des bekannten Pfarrers würdigen könnte. Also wurde 2017 der Preis für Pfarrer Sieber ins Leben gerufen. Als Chefredaktor Andres Büchi dem Uitiker die Auszeichnung überreichte, setzte Sieber ihm in seiner typisch direkten Art seinen ikonischen Schlapphut auf und sorgte für Lacher im Publikum. Andres Büchi in seiner Laudatio: «Mit seinem Enthusiasmus und seiner Überzeugung hat Pfarrer Ernst Sieber schweizweit Massstäbe gesetzt in der Hilfe für die Schwächsten.» Zudem betonte er, dass Sieber dabei immer tatkräftig von seiner Frau Sonja unterstützt wurde. An der Feier bedankte sich Pfarrer Sieber ausdrücklich bei seiner Familie. Und bei den Medien: «Danke den Medien, die seit 1963 bis heute Herz für diese Arbeit gezeigt haben. Ohne das Herz der Öffentlichkeit wäre ich mit abgesägten Hosenbeinen dagestanden. Der Chef, der liebe Gott, hat auch noch einiges gemacht. So viele Geschichten!»

Bild Sozialwerke Pfarrer Sieber SWS

Für seine besondere und vielfältige Art der Vermittlung des Evangeliums wurde er von der Universität Zürich mit dem Ehrendoktor ausgezeichnet. Auch die Stadt Zürich ehrte ihn mit dem Zürcher Staatssiegel – einer Plakette mit den Stadtheiligen. «Wo andere wegschauen, schaut Pfarrer Sieber hin», sagte Zürichs Stadtpräsidentin Corine Mauch an der Ehrung. Siebers Verständnis und sein Mitgefühl für Menschen ohne Obdach und für Drogen- oder Alkoholabhängige seien einzigartig und verdienten Hochachtung. Er habe ein breites Angebot für Randständige in der Stadt und der Agglomeration Zürich geschaffen. Auf solche Ehrungen für sein Lebenswerk angesprochen, sagte Pfarrer Sieber: «Welches Lebenswerk? Ich han doch würkli nüüt Bsundrigs gleischtet!»

«Kämpft weiter, ich hab's heiter.»

Sein Vermächtnis

Hat Pfarrer Sieber die Welt verändert? «Das ist ein grosses Wort! Das Wort Gottes ist Wort und Tat, Verkündigung und Diakonie also. Ich denke, in der Diakonie habe ich doch einiges bewirkt.» Pfarrer Ernst Sieber wurde zu einer solch wichtigen Stimme in der Öffentlichkeit, weil seine frommen Worte mit Taten unterlegt waren. Viele, die mit dem Glauben nichts am Hut hatten, liessen sich so auf seine Predigten ein. Was er sagte, war glaubwürdig.
Zu den Kirchen sagte er einmal in einem Interview in der «Sonntagszeitung»: «Wir sollten den Menschen nicht nur verkirchlichen, sondern die Kirche vermenschlichen. Wer will, dass Menschen die Predigt hören, muss zuerst auf die Menschen hören. Es braucht heute vermehrt die Predigt über das Reich Gottes. Wir müssen wagen, eine Kontrastkirche zu sein, und nicht einfach anpasserisch zivilreligiöse Wahrheiten verkünden. Wir müssen zwar wagen zu sagen, dass die Materialität zur Spiritualität gehört, aber den Worten müssen Taten folgen.»

Zurücklehnen konnte Pfarrer Sieber nie. Das könne er auch gar nicht: «Mein Melkstuhl hat keine Lehne.» Wenn er dereinst «nach Hause» gehe, wolle er sich sicher sein. Sicher darin, das Richtige getan zu haben. Er habe den Weg der Armut gewählt. Und was man predige, daran müsse man sich auch halten. Pfarrer Sieber betonte stets die Christusrealität: «Auch wenn alles in dieser Welt vergeht. Christus und das Gottesreich kommen.» Diese Haltung nahm er auch stets in die Sterbebegleitung mit. Seine Vision deckt sich mit seiner Weitsicht, die im letzten Buch der Bibel in Offenbarung 21 steht: «Und ich sah eine neue Stadt. Eine soziale Stadt, in der jeder Mensch gleich viel wert ist – und in welcher der Neoliberalismus überwunden ist.»

Er habe früh über das Sterben nachgedacht, weil er auf dem Weg in die Schule den Friedhof passiert habe. Jeden Tag. «Meine ganze Fröhlichkeit beruht auf der Gewissheit, einmal sterben zu dürfen.» All diese Ehrungen machten ihm bewusst, dass «ich immer jünger werde, wenn ich nach vorne blicke – bis zum Jüngsten Tag».
Pfarrer Sieber wusste schon früh, was seine Nachkommen einmal auf seinen Grabstein schreiben sollten: «Kämpft weiter, ich hab's heiter.» Einen Schutzengel hat er 2012, als er mit seinem Auto in der Stadt Zürich in einen Kandelaber krachte. Angst vor dem Sterben hatte er aber nie. «Der Tod ist schon lange mein Begleiter. Als aktiver Pfarrer hatte ich bis zu 55 Abdankungen pro Jahr.» Legendär sind seine Jauchzer der Freude. So hat er für sein Ableben angeordnet: «An meiner Beerdigung sollen die Leute juchzen.»

Social Media und die Kirche

Von Markus Baumgartner

Ist mit den neuen Medien alles anders?

Im heutigen Zeitalter haben die Kirchen keine Chance mehr, wenn sie die sozialen Medien als «digitale Kanzeln» verstehen. Denn es geht nicht mehr um Einweg-Kommunikation, sondern um Dialog. Gelingt es den Kirchen nicht, ihr Zielpublikum in der Kommunikation miteinzubeziehen und in ein Gespräch zu verwickeln, verliert sie gänzlich die Aufmerksamkeit.

Seit der Einführung des iPhones 2007 durch Apple hat sich die Gesellschaft grundlegend verändert: Smartphones erlauben uns mit einem Gerät das Telefonieren, Radiohören, Fernseh-Schauen, Surfen, Chatten und Mailen. Man sieht immer mehr Menschen gekrümmt herumlaufen. Im Zugabteil erzählt jemand ganz laut, was für ein Nachtessen er sich wünscht und wann sein Bus zu Hause ankommt. Und sonst

noch Dinge, die für andere nicht wichtig sind. Die Person erzählte das aber so laut, dass man zuhören muss. Beim Mittagessen kann sich ein Gesprächspartner nur noch schlecht konzentrieren. Ständig vibriert sein Smartphone oder er checkt irgendwelche Statusmeldungen.

Wissenschaftler nennen das, was heute geschieht, Medienkonvergenz: Die verschiedensten Medien rücken immer näher zusammen. Das älteste Nachrichtenmedium in der Schweiz ist die Zeitung. Die «Neue Zürcher Zeitung» erscheint seit 1780. Die nächste Erfindung war 1876 das Telefon – die Übertragung von Tönen über elektrische Leitungen. Auf dieser Grundlage konnte 1895 das Radio erfunden werden. Das Fernsehen stammt erst aus dem letzten Jahrhundert (1928). Erst 1953 hat in der Schweiz das Studio Zürich mit Testsendungen begonnen. Fünf Jahre später nahm dann die Schweizerischen Rundfunkgesellschaft (SRG) ihren regulären Betrieb in Französisch und Deutsch auf. Radio und TV wurden von den Christen anfänglich frontal bekämpft, weil – so die verbreitete Meinung damals – der Teufel leibhaftig in die harmonische Stube trat. So etwas durfte in einem christlichen Haus nicht sein.

Bis zum ersten Personal Computer PC dauerte es bis 1983 – da wurde der Heimcomputer Commodore präsentiert. Ein Jahr später stellte der inzwischen verstorbene Apple-Chef Steve Jobs in Kalifornien den ersten Macintosh vor. Bahnbrechend für das heutige Tempo war 1989 das Internet. Aber erst die 1993 lancierten Browser erlaubten das unbeschränkte Surfen. Seither erleben wir eine gesellschaftliche Transformation – weg von Massenmedien, hin zu Medienmassen. Jede Person, jedes Unternehmen, jede Organisation wurde mit dem Internet zu einem potenziellen Publizisten. Wir können einander unvermittelt ansprechen, und zwar ohne Vermittlung der klassischen Medien.

«Was heute geschieht, kann man mit Medienkonvergenz wiedergeben: Die verschiedensten Medien rücken immer näher zusammen.»

Welt im Umbruch

Die Welt ist mit diesen Innovationen total im Umbruch: Die Komplexität hat zwar stark abgenommen. Doch nimmt die Geschwindigkeit enorm zu. Der Umbruch ist gut an den Wahlen der beiden letzten Päpste zu beobachten.

Beim ersten Bild 2005 sieht man eine Menge, die noch ruhig auf dem Petersplatz in Rom auf das Resultat wartet. Sie schien dem Ganzen noch eine stille Aufmerksamkeit zu geben. Das war die Wahl von Papst Benedikt XVI.

2005

2013

(Quelle Screenshot NBC)

Nur acht Jahre später ergibt sich bei der Wahl von Papst Franziskus ein ganz anderes Bild: Man sieht ein Heer von (Smartphone-)Fotografen. Noch bevor die Wahl offiziell verkündet werden konnte, haben es die Massen auf ihren sozialen Netzwerken schon gepostet. Die Beteiligten sind selbst zu Journalisten geworden.

Spätestens nach Wikileaks, dem Arabischen Frühling oder dem Börsengang von Facebook kann niemand mehr behaupten, Social Media seien nicht wichtig. Web 2.0 hat aus einem Informationskanal eine Mitmach-Plattform gemacht. Internet-Nutzer sind heute in der Lage, auf einfache Art und Weise Inhalte mitzugestalten. Sie haben so eine enorme Macht gewonnen. Alles, was Regierungen, Unternehmen und Organisationen tun, kann öffentlich werden und plötzlich auf der Frontseite der Tageszeitungen auftauchen. Facebook und Google werden für die Werbung immer wichtiger. Die Welt ist im ständigen Umbruch.

«Social Media sind wie eine Glühbirne – sie schaffen einen Raum zum Austausch – der Raum selber ist aber kein Austausch. Es braucht Engagierte und vor allem braucht es Inhalte.»

War früher alles besser? Nein, es war genau gleich. Nur die angewendeten Medien haben sich verändert, wie die beiden Bilder zeigen:

Die Welt der sozialen Medien

Damit sind wir ganz in der Welt der sozialen Medien angelangt. Was ist Social Media und wie werden Social Media in der Schweiz aktuell genutzt? Social Media sind wie eine Glühbirne – sie schaffen einen Raum zum Austausch – der Raum selber ist aber kein Austausch. Es braucht Engagierte und vor allem braucht es Inhalte. Das sind Texte, Fotos und Videoclips. Die rasanten Entwicklungen haben speziell bei den Social Media zu einem Generationenkonflikt geführt.

- **Digital Outsiders** sind meistens Rentner und entweder vollkommen offline oder stark verunsichert im Umgang mit dem Internet. Sie leben komplett oder nahezu komplett ohne das Internet. Sie sagen: «Ich würde im Internet nur etwas bestellen, wenn mein Sohn daneben sitzt.»

- Die mittelalterlichen **Digital Immigrants** müssen sich immer wieder darauf einstellen – sie sind wie Immigranten in dieser neuen Welt.

Relevanz und Nutzung von Social Media in Schweizer Unternehmen

	Keine Aktivität	Unternehmensseite	Unregelmässige Posts	Regelmässige Posts	Vollst. Integration in alle relevanten Marketing-Aktivitäten
Facebook	48%	10%	10%	16%	10%
Twitter	73%	6%	7%	7%	4%
Xing	66%	17%	10%	5%	1%
LinkedIn	57%	16%	12%	9%	2%
Youtube	48%	10%	24%	9%	4%
Snapchat	99%	0%	1%	0%	0%
Instagram	90%	2%	3%	1%	2%

Quelle: Swiss Marketing Leadership Studie 2016 der ZHAW

Diese Gruppe bewegt sich zwar regelmässig, aber sehr selektiv im Internet. Sie ist entweder stark beteiligt an diesen modernen Formen der Kommunikation oder steht vielen Entwicklungen im Internet skeptisch gegenüber.

- **Digital Natives** sind Menschen, die das Internet als natürlichen Bestandteil ihrer Lebenswelt empfinden. Sie können sich nicht vorstellen, dass es Menschen gibt, die sich nicht genauso im Internet «zu Hause» fühlen. Instagram, Snapchat und Facebook sind für die Jungen heute die Tageszeitung, aus dem sie ihre Neuigkeiten zusammengeschrieben erhalten. Sie gehen davon aus, dass eine wichtige Nachricht sie von allein erreicht.

Zahlen für die Schweiz besagen: Fast zwei Drittel der Schweizer Unternehmen und Behörden sind im Social Web aktiv. Bei den Grossunternehmen sind es 94 Prozent. Das ist mehr als ein Hype, doch sind viele noch in der Phase des Ausprobierens. Das zeigt die Relevanz und Nutzung von Social Media in Schweizer Unternehmen (siehe Tabelle): Obwohl die Kanäle bespielt werden, werden die einzelnen Kanäle nur 10 bis 52 Prozent aktiv genutzt. Auch Blogs werden wichtiger. Ein Grund für das Engagement der Unternehmen: Sie haben den Wunsch, einen Trend nicht zu verschlafen.

Und für die Gesamtbevölkerung gibt es ebenfalls eine Statistik für die Nutzung der wichtigsten Apps:

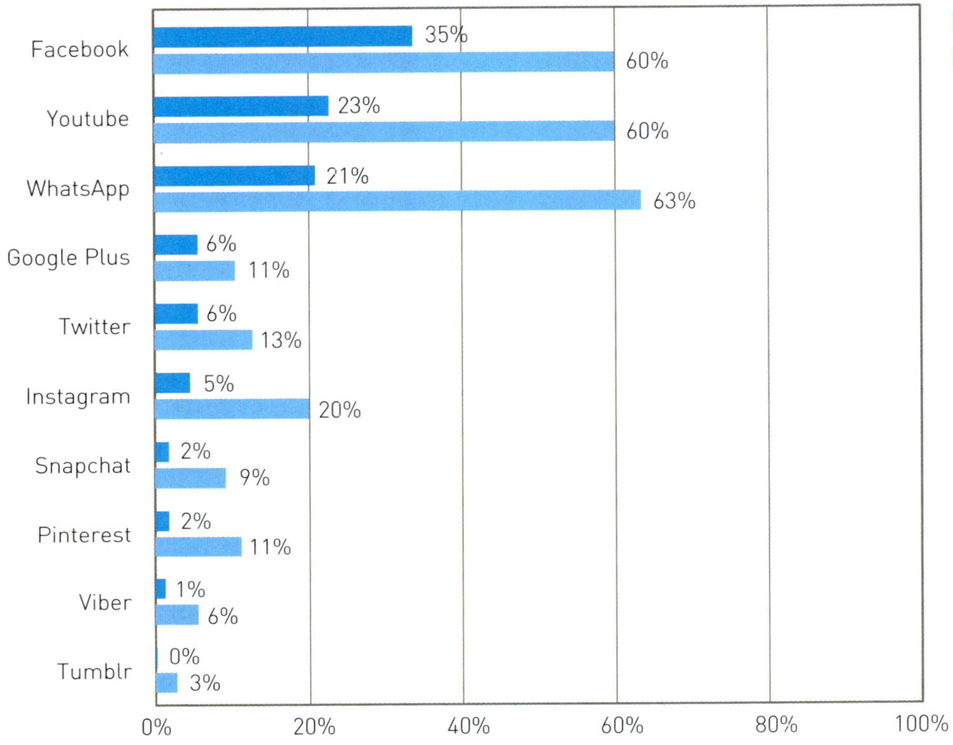

Die Darstellung zeigt, wie gross in der Schweiz der Anteil der Befragten ist, die die jeweilige Social-Media-Plattform nutzen. Und ob sie diese zu Newszwecken nutzen. Gefragt wurde, ob diese Quellen «letzte Woche» genutzt wurden (Quelle Reuters Digital News Report 2017).
Lesebeispiel: 60 Prozent der Befragten geben an, Facebook generell zu nutzten und 35 Prozent verbreiten auf dieser Plattform auch ihre Neuigkeiten.

Die ganze Entwicklung hat auch mit unserem Medienkonsum zu tun. «Früher brauchte man Informationen, um ein Problem zu lösen; jetzt sind die Informationen zum Problem geworden», sagt Medienwissenschafter Neil Postman treffend. Und der griechische Philosoph Heraklit sagte rund 500 Jahre vor Christus: «Vielwisserei bringt noch keinen Verstand.» Damals gab es noch kein Fernsehen und kein Internet.
Die Mediennutzung hat in den letzten 120 Jahren enorm zugenommen – von wenigen Stunden pro Woche auf über 60 Stunden pro Woche heute. Mit dem Aufkommen von Internet und Smartphone ist die Mediennutzung seit 2000 nochmals stark gestiegen. Sehen wir uns zwei beliebte Kanäle etwas näher an.

Zwitscherbotschaften

Twitter ist eine kleine Revolution mit wenigen Zeichen: Der Microblogging-Dienst hat weltweit über 300 Millionen Nutzer. Jeden Tag werden rund 500 Millionen Tweets verfasst. In Spitzenzeiten bis zu 7000 Nachrichten pro Sekunde. Kaum ein anderes Medium im Web 2.0 macht es so einfach, sich weltweit zu vernetzen und auszutauschen. Gegenüber herkömmlichen Medienkanälen punktet Twitter vor allem durch Schnelligkeit. Ob beim Tod Osama bin Ladens oder der Verhaftung des Ex-IWF-Chefs Dominique Strauss-Kahn. Auch bei der Demokratiebewegung im arabischen Raum spielten Social-Media-Dienste wie Twitter oder Facebook eine wichtige Rolle. Twitter wird auch von Kundendiensten genutzt, zum Beispiel der SBB oder von Swisscom. Twitterer sind oft Persönlichkeiten und Multiplikatoren mit starkem Netzwerk. Sie sind interaktiv, «early adopters» d.h. versiert mit den neusten Entwicklungen in ihren eigenen Fachthemen. Bei Aufruf (z.B. freie Stelle, Event-Info, Suche von Freiwilligen etc.) gibt es eine hohe Anzahl Reaktionen und schnelle Weiterverbreitung.

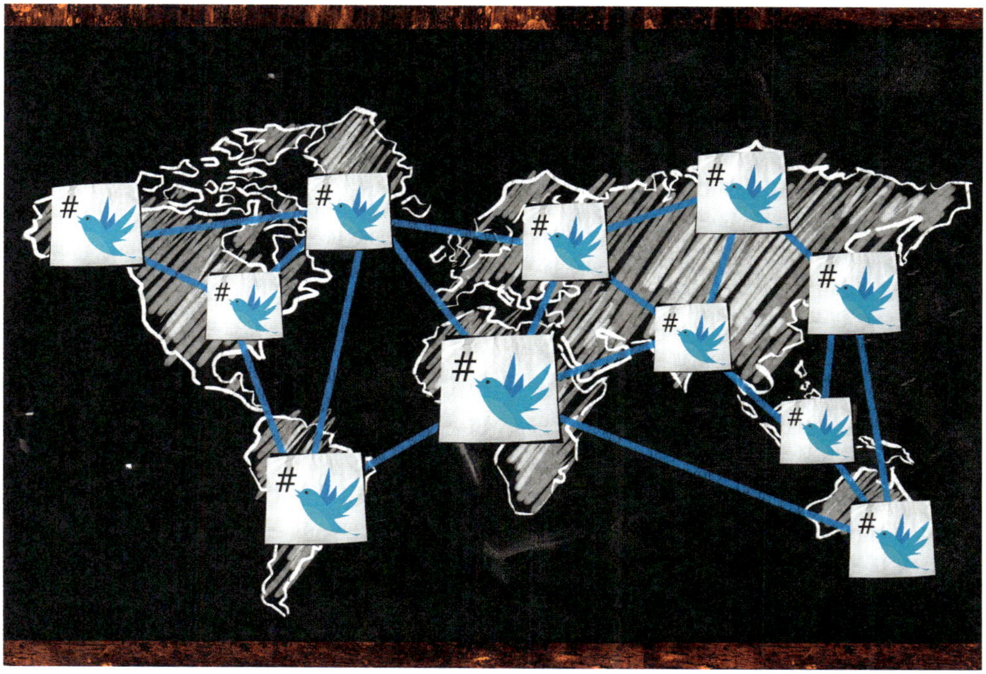

«Bei Twitter trifft man nicht in erster Linie Freunde, sondern Menschen, die an den gleichen Themen interessiert sind.»

Für aktive Twitterer gibt es ein paar gesunde Anweisungen: Etwa 70 Prozent sollten grundsätzlich hilfreiche Informationen mit Links und weiterführenden Quellen oder Artikeln sein. Nur rund 20 Prozent sollten eigene Inhalte und nur 10 Prozent Tweets mit einer persönlichen Note sein. In der Schweiz hat das Fernsehen einen Test mit dem damaligen Abt Martin Werlen gemacht und ihm ein Smartphone mit Twitter-Kanal eingerichtet. Er ist dadurch auf den Geschmack gekommen und hat sich einige Tausend Follower gesammelt. Er verfasste als regemässiger Zugfahrer oft lustige Bahngleichnisse (und publizierte dann ein Offline-Buch damit). Er vermittelte die Kirche niederschwellig und sammelte auch viele Leute zu Treffen (Tweetups), auch in Gottesdienste!

Im Herbst 2017 erreichte der Papst-Account zum fünften Geburtstag 40 Millionen Follower: Der Twitteraccount @Pontifex wurde am 12. Dezember 2012 von Papst Benedikt lanciert. Er hatte begonnen, diese Form der Kommunikation für sein Amt zu nutzen, Papst Franziskus hat es übernommen und ihm seinen eigenen Stempel aufgedrückt. Das Interesse der Menschen gibt ihm recht, auf 40 Millionen Follower kommen nicht sehr viele andere.

Bei Twitter trifft man nicht in erster Linie Freunde, sondern Menschen, die an den gleichen Themen interessiert sind. Mit dem Hashtag (#, Gartenzaun) werden eigene Tweets thematisch markiert – z.B. #Jugendarbeit #Seniorenarbeit #Gottesdienst. Mit einem Hashtag kann man auch gezielt nach Nachrichten recherchieren. So findet man Gleichgesinnte mit ähnlichen Interessen, mit denen man weltweit austauschen kann. Weil Twitter ein Botschafter-Kanal ist, eignet er sich insbesondere für Kirchen und Christen.

Facebook macht die Welt zum Dorf

Uber ist der grösste Taxidienst der Welt, besitzt aber keine eigenen Autos. Airbnb ist die grösste Hotelkette der Welt, besitzt aber keine eigenen Immobilien. Facebook ist der grösste Nachrichtendienst der Welt, verfasst aber keine eigenen Nachrichten. Diese Auflistung dokumentiert eindrücklich die Umwälzungen in unserer Gesellschaft. Dabei macht Facebook die Welt zum Dorf. Facebook ist weltweit das grösste Netzwerk überhaupt: Es hat schon über zwei Milliarden Mitglieder. Wäre Facebook ein Land, so wäre es noch vor China und Indien das bevölkerungsreichste Land der Welt. Seit 2007 ist die Zahl mit dem Faktor 20 emporgeschnellt. Facebook ist das Weitersage-Instrument Nummer eins, und zwar von Menschen an Menschen. Wöchentlich werden 3,5 Milliarden Nachrichten, Links oder Videos auf Facebook geladen.

Meist werden auf Facebook bestehende Freundschaften bzw. Kontakte gepflegt oder erweitert. So kann es tatsächlich sein, dass Menschen, die kein Facebook-Konto haben, etwas verpassen. Soziale Medien sind wichtige Übungsfelder und so auch wertvoll. Aktuell gibt es über 3,3 Millionen Facebook-Nutzer in der Schweiz. Das sind 41 Prozent der Bevölkerung. Die ältere Generation steigt aber zusehends ein. Facebook wird vor allem privat verwendet, um sich mit Freunden auszutauschen. Unternehmen, bekannte Persönlichkeiten und Politiker nutzen die Plattform, um sich zu vermarkten.

Die Chancen und Gefahren

Für Nutzer der sozialen Medien gibt es Chancen und Gefahren. Es gibt auch Schattenseiten, wie die Risiken von Desinformationen (Fake News) oder Niveauverlust zeigen. Das ist wie mit anderen schönen Dingen auf dieser Welt – Musik, Alkohol, Sport: Wenn es nicht richtig genutzt wird, kann es den Menschen Schaden zufügen.

Chancen

- Kontakte (weltweit) führen, Alltag teilen
- Günstige Verbreitung von Informationen und Werbung
- Sich an Humor, Zitaten etc. erfreuen
- Aktualität diskutieren
- Ideen vieler vereinen
- On- & offline kombinieren

Gefahren

- Abhängigkeit
- Ständig Kommunikation, Information, Unterhaltung
- Kaum mehr offline, keine Trennung Arbeit/Freizeit
- Sucht
- Internet vergisst nie
- Strafbare Kommentare (z.B. Morddrohungen, rassistische oder sexistische Äusserungen), Facebook ist kein rechtsfreier Raum

Psychologen bestätigen, dass Facebook oder ähnliche soziale Netzwerke genauso süchtig machen können wie Alkohol oder Drogen. In der Schweiz gab es Patienten, die einen begleiteten Facebook-Entzug gemacht haben, sagte der Fachpsychologe Franz Eidenbenz. Eine Studie der Zürcher Hochschule für Angewandte Wissenschaften und der ETH Zürich aus dem Jahr 2012 zeigt, dass 37 000 Jugendliche zwischen 12 und 19 Jahren handysüchtig sind. Bezüglich Sucht von sozialen Medien sind Jugendliche besonders gefährdet. Denn das soziale Feedback, das solche Websites ermöglichen, hilft mit Unsicherheiten in der Pubertät fertigzuwerden. Das kann dazu führen, dass Süchtige Angst haben, dass sie nicht mehr existieren, wenn sie nicht online sind. Merkmale für Sucht sind, wenn die Schulnoten sinken, wenn das Handy über längere Zeit wichtiger wird als direkte Treffen oder wenn SMS mehr Emotionen auslösen als Gespräche.

Bild jugendundmedien.ch

«Bei den sozialen Medien muss man lernen, aktiv zuzuhören, das Wesentliche sehen, das Richtige sagen.»

Das Zürcher Obergericht hat das Urteil gegen einen Zürcher Ex-Gymnasiasten bestätigt, der auf Facebook eine Morddrohung gepostet hatte. Obwohl er seine Botschaft als «Witz» bezeichnet hatte, verhängte das Gericht eine Geldstrafe von über 16 000 Franken. Cybermobbing sind die krassesten Fälle von Ausgrenzung, indem gezielt Leute auf Facebook schlechtgemacht werden. Das hat schon zu unschönen Entwicklungen und gar Selbstmorden geführt. Bei den sozialen Medien muss man lernen, aktiv zuzuhören, das Wesentliche sehen, das Richtige sagen. Das heisst, geduldig antworten, den Dialog suchen.

Jugendliche geben über Facebook manchmal mehr Infos weiter, als sie den Eltern erzählen. Daher ist Eltern zu empfehlen, auf Facebook immer Freunde der Kinder zu sein. Es gibt also Gefahren, auch für Kirchen: Im Frühling 2011 kam die Freikirche Chrischona mit einem Artikel in der Zeitung «Blick» an die Kasse. Es ging eigentlich um den Mister Schweiz Luca Ruch und die Frage, ob er denn überhaupt Sex hat. Weil seine Freundin Daniela Niederer ein Bild von Jesus auf Facebook gestellt hatte und auch sonst fromme Dinge schrieb, fragte sich die Boulevardzeitung: Hat der schönste Mann der Schweiz keinen Sex? Natürlich ist die Frage nicht relevant, doch eben klassischer Boulevard. Separat vom jungen Paar wurde der Chrischona-Direktor gefragt, ob die Jugendlichen in seiner Kirche Sex vor der Ehe haben dürfen.

Die Gefahren der neuen Medien hat in der Schweiz auch die Regierung erkannt. Es gibt eine Initiative des Bundesrates mit Tipps und Aufklärungen (www.jugendundmedien.ch). Wenn z.B. ein Kind andere Beziehung vernachlässigt oder gar keine tragfähigen, persönlichen Beziehungen mehr hat, gibt es ein Alarmzeichen für Eltern. Dabei steht nicht die Ausarbeitung neuer Verbotsregeln im Vordergrund, sondern die Förderung eines kompetenten Umgangs mit den Chancen und Gefahren. Ein absoluter Schutz kann weder durch technische noch durch rechtliche Massnahmen garantiert werden. Es geht um eine aktive Begleitung von Kindern und Jugendlichen. Der Schlüssel ist Vertrauen und Selbstverantwortung. Die bewährten Mittel gegen diese Gefahren sind Erziehung, Bildung, Befähigung zu kritischem und eigenständigem Denken. Gefordert ist auch die Bereitschaft, wenn nötig wehrhaft für Freiheit, Demokratie, Menschenwürde und Respekt einzutreten.

Was bedeutet das alles für die Kirche?

Auch die Kirche befindet sich im Aufbruch ins «gelobte Web-Land»: Wir können Predigten in Online-Datenbanken lesen, Bibelzitate herunterladen und online eine Kerze anzünden. Die katholische Kirche hatte zum ersten Gottesdienst auf Facebook eingeladen. Nutzer wurden zur Interaktion aufgerufen. Für Online-Pfarrer Dietmar Heeg «weht der Geist auch im Internet». Viele User waren begeistert: «Gefällt mir. Amen.» Seit 1995 gibt es die Internet-Seelsorge (www.seelsorge.net) der Schweizer Landeskirchen. Die räumliche Distanz kann enthemmend wirken und die Leute sind dadurch schneller bereit, über ihre wahren Probleme zu reden. Social Media sind eine grosse Chance, Menschen zu erreichen, die man mit den bisherigen Angeboten nicht mehr erreicht hat. Mit Twitter und Facebook ist ein Austausch über christliche Werte möglich. Das Internet ist heute überall präsent. Es ist *die* Kommunikationsform der jungen Generation. Früher hat man gesagt: «Geht und predigt von den Dächern.» Heute muss man sagen: «Ihr müsst auch in die Netzwerke.»

«Man kann den heutigen Umbruch mit der Zeit von Martin Luther vergleichen: Er hat 1517 an die Tür der Schlosskirche zu Wittenberg 95 Thesen zu Ablass und Busse angeschlagen – das damalige Facebook!»

Man kann den heutigen Umbruch mit der Zeit von Martin Luther vergleichen: Der Mönch und Theologieprofessor soll 1517 an die Tür der Schlosskirche zu Wittenberg 95 Thesen zu Ablass und Busse angeschlagen haben – das damalige Facebook! Damit leitete er die Reformation ein. Er löst zusammen mit der Reformation gemeinsam mit der Erfindung des Buchdrucks einen tiefgreifenden gesellschaftlichen, religiösen und kulturellen Umbruch aus: Aufklärung, Reformation, Demokratie. Das wäre ohne diese kommunikative Revolution nicht denkbar gewesen. Weder hätten sich die reformatorischen Botschaften so rasch und weit verbreitet, noch wäre es möglich gewesen, allen die Bibel direkt zugänglich zu machen. Wie der Buchdruck ist auch die Digitalisierung eine Entwicklung, welche die heutige Gesellschaft transformieren wird. Die Kirchen sind gefordert, die Digitalisierung aufmerksam zu verfolgen und so den Transformationsprozess aktiv mitzuprägen. Was damals ohne Bücher nicht möglich gewesen wäre, ist heute ohne Internet oder Smartphones nicht denkbar. Aber: Es braucht mutige Menschen wie einen Martin Luther, welche solche Kommunikationsmittel einsetzen, um Macht zu brechen.

Im grössten sozialen Netzwerk sind Religion und Glaube Trumpf. Die Facebook-Seite «Jesus Daily» kann mit besonders beeindruckenden Statistiken aufwarten. In einer einzigen Woche haben Besucher weit über drei Millionen Kommentare geschrieben. Damit gilt der tägliche Jesus als interaktivste Facebook-Seite der Welt. Die «Daily Jesus»-Seite ist für über 34 Millionen User als tägliche Ermutigung im Alltag der Menschen gedacht. Während der Vater des Initianten dieser Facebook-Seite noch in richtigen Kirchen in Alabama und North Carolina predigte, konzentriert sich der Sohn auf die virtuelle Lobpreisung Gottes.

Auch zu den Top-10-Seiten gehört die englischsprachige Bibel-Seite «The Bible» mit 8 Millionen Fans und über einer Million Nutzer-Interaktionen pro Woche sowie die spanischsprachige Seite zum Thema Glauben «Dios Es Bueno!» («Gott ist gut») mit 13 Millionen Fans. Schliesslich ist auch «Jesus Christ» mit bald zwei Millionen Fans unter den Top Ten der Facebook-Seiten mit den aktivsten Nutzern zu finden.

Auch andere Religionsgemeinschaften nutzen die neuen Technologien. Eine israelische Telefongesellschaft hat ein spezielles Smartphone entwickelt, das den Segen der Rabbiner hat. Das «koschere» Smartphone verfügt über eine grosse Auswahl frommer Klingeltöne und eine Übersetzung ins Hebräische. Ganze vier Monate Übersetzungsarbeit stecken dahinter. Darüber hinaus wurden, um die Nutzer nicht in Versuchung zu führen, diverse Barrieren eingebaut: weder SMS-Funktion noch Kamera, Internetzugang, Facebook oder E-Mail. Am Sabbat ist das Telefonieren zudem übermässig teuer.

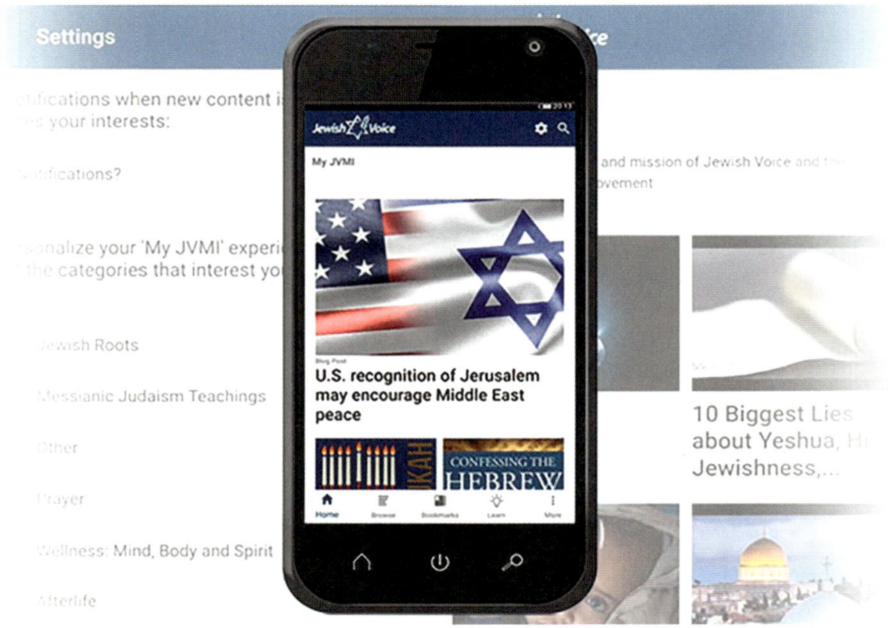

Tipps im Umgang mit Social Media

Dank Social Media ist heute jede auch noch so kleine Organisation in der Lage, Informationen kostengünstig und für alle zugänglich zu publizieren. Dass aber die reine Präsenz in Social Media nicht gleichzusetzen ist mit breiter Sichtbarkeit, haben die meisten Organisationen mittlerweile gelernt. Vom Gipfel der überzogenen Erwartungen sind viel schon wieder herabgestiegen und arbeiten sich gerade aus dem Tal der Enttäuschung hoch auf das Plateau der Produktivität.

Der Urauftrag der Kirche ist es, die Menschen da abzuholen, wo sie sind. Und die Leute sind heute im Netz. Das trifft vor allem auf die Jungen zu: Die Kinder gehören zur Cyber-Generation. Sie werden von den Unternehmen über die sozialen Medien schon heute zum Konsum verleitet.

«Der Urauftrag der Kirche ist es, die Menschen da abzuholen, wo sie sind. Und die Leute sind heute im Netz.»

Kommen wir zu den konkreten Tipps im Umgang mit Social Media. Es gibt drei Dinge, die wesentlich sind:

a) Zuhören: Vertrauenswürdig ist, wer zuhören und nach Lösungen suchen kann. Zuhören und Beobachten ist daher der erste Schritt in den Social Media. Als neues Berufsbild in den sozialen Medien gibt es bereits den «Chief Listening Officer». Den Inhalt bestimmen die Nutzer. Zuhören ist eine Kernkompetenz der Kirche und könnte auch mit Seelsorge umschrieben werden. Seelsorge ist Anteilnehmen am Leben der anderen. Wer hier genau zuhören kann und aktiv am Dialog teilnimmt, kann anderen mit Anteilnahme, Zuhören und Rat beistehen.

b) Geschichten: Wir alle hören gerne Geschichten und den neusten Klatsch. Facebook und Twitter fordert heraus, unsere Botschaft kurz und präzis zu fassen. Das müssen wir besser denn je beherrschen. Dazu braucht es relevante und interessante Geschichten. Content is King (Inhalt ist König).

c) Digital-real: Kirchenarbeit hat viel mit Beziehungspflege zu tun. Will die Kirche ihren Auftrag erfüllen, für Menschen da zu sein, kommt sie nicht um Facebook herum. Aber warum noch in die Kirche gehen, wenn die Kirche nach Hause kommt? Wer mitmacht, kann etwas erleben: Twitter-Mönch Martin Werlen hat es öfters erlebt, dass eine Kommunikation, die auf Distanz begonnen hat, mit einem direkten Kontakt weitergeht. Digitale Kontakte real fortsetzen.

Wer sich nicht mit sozialen Netzwerken auseinandersetzt und sie als Zeitverschwendung verpönt, beweist Ignoranz und mangelnde Bereitschaft, sich mit der Wirklichkeit auseinanderzusetzen.

Google-Präsenz optimieren

Es tönt schon verlockend, wenn Kirchen mit ihrem eigenen Angebot, ihren Dienstleistungen oder Veranstaltungen ganz vorn bei Google platziert sind. Doch kaum jemand kennt den genauen Mix der 200 Faktoren, den es braucht, um die beste Position auf der Google-Suchergebnisseite zu bekommen und zu halten. Darüber hinaus spendiert Google seiner Suchmaschine regelmässige Updates, um die Nutzer noch besser zu verstehen und Ergebnisse entsprechend der Suchintention anzuzeigen. Es reicht also nicht, nur einmal «Hand anzulegen». Die Suchmaschinenoptimierung ist ein kontinuierlicher Prozess, in dem es vor allem der Relevanz bedarf.
Ein gutes Google-Rating ist grundsätzlich nicht schwer. Das liegt vor allem daran, dass Google den Standort als ein Rankingkriterium miteinbezieht. In der Regel ist die Suche nach einem Termin für die Gottesdienstfeier lokal begrenzt. Die meisten Nutzer aus St. Gallen werden beispielsweise «Gottesdienst in St. Gallen» suchen und sollten auf der ersten Ergebnisseite bei Google schon fündig werden. Anders verhält es sich mit allgemeineren Suchbegriffen, deren Angebot grösser und somit auch die Konkurrenz vielfältiger ist. Dies betrifft vor allem Dienstleistungen, die nicht zum klassischen Angebot einer Kirchgemeinde gehören. Dazu ein paar Tipps:

- Immer mehr Nutzer greifen mit dem Smartphone auf Inhalte im Internet zu. Da sind langsam ladende Websites nervig, auch für Google. Achten Sie also darauf, dass Inhalte, die die Ladezeit der Website verlängern, komprimiert werden.
- Achten Sie auf die Rechtschreibung und schreiben Sie verständliche Texte.
- Gliedern Sie ihre Texte und sorgen Sie so für einen besseren Lesefluss.
- Leiten Sie Ihre Leser auf andere Inhalte Ihrer Website und verlinken Sie Unterseiten entsprechend.
- Nehmen Sie sich Zeit und beschriften Sie die Bilder. Googles Textsuche kann Bilder nicht auslesen, wohl aber die Beschreibungstexte, die dahinterliegen.

Menschen sind soziale Wesen

Social Media … aber keine realen Beziehungen mehr? Es geht um beides. Die digitale Welt ist mit der analogen verknüpft. So erklärte zum Beispiel die US-Musikerin Christine Albert auf Facebook: «An alle Menschen in der Welt, die nicht ihre Zeit auf Facebook vergeuden, sage ich: Eröffne ein Konto, bevor jemand von deinen Eltern stirbt. Die Liebe und die Unterstützung, die ich via Facebook erhalten habe, war eine lebendige, erfrischende, heilende und wunderbare Erfahrung!»
Wenn ich zum Beispiel plötzlich das Bein gebrochen hätte: Wer würde ein Telefon oder Mail machen? Aber eine Statusmeldung setzt niemanden unter Druck. Wenn du dich mal wieder mit der ganzen Familie unterhalten willst, schalte einfach mal den WLAN-Router aus und warte darauf, was passiert. Für die sozialen Medien gilt: Dabei sein ist nicht alles. Man muss es gern machen. Man sollte dranbleiben. Es muss zum Leben passen. Die Welt geht ohne mich auf Facebook nicht unter.

Es gibt keinen Mitmach-Zwang. In diesem Sinne noch ein paar bedenkenswerte Gedanken:

- Soziale Medien heisst, Prioritäten setzen: Ich aber und mein Facebook wollen dem Herrn dienen.
- Gott hat kein Phone, aber ich kann zu ihm sprechen. Er hat kein Facebook, aber er ist immer mein Freund. Er hat kein Twitter, aber ich kann ihm immer folgen.
- Wenn auf der Welt so viel geteilt würde wie auf Facebook, gäbe es keine Armut.
- Immer mal wieder Abstand zur virtuellen Welt gewinnen, den Computer immer wieder mal abschalten, Auszeiten von der Virtualität nehmen und digital unerreichbar sein. Zeiten der Stille sind notwendig.
- Einladung zum Tasten-fasten – dafür echte Begegnungen wagen.
- Sage jemandem persönlich, dass du toll findest, was er oder sie tut – statt den Gefällt-mir-Button auf Facebook zu klicken.
- Schreibe jemandem eine echte Postkarte – statt eine E-Mail zu tippen.
- Besuche jemanden – statt einen Videoanruf über Skype.
- Umarme jemanden – statt «LOL» oder Ähnliches zu schreiben.
- Lächle jemanden auf der Strasse an – statt täglich 10 Smileys zu verschicken.
- Veranstalte einen Spielabend bei dir zu Hause – statt virtuell zu gamen.
- «Face your problems, dont facebook them» (sehe deinen Problemen ins Gesicht und stell diese nicht auf Facebook).

Zum Nachdenken ein Gedicht des deutschen Theologen und Schriftstellers Lothar Zenetti. Der bekannte Liedermacher Konstantin Wecker hat es vertont. Es soll im Zeitalter von Facebook Mut machen, auf die innere Stimme zu hören, sich zu entscheiden, das Richtige zu tun. Das Lied heisst «Was keiner wagt»:

Was keiner wagt, das sollt ihr wagen
was keiner sagt, das sagt heraus
was keiner denkt, das wagt zu denken
was keiner anfängt, das führt aus

Wenn keiner Ja sagt, sollt ihr's sagen
wenn keiner Nein sagt, sagt doch Nein
... wenn alle zweifeln, wagt zu glauben
wenn alle mittun, steht allein

Wo alle loben, habt Bedenken
wo alle spotten, spottet nicht
wo alle geizen, wagt zu schenken
wo alles dunkel ist, macht Licht.

Plötzlich in den Schlagzeilen!

Von Mirjam Jauslin und Markus Baumgartner

Was tun, wenn man unfreiwillig in die Medien kommt?

Was tun, wenn's brennt? Wie reagieren, wie kommunizieren? Die höchste Aufmerksamkeit wird Kirchen meist erst dann zuteil, wenn sie es am wenigsten brauchen: in einer Krise. Diese tritt oft unerwartet auf und stossen in der Öffentlichkeit oft auf grosses Interesse. Vor allem dann, wenn es um zentrale Werte der Kirchen geht: Nächstenliebe, Gerechtigkeit und Glaubwürdigkeit. Fehler lassen sich bei menschlichem Handeln aber auch bei grösster Sorgfalt und Vorsicht kaum verhindern. Dieses Kapitel soll helfen, den Schaden zu mindern, wenn plötzlich alles schiefzugehen droht.

Was ist eine Krise?

Krisen sind ausserordentliche Ereignisse oder Entwicklungen, die grösseren materiellen oder immateriellen Schaden zufügen, die ernst zu nehmende Risiken schaffen, deren Auswirkungen länger andauern und die im Rahmen normaler Routineaufgaben nicht mehr bewältigt werden können. Dies im Unterschied zu Störfällen: Diese ausserordentlichen Ereignisse können im Rahmen der normalen Arbeitsabläufe bewältigt werden. Vom Konflikt zur Krise kommt es je nach Standpunkt und Interpretation: Unvorhergesehene negative Situationen werden je nach Ausprägung als Problem oder Schwierigkeit, als Konflikt, Krise, Notfall, Gefahr, Skandal oder Debakel bezeichnet. Der Begriff Krise wird im deutschen Sprachraum oft verwendet. Je sensationslüsterner ein Medium ist, umso mehr wird es die Termini Skandal und Debakel benutzen. Krise ist kein fester Begriff. Die Definition hängt stark vom Standpunkt bzw. der Betroffenheit sowie von objektiven, ethischen und emotionellen Faktoren ab. Letztlich gilt: Was eine Krise ist und wie sie betitelt wird, definiert die Öffentlichkeit und definieren die Medien.

Das kirchliche Umfeld kann genauso von einer Krise getroffen werden wie ein Unternehmen. Dabei spielen die höheren Erwartungen an die Vertrauenswürdigkeit der Kirche eine wichtige Rolle. Die Kirche wird nicht nur am weltlichen Gesetz gemessen, sondern auch noch an ihrem eigenen, biblischen Moral- und Rechtsverständnis. Delikte wie Unterschlagungen, sexuelle Übergriffe, Körperverletzungen oder das Verschulden eines Unfalles wiegen daher doppelt schwer.

«Was eine Krise ist, definiert die Öffentlichkeit und definieren die Medien.»

Was sind die Folgen einer Krise?

Eine Krise hat immer Folgen. Sie bewirkt Schaden für das Image, den Wert und die Wertschöpfung einer Organisation. Wie umfassend diese Schäden sind, wird nicht zuletzt durch das kommunikative Krisenmanagement bestimmt. Das sind einige Folgen von Krisen:

- Aufwände: Personal, Finanzen, Zeit
- Beeinträchtigung des Tagesgeschäfts
- Destabilisierung der Organisation
- Glaubwürdigkeits- und Vertrauensverlust
- Imageschaden
- Personelle Konsequenzen: Sogenannte Menschenopfer
- Substanzverlust: Spendeneinbruch

Bei allen Unterschieden lassen sich objektiv verschiedene Typen von Krisen unterscheiden:

Interne Krisen	›	Öffentliche Krisen
Plötzliche Krise	›	Schwelende Krise
Selbst ausgelöste Krise	›	Von aussen einwirkende Krise
Globale Krise	›	Lokale Krise
Schädigung direkt	›	Schädigung indirekt
Krise einer einzelnen Organisation	›	Krise einer ganzen Denomination

Vorsorge ist Pflicht

Ist eine Krise eingetreten, geht es darum, möglichst rasch (wieder) Vertrauen zu schaffen oder zu bewahren. Die Verunsicherung bei Mitgliedern, Mitarbeitern, Betroffenen und der Bevölkerung soll möglichst vermieden werden. Dabei ist eine gelungene Krisenkommunikation zentral. Sie dient dazu, Gerüchtewellen zuvorzukommen, die Lage unter Kontrolle zu halten und Kompetenz zu beweisen. Krisenkommunikation soll den Image- und wirtschaftlichen Schaden begrenzen oder ganz vermeiden. Schliesslich soll die Persönlichkeit der Opfer und der Verantwortlichen geschützt werden.

Es gibt einen wichtigen Grundsatz in der Krisenprävention: «An issue not addressed is a crisis invited. An issue addressed is a crisis prevented.» (Eine Sache nicht benennen, heisst die Krise einzuladen. Eine Sache anzusprechen, ist eine verhinderte Krise.) Vorbeugen ist besser als heilen! Es geht darum, erkannte Problemfelder in eine Chance umzuwandeln und rechtzeitig zu handeln. Man muss die Feuerwehr aufbauen, bevor es brennt. Es gibt einen Skandal-Teufelskreis: Auf das Problem folgt eine schwache Antwort der Organisation. Diese irritiert das Publikum. Dann greifen die Medien die Reaktionen auf und das Problem wird zum Skandal aufgebauscht.

Eine fundierte Basisschulung und regelmässige Wiederholungen zur Behandlung von Krisenfällen sind für verantwortungsbewusste Organisationen unabdingbar. Das Lesen dieser Tipps genügt nicht. Das beherzigen dieses Kapitels ist ein erster, sehr wichtiger Schritt. Um in einer Krise wirklich erfolgreich zu sein, bräuchte es aber noch den zweiten Schritt, nämlich eine professionelle Schulung. Das eigene Verhalten in Stresssituationen kann vor allem durch Üben verbessert werden. Kirchen und kirchliche Organisationen müssen wissen, wie sie bei Überraschungen situationsgerecht reagieren können. Jeder Krisenfall ist anders. Trotzdem gelten gewisse Grundsätze immer: Transparenz und Ehrlichkeit.

«Jeder Krisenfall ist anders. Trotzdem gelten gewisse Grundsätze immer: Transparenz und Ehrlichkeit.»

Das alles mag sehr schwierig oder gar bedrohlich wirken. Doch auch wenn es im ersten Moment abstrus klingt: Eine Krise ist immer auch eine Chance. Das Wort Krise wird aus dem griechischen «krisis» abgeleitet und bedeutet Entscheidung oder entscheidende Wende. Eine Krise ist demnach ein entscheidender Abschnitt eines Entwicklungsprozesses, der durch hohe Belastung gekennzeichnet und für das weitere Schicksal bestimmend ist. Krisen bedeuten einerseits eine Bedrohung der Identität, bieten andererseits auch eine Chance zur Wandlung und zur Entwicklung. Schon Max Frisch hat gewusst: «Krise ist ein produktiver Zustand. Man muss ihm nur den Beigeschmack der Katastrophe nehmen.» Der nächste Abschnitt soll dabei helfen, das Beste aus einer Krise zu machen.

危机

Krisen als Chancen:
Chniesisches Zeichen für Krise (Wei Chi), zusammengesetzt aus Silben für Gefahr und Chance.

«Krise ist ein produktiver Zustand. Man muss ihm nur den Beigeschmack der Katastrophe nehmen.»

Krisen minimieren durch Kommunikation

Die beste Schadensprävention ist eine langfristig angelegte Kommunikation. Das bedeutet, kontinuierlich und aktiv durch regelmässige Berichte über kirchliche Events oder medienwirksame Aktionen zu kommunizieren. Öffentlichkeitsarbeit ist vor allem Beziehungsarbeit. Die Kirchenleitung sollte die wichtigsten regionalen Medien und Journalisten kennen und sich mit ihnen auseinandersetzen. Eine wichtige Aufgabenstellung für die Kommunikation ist die Einstellung der Öffentlichkeit zu kennen, zu verstehen und zu akzeptieren.

Idealerweise kennt die Kirchenleitung nicht nur die Journalisten, sondern die Journalisten kennen auch die Kirche. Ein bestehendes Vertrauensverhältnis zwischen Kirchenleitung und Journalisten ist ein unbezahlbarer Bonus. Die Kirche muss bei einer Krisensituation nicht bei null anfangen und die eigene Institution erklären. Sie existiert dann bereits als fester Ort in den Gedächtnissen der Medienvertreter.

Die zweite Präventionsmassnahme ist Wachsamkeit. Wer ein Gespür für medienrelevante Themen hat, merkt frühzeitig, ob sich ein Ereignis zu einer Krise entwickeln könnte. Das bedeutet, dass Mitarbeiter bei jedem noch so gering erscheinenden Fall die Vorgesetzten informieren, um unverzüglich eine Interessenabwägung für internen oder externen Kommunikationsbedarf vorzunehmen. Früherkennung von Krisen ist etwas vom Wichtigsten. Ein Frühwarnsystem mittels Umfeldbeobachtung (Monitoring) ist dafür notwendig. Die Kommunikation trägt dazu bei, den Schaden gar nicht entstehen zu lassen oder möglichst klein zu halten. Krisen entstehen meist aus Konflikten. Dabei handelt es sich oft um Interessendivergenzen, die sich aus schwelenden Kommunikationsstörungen heraus aufschaukeln. Sofern die Gefahrenzeichen wie zum Beispiel Gerüchte früh erkannt werden, kann die Kommunikation – zusammen mit entsprechenden Massnahmen – die drohende Krise abwenden.

«Ein bestehendes Vertrauensverhältnis zwischen Kirchenleitung und Journalisten ist ein unbezahlbarer Bonus.»

Nicht kopflos agieren

Da der Umgang mit Medien in Krisensituationen den meisten nicht vertraut ist, sollte eine Fachperson zur Unterstützung beigezogen werden. Ausführliche Auskünfte dürfen den Medien erst nach detaillierter Absprache und im besten Fall nur von Fachleuten gegeben werden. Medien sind oft sehr schnell vor Ort, und somit geht es auch darum, Zeit für diese Absprachen zu gewinnen. Es muss einerseits eine Person bestimmt werden, die für Medienfragen zuständig ist. Andererseits müssen die Medien auf spätere Auskünfte oder eine Medienkonferenz verwiesen werden. Dies kann mit dem Hinweis begründet werden, dass einheitlich und koordiniert informiert werden soll.

In Konflikt- und Krisensituationen haben Menschen ein gesteigertes Bedürfnis nach zuverlässigen Informationen. Viele Betroffene stecken aber bei einem sich anbahnenden Medienskandal den Kopf in den Sand. Dies in der Hoffnung, dass sich der Skandal aussitzen lässt. Andere dementieren oder schlagen kopflos um sich. Wieder andere hoffen, mit einem Teilgeständnis den Kopf aus der Schlinge zu ziehen oder einen Befreiungsschlag landen zu können. All diese Verhaltensweisen machen die Situation meist noch schlimmer. Im ersten Schreck sind sich wenige bewusst, wie folgenschwer die erste Reaktion, die erste Antwort, die ersten Worte sein können.

Entwicklung voraussehen	›	Überrollt werden
Ziele bestimmen	›	Im Zugzwang stehen
Planen	›	Ziellos handeln
Kosten planen	›	Kostenkontrolle verlieren
Gelegenheit nutzen	›	Schwierigkeiten ausräumen
Aktiv handeln	›	Angriffe abwehren

Verlauf von Krisen

Das öffentliche Interesse entwickelt sich je nach Art der Krise. Krisen können plötzlich eintreten und dann rasch abflachen, sich ganz langsam zu einem grossen Problem entwickeln oder wellenförmig hochschaukeln. Schwierige Situationen können sich allmählich abzeichnen, relativ schnell (eruptiv) oder plötzlich – und leider oft unerwartet - eintreten.

Schwelende Krisen sind die tückischsten, weil sie lange nicht ernst genommen werden. Bei sich langsam abzeichnenden Konfliktsituationen bleibt normalerweise genügend Zeit, um kommunikative und strategische Massnahmen zu ergreifen. Wichtig ist, dass die Zeichen frühzeitig erkannt werden. Bei plötzlich auftretenden Krisen oder Problemen muss jedoch sofort reagiert werden. Wer völlig unvorbereitet ist, kommuniziert meist unbeholfen, wenn nicht gar falsch. Oft werden dadurch Krisen verschärft, Unverständnis bei den Zielgruppen wird geweckt und mühsam aufgebaute Glaubwürdigkeit geht verloren.

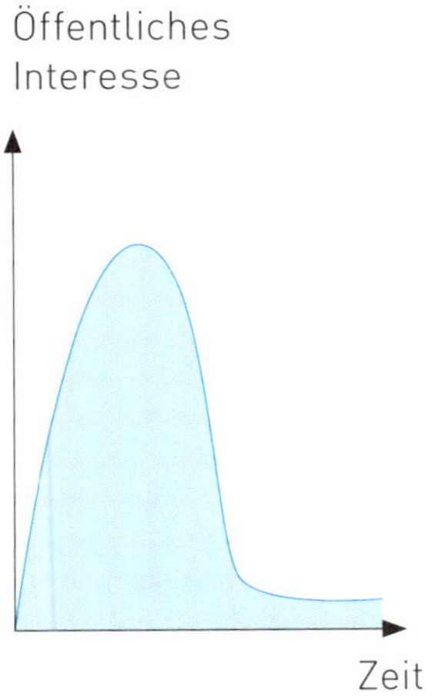

Eruptive Krise

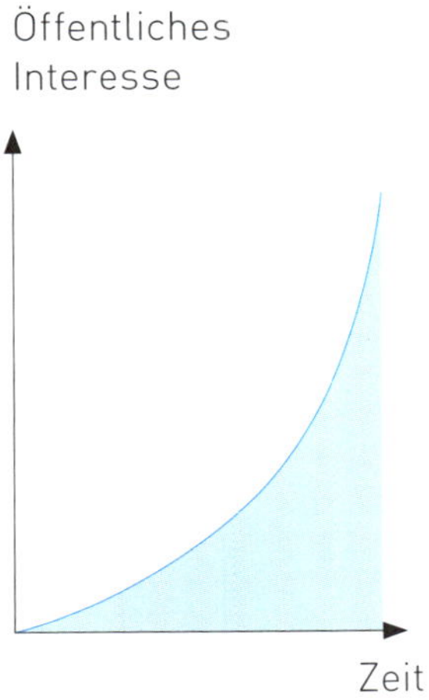

Schleichende Krise

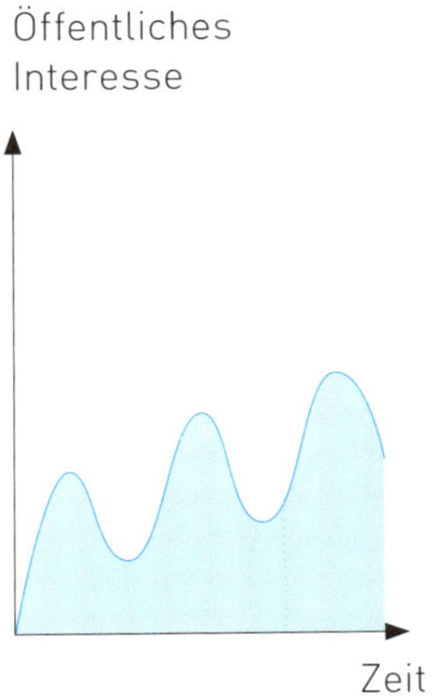

Periodische Krise

Die Möglichkeiten zur Einflussnahme der Kommunikation auf eine Krise sind begrenzt und nur in gewissen Teilperioden der Krisenentwicklung gegeben. Je früher jedoch eine Krise erkannt wird, desto besser kann eine Organisation die Situation bewältigen und beeinflussen. Es lassen sich drei Phasen von Krisensituationen der Krisenkommunikation identifizieren, die je nach Ereignis in unterschiedlicher Geschwindigkeit und Ausprägung ablaufen können.

1 Latenzphase
Ein potenziell negatives Thema erlangt Publizität. Die Berichterstattung ist nach wie vor überwiegend sachlich, aber anfällig auf Rahmenereignisse mit eigenem Nachrichtenwert. Eine Krise braucht für ihre Entwicklung ein sensibilisiertes Umfeld. Nur wenn Medien und Öffentlichkeit am Thema der Krise interessiert sind (hoher Nachrichtenwert), kommt es zu einer breiten Resonanz und allenfalls zu einer Eskalation. Ziel der Krisenkommunikation: Fakten sammeln und analysieren; Szenarien erarbeiten; Infrastruktur bereitstellen; Medien- und Umfeld-Beobachtung intensivieren.

2 Akutphase
Es kommt zu einem sprunghaften Anstieg des publizistischen Interesses. In der Berichterstattung gewinnen die emotionalen Elemente an Bedeutung. Sachinformationen sind oft schwer zu vermitteln und treten zunehmend in den Hintergrund. Die Dynamik der Krise ist sehr hoch und kaum kontrollierbar. Ziel der Krisenkommunikation: Betroffenheit und Fakten vermitteln; rasch und aktiv handeln; Diskussion versachlichen; Lösungsansätze aufzeigen.

3 Bewältigungsphase
Nun geht das an Schlagzeilen orientierte, publizistische Interesse zurück. Die Berichterstattung konzentriert sich zunehmend auf die kritisch-rationale Aufarbeitung der Krise. Ziel der Krisenkommunikation: Analyse und Auswertung; aus der Krise lernen.

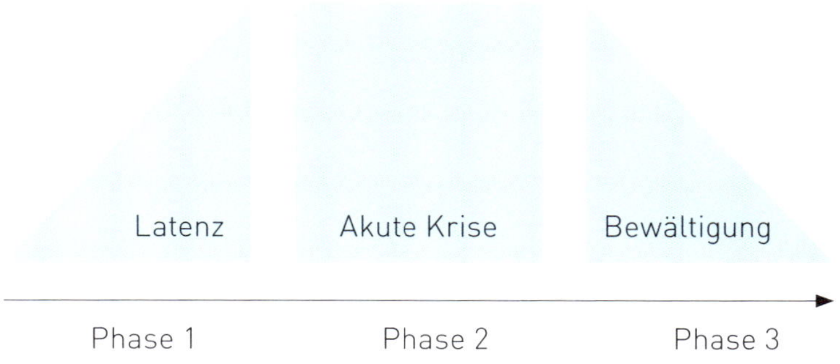

Anspruchsgruppen, Botschaften und Werkzeugkasten

In der Kommunikation geht es darum, zur richtigen Zeit auf die richtige Weise in der richtigen Sprache in der richtigen Dosierung dem richtigen Publikum das Richtige zu sagen. Kontakte erfolgen – gewollt oder ungewollt – meist über alle Kanäle. An alle Anspruchsgruppen (Stakeholder) denken heisst, die gezielte und kontinuierliche Pflege des Kontaktes mit allen Personen, Unternehmen und Institutionen, die zu Recht oder zu Unrecht davon überzeugt sind, Ansprüche an Informationen der Organisation zu haben. Die Information muss angepasst, zielgerichtet und vor allem kohärent erfolgen, weil die Anspruchsgruppen von allen Botschaften beeinflusst werden. Dafür steht ein ganzer Werkzeugkasten zur Verfügung:

	Meeting, Konferenz	Conference Call	Medienmitteilung, News Flash	Report, Newsletter	Intranet	Chat, Hotline	Internet
Vorstand	x	x	x	x	x	x	x
Pastoren		x		x			x
Prüfer		x		x			x
Polit. Behörden		x		x			x
Verbände	x			x			x
Mitarbeiter	x				x	x	x
Öffentlichkeit	x		x	x			x
Medien	x		x	x			x
Aufsichtsbehörden		x	x	x			x

«You never get a second chance to make a first impression.»

Kommt es trotz Prävention zur Krise, gilt es, die Schäden bei allen Anspruchsgruppen zu begrenzen und eine unkontrollierte Eskalation zu verhindern. Bei Krisen, die plötzlich entstehen, muss die Kommunikation sofort greifen und aktiv steuern, um die Krise zu entschärfen, bevor sie eskaliert. Vordringliche Aufgabe der Krisenkommunikation ist es, negative Emotionen wie Angst, Aggression, Neid oder Misstrauen abzubauen und Gerüchten sowie ungerechtfertigten Vorwürfen entgegenzutreten. Dies wird am besten durch rasche, klare und neutrale Informationen erreicht.

Krisen einschätzen

In der Krise ist es wichtig, Reaktionen richtig einzuschätzen. Laut Psychologen kann es in Krisensituationen zu folgenden, schädlichen Reaktionen kommen:

Leugnen	›	Es darf nicht wahr sein.
Weinen	›	Trauer, Trotzreaktionen
Schweigen	›	Nichts mehr sagen, überhören, Gehörtes ausklammern
Rationalisieren	›	Bewusste übertriebene Sachlichkeit
Beschimpfen	›	Sündenbock suchen
Drohen	›	Aggressives Verhalten – sich rächen wollen
Regression	›	Sich selbst die Schuld auferlegen
Resignieren	›	Apathisches, dumpfes Verhalten

10 wichtige Verhaltensregeln

Mit einigen wenigen Verhaltensregeln lassen sich die gefährlichsten Kommunikationsfettnäpfchen umgehen. Ein Blick auf die folgende Liste lohnt sich zu Beginn einer Krise, aber auch mitten drin immer wieder.

1 In der Krise steht der Kapitän «auf Deck»

Niemanden vorschieben, der keine Verantwortung trägt. Sympathie- und Vertrauensträger einsetzen. In besonders heiklen Situationen braucht es den Chef oder Präsidenten und nicht den Sachbearbeiter. Journalisten fühlen sich wenig ernst genommen, wenn sie mit einer Person reden müssen, die keine Entscheidungsträger sind.

Negatives Beispiel Hilfswerk

Ein christliches Hilfswerk wirbt mit umstrittenen Methoden neue Spender an. Das Konsumentenmagazin «Kassensturz» berichtet grossflächig und ladet den Geschäftsführer in die Sendung ein. Dieser nimmt die Einladung an, beharrt im Interview aber stur auf seinem Standpunkt und räumt nicht den geringsten Fehler ein. Nach der Ausstrahlung kam es zu massiven Spendeneinbrüchen.

2 Fehler nicht vertuschen

Wer Fehler gemacht hatte, sollte diese eingestehen, auch wenn sie klein und nebensächlich aussehen. Wenn Fehler oder Leichen im Keller vertuscht werden, wird alles noch viel schlimmer. Stur auf seinem Standpunkt beharren führt nur dazu, dass sich die Öffentlichkeit daran festhakt. Wer Fehler dagegen rasch zugibt, kann bei der Öffentlichkeit sogar Sympathiepunkte sammeln. Die Öffentlichkeit vergibt Fehler, verzeiht aber niemals, wenn man nicht zu seinen Fehlern steht. Allein das Eingestehen von Fehlern genügt allerdings nicht. Man muss auch gewillt sein, den Fehler zu bereuen und zu beheben, damit so etwas nicht mehr vorkommt.

3 Gefühl von Sicherheit vermitteln

Echte Emotionen zulassen; manchmal sind sie sogar das Wichtigste. Ereignisse, welche die Menschen bewegen, können mit gezielten Symbolhandlungen besser bewältigt werden. Auch gilt: «You never get a second chance to make a first impression.» (Du kriegst nie eine zweite Chance, um einen ersten Eindruck zu machen.)

4 Aktiv, nicht reaktiv informieren

Offen Auskunft geben, wenn Journalisten anrufen. Denn wer nicht transparent ist, macht sich verdächtig. Offen und transparent informieren und die getroffenen Vorkehrungen schildern. Auch vor Radiomikrofonen und Fernsehkameras auftreten. Jede Verweigerung wirkt negativ. Berichte ohne Aussage der Verantwortlichen werden zwangsläufig einseitig.

5 Nicht nicht kommunizieren, keine «No comment»-Statements

Das gilt auch in der Krise. Wer «kein Kommentar» sagt, hat keine Chance mehr, eine Information zu beeinflussen. Schlimmer noch, das Verhalten führt zum Verdacht, dass es etwas zu verstecken gibt. Nicht kommunizieren öffnet der Spekulation Tür und Tor. Manchmal muss man auch etwas sagen, ohne etwas zu sagen («Wir werden diese Fehler rigoros untersuchen. Wenn die Untersuchung zeigt, dass es etwas zu verändern gibt, dann werden wir das umgehend umsetzen»).

6 Rasch durch eine nominierte Person informieren

Einen Informationsverantwortlichen inklusive Stellvertretung bestimmen, der telefonisch gut erreichbar ist und Interviews gibt. Beim Empfang anfragende Medien darüber informieren, wer die Auskunft gebende Person ist. An alle Beteiligten klare Sprachregelungen herausgeben. Einen kurzen Medientext mit den wichtigsten Fakten und Zahlen über die Organisation vorbereiten, der bei Anfragen sofort gemailt werden kann.

7 Klar und verständlich informieren

Die Informationen sollten möglichst alle W-Fragen beantworten: Was ist wann, wo, wem, wie passiert? Die Fragen «Warum?» und «Wer ist verantwortlich?» sind oft später zu beantworten, da sie eine genauere Analyse erfordern. In der Krisensituation ist Schnelligkeit wichtiger als Vollständigkeit.

Negatives Beispiel Kirche

Sans-Papiers besetzen Räumlichkeiten einer Kirche. Die Kirchenleitung wehrt sich dagegen und will das Gebäude räumen lassen. Die Unterstützer der Sans-Papiers nehmen offensiv gegenüber der Öffentlichkeit Stellung. Ganz im Gegensatz zur Kirchenleitung, die auf jede Erklärung verzichtet, keine Interviews gibt und vom Regionalsender verlangt, dass ihre Gesichter auf Filmaufnahmen gepixelt werden.

8 Wahrhaftig und transparent informieren

Nichts als die Wahrheit sagen, nicht notwendigerweise aber die ganze Wahrheit (je nach Untersuchungsstand). Nicht auf Vermutungen und Gerüchte eingehen, im Zweifelsfalle eher weniger sagen als zu viel. Die Aussage «ich weiss es noch nicht» wird eher akzeptiert, wenn für die Öffentlichkeit ersichtlich ist, dass sich die Auskunftsperson redlich verhält. Aufpassen vor falscher Verharmlosung.

9 Zielgruppengerecht informieren

Eine Liste mit den Personen und Gruppen erstellen, die informiert werden müssen. Nicht jede Person braucht dieselben Informationen. Art und Zeitpunkt der Informationsvermittlung den Personengruppen anpassen.

10 Kontinuierlich informieren

Den Kontakt mit den Zielgruppen aufrechterhalten. Regelmässig die E-Mails und die sozialen Medien überprüfen. Reaktionen aufnehmen und wenn nötig darauf eingehen.

«In der Krisensituation ist Schnelligkeit wichtiger als Vollständigkeit.»

Vier Fehler, die es zu vermeiden gilt

Es gibt ein paar Verhaltensformen, welche die Krise verschärfen können:

1 Panik regiert
Wer keinen klaren Kopf hat und nur noch reagieren kann, ist in der Krisenkommunikation am falschen Platz. Menschen, die sich mit solchen Situationen schon auseinandergesetzt haben, wissen das und sind weniger anfällig für Panikattacken. Unsicherheit kann auch zu einer «Rückversicherungsstrategie» führen: warten, bis alles abgeklärt ist und erst dann an die Öffentlichkeit treten. Diese Verschleppung führt dazu, dass man die Informationshoheit vollständig an Dritte abgibt. Denn wenn Medien über die offiziellen Gesprächspartner nicht an ihre Informationen kommen, holen sie diese über andere Wege und zapfen alle möglichen Quellen an. Dazu gehören Betroffene, die sich nicht ernstgenommen fühlen, oder unzufriedene Mitarbeiter und langjährige Kritiker.

2 Legalistisches Vorgehen
Unsicherheit kann auch zu einem legalistischen Vorgehen führen: Man überlässt die Kommunikation den Juristen und Anwälten. Dann geht es nicht mehr um eine offene Informationspolitik sondern um den Kampf um einzelne Aussagen. Jedes Wort wird auf die Goldwaage gelegt und peinlich genau überprüft. Juristen würden manchmal gar nichts kommunizieren, was im Krisenfall nicht geht. Wer rechtliche Schritte gegen die Medien unternimmt und eine Gegendarstellung verlangt, bringt die Organisation meist nochmals unvorteilhaft in die Schlagzeilen. In dieselbe Kategorie gehört auch das Vorgeben von Sperrfristen, die nicht einleuchtend sind und die am Schluss doch nicht eingehalten werden. Solche legalistischen Massnahmen werden von Journalisten als Schikane empfunden.

«Wer rechtliche Schritte gegen die Medien unternimmt, bringt die Organisation meist nochmals unvorteilhaft in die Schlagzeilen.»

«Es ist egal, ob man im Recht ist, entscheidend ist, was die Öffentlichkeit als legitim betrachtet.»

3 Unterschätzen des Kommunikationsbedarfs

Aus einer Medienmitteilung oder einem Interview ergeben sich meist weitere Fragen. Unklarheiten oder Widersprüche regen dazu an, nachzuhaken. Eine spannende Schlagzeile ruft nach einer zweiten. Wer jetzt abblockt, wird unglaubwürdig. Transparenz und Offenheit gilt auch noch nach dem 200. Journalisten-Anruf. Nicht unterschätzt werden soll auch die Wucht einer Boulevard-Berichterstattung, die mit Emotionen und Personalisierung arbeitet («Spielen auf den Mann»). Sie hängt unter anderem mit dem Wettbewerbsdruck der Medien, dem Kampf um Klicks und verkaufte Zeitungen zusammen. Kluge Kommunikatoren nutzen diese Tatsache: Statt Behauptungen aufzustellen, erzählen sie Geschichten, schaffen Zugang zu Personen, die in die Krise involviert sind. Selbstverständlich mit dem nötigen Augenmass, Respekt und nur mit Einwilligung der Person.

4 Mythen statt Know-how

Auskünfte müssen klar und korrekt sein. Das heisst, auch wenn bereits Journalisten anrufen und auf Antworten warten, muss man sich trotzdem erst ein Bild von der Situation machen. Wer Vermutungen anstellt oder ambivalente Botschaften weitergibt, wer einen Sachverhalt bewertet, statt ihn zu beschreiben und Ereignisse bagatellisiert oder gar verdrängt, verwirrt und öffnet Tür und Tor für Gerüchte. Dazu gehören auch Dementis: Wer dementiert, liefert Zündstoff für die Diskussion und heizt damit die Dynamik unnötig an. Das Abstreiten ist ebenso falsch. Es ist egal, ob man im Recht ist, entscheidend ist, was die Öffentlichkeit als legitim betrachtet. Viel wichtiger ist darum, sich auf den tatsächlichen Sachverhalt zu konzentrieren.

Positives Beispiel Jugendverband

Die Traubensaft- und Weinkellerei Rimuss gerät in finanzielle Schieflage, weil der Finanzchef Geld unterschlagen hat. Der Patron Robert Rahm, bekannt für sein christlich-soziales Engagement, hegt keinen Groll gegenüber seinem Mitarbeiter, berichtet die Boulevardzeitung «Blick». Im Gegenteil, er vergibt ihm.

Wer kommuniziert, hat Rechte

Die Journalisten wollen informieren, die Juristen zensieren und die Leser nicht alles Geschriebene akzeptieren. In der Schweiz existiert kein umfassendes Mediengesetz. Die gesetzlichen Bestimmungen sind in verschiedenen Erlassen zu finden, z.B. im Persönlichkeitsschutz, im Urheberrecht, im Filmrecht, im Gesetz gegen den unlauteren Wettbewerb und im Werberecht.

- **Geschützte Rechtsgüter:** Ehre, Recht am eigenen Bild, am eigenen Wort und am eigenen Namen sowie Recht auf Privatsphäre (variiert nach Anteil an Öffentlichkeit des eigenen Berufs). Bei Falschdarstellung durch die Medien stehen folgende Möglichkeiten zur Verfügung: Leserbrief, Berichtigung, Gegendarstellung. Voraussetzungen dazu sind: Tatsachendarstellung, Veröffentlichung in periodisch erscheinenden Medien und unmittelbare Betroffenheit der Persönlichkeit.

- **Eigenes Wort:** Organisationen und ihre Personen haben das Recht auf Gegenlesen und das Recht zu wissen, wie zitiert wird (Recht auf das eigene Zitat). Allerdings gibt es kein Anrecht, den ganze Artikel zu lesen. Mündliche Aussagen dürfen korrigiert werden. Es empfiehlt sich, dies massvoll zu tun.

- **Eigenes Bild:** Ausserdem haben Organisationen und ihre Personen das Recht auf das eigene Bild. Wer keine öffentliche Person ist, darf nicht ungefragt abgebildet werden. Auf den Hintergrund beim Fotografieren oder Filmen achten. Je nach Bildausschnitt kommt es zu ungewollten, unterschwelligen Aussagen. Wenn der Hintergrund nicht stimmt, einen anderen Ort vorschlagen.

- **Zurückfragen:** Wer eine reine Weste hat, braucht nichts zu verbergen, als Kirche schon gar nicht. Aber: Organisationen haben ein Recht, die entscheidenden W-Fragen beantwortet zu bekommen: Welches Medium fragt an? Um was geht es genau? Was ist der Anlass (Was? Wann? Wo)? Ist dies ein Hintergrundgespräch oder will der Journalist wörtlich zitieren?

«Eine Krise muss nicht in einer Katastrophe enden.»

- **Transparenz:** Grundsätzlich besteht Anspruch der Öffentlichkeit auf Transparenz, sonst kommt man schnell in ein schiefes Licht. Bei privaten Organisationen ist das etwas anders. Dort gibt es höchstens einen moralischen Druck. Die Auskunftspflicht kann nur begründet eingeschränkt werden (wenn Mitarbeiter geschützt werden müssen und nur Gerüchte da sind, Vorsicht bei Namensnennung). Eine generelle Auskunftsverweigerung ist aber immer schlecht.
- **Sperrfrist:** Organisationen können eine Sperrfrist setzen. Diese sollte allerdings nachvollziehbar sein. Beispielsweise darf die Veröffentlichung erst stattfinden, wenn die Mitarbeiter informiert sind.

Krise als Chance

Eine Krise muss nicht in einer Katastrophe enden. Sie kann auch eine Chance sein. Eindrücklich zeigte dies eine Schweizer Jugendorganisation. In der Ferienzeit kam es zu einem sexuellen Übergriff, sie geriet so in die Schlagzeilen. Statt sich über diese extrem imageschädigende Medienpräsenz aufzuregen und sich verbittert zurückzuziehen, gingen die Verantwortlichen in die Offensive. Sie erarbeiteten Richtlinien «zum Umgang mit der Vermutung oder Gewissheit über sexuelle Ausbeutung». Daraus entstand ein umfassendes Schulungskonzept zur Prävention und Früherkennung von sexuellem Missbrauch. Die Jugendorganisation wurde so zum Vorbild anderer Jugendorganisationen und wurde schliesslich sogar löblich in einem Beitrag des SRF-Nachrichtenmagazins «10vor10» erwähnt.

Prioritäten setzen

Es geht in der Krise um den richtigen Informationsfluss und vor allem um die richtige Bewertung der Informationen, um so Prioritäten zu setzen. Zur Überprüfung, wer künftig welche Informationen benötigt und auf welche Informationen verzichtet werden kann, hilft folgende Aufstellung:

Für wen sind die Informationen	**Sehr Wichtig**	**Wichtig**
Dringend	Priorität 1	Priorität 3
Nicht dringend	Priorität 2	Priorität 4

Was wichtig oder dringend ist, kann in der Praxis nicht immer sofort bezeichnet werden. Telefonanrufe sind meistens dringend, weil sie einen unmittelbar erreichen. Aber sie sind nicht immer wichtig. Bei E-Mails ist die Triage einfacher, weil man selber bestimmen kann, was wichtig und dringend ist. Aufgaben, die dringlich und wichtig sind, füllen normalerweise einen grossen Teil unseres Tages. Wenn der Tag, von A und Z mit Aufgaben gefüllt oder überfüllt ist, bleibt etwas Wichtiges auf der Strecke: Tätigkeiten, die wichtig, aber nicht dringlich sind.
Diese einfache Aufstellung kann helfen, mindestens eine minimale Gewichtung und Priorisierung vorzunehmen. Einige Aufgaben sind meist sehr dringlich, bringen uns aber oft nicht weiter und brauchen doch viel Zeit. Dann gibt es Aufgaben und Tätigkeiten, die problemlos in den Eimer wandern können. Sie sind weder wichtig noch dringend.

Reden und Handeln wie Jesus

Von Markus Baumgartner

Nachwort

Zum Schluss laden wir zu einer Kommunikation ein, wie Jesus sie vorlebte. Er war nahe bei den Menschen, redete in einer Sprache, die verstanden wurde, und vollbrachte Taten, die Aufsehen erregten. Seinem Auftrag, den Menschen das Evangelium zu verkündigen, fühlen sich die Kirchen heute noch verpflichtet. Doch viele erreichen dieses Ziel nicht mehr. Sie geben Antworten auf Fragen, die niemand gestellt hat. Sie sprechen eine Sprache, die Aussenstehende nicht verstehen. Sie liefern Schlagzeilen, die häufig negativ sind. Wie finden Kirchen heute noch Gehör und eine neue Sprache für die uralten Wahrheiten?

Jesus – die Schlagzeile des Tages

Warum soll ein Journalist über eine Kirche berichten, wenn er von ihr öffentlich nicht mehr wahrnimmt, als eine Gruppe von Frommen, die mit sich selber beschäftigt sind? Vor 2000 Jahren war das noch anders: Jesus setzte sich mit der Welt, in der er lebte, auseinander. Er hatte Interesse an den Leuten und an dem, was sie beschäftigt. Jesus kannte die Gedanken und die Sprache seiner Umwelt. Er war dadurch dialogfähig und löste bei den Menschen einen gedanklichen Prozess aus. Obwohl Jesus nie einen Machtanspruch stellte, hatte er Einfluss auf das politische, gesellschaftliche, wirtschaftliche und kulturelle Leben. Jesus war kompetent, aktuell und an den sozialen Brennpunkten engagiert. Und mit den vollbrachten Wundern wäre er vermutlich fast täglich auf der Frontseite der grossen Zeitungen gewesen, wenn es sie damals schon gegeben hätte.

Das Evangelium hat Sprengkraft. Es ist geistiges Dynamit zwischen zwei Buchdeckeln. An Jesus liegt es nicht, wenn es heute um die frohe Botschaft so ruhig ist. Mit seinem Leben forderte er alle Menschen heraus, sich zu entscheiden: Man kann in ihm ein Lügner sehen (der vorgibt, der Messias zu sein), einen Geisteskranken (der an seine eigene Lüge glaubt) oder er ist wirklich Gottes Sohn. Nur: An Jesus liegt es nicht, wenn es heute um die frohe Botschaft so ruhig geworden ist. Im Gegenteil. Es sind die Mauern unserer selbstgebauten Ghettos, die uns von der Welt trennen, die Christen gemäss Matthäus 28,18–20 eigentlich erreichen wollen. Sind wir bereit, die Mauern abzureissen? Sind wir bereit, Brücken zu den Menschen zu schlagen, die wir erreichen wollen?

«Das Evangelium hat Sprengkraft. Es ist geistiges Dynamit zwischen zwei Buchdeckeln. An Jesus liegt es nicht, wenn es heute um die frohe Botschaft so ruhig geworden ist.»

Jesus das Marketing-Genie

Vom Geschichten erzählen (Storytelling) bis zur Gründung einer neuen gesellschaftlichen Gruppe (Community building): Jesus spielte auf der ganzen Klaviatur des modernen Marketings. Nicht weil er sein Leben auf die Regeln von gutem Marketing ausgerichtet hatte, sondern weil gutes Marketing wie das Leben von Jesus funktioniert. Jesus sprach nicht nur mit Worten, sondern auch mit Taten vom Reich Gottes. Er erreichte die Menschen, weil er ihnen nahe war.

- Er wusste genau, wie man die Aufmerksamkeit der Menschen gewann.
- Sein Leben war voller Überraschungen. Es war nicht möglich, vorauszusagen, was er als Nächstes sagte oder tat. Jede Aktion und jedes Wort war eine Neuigkeit.
- Die Gleichnisse von Jesus waren aus dem Alltagsleben gegriffen und hatten direkt mit den Interessen der Menschen zu tun.
- Er vollbrachte Wunder, die niemand vergass: Er verwandelte Wasser in Wein, heilte die Blinden, fütterte 5000 Menschen mit zwei Broten und fünf Fischen, er wanderte auf dem Wasser.
- Er war auch ein Pionier von Werbegeschenken, mit einem Strassenteam-Marketing, öffentlichen Tricks und basisdemokratischem Marketing.
- Er verhalf dem Judentum zu einem neuen Auftritt, in dem seine Nachfolger in die Welt hinausgingen und die Botschaft des jüdischen Rabbis allen zugänglich machten.
- Plus: Gibt es eine bessere Botschaft für ein Werbeschild als ewiges Leben?

Jesus wusste genau, wie man die Aufmerksamkeit der Menschen gewann.

«Gibt es eine bessere Botschaft für ein Werbeschild als ewiges Leben?»

Am meisten zitiert: die Bergpredigt

Obwohl es zur Zeit von Jesus noch keine Zeitungen oder Bücher gab, weiss 2000 Jahre später die ganze Welt immer noch von ihm. In seinem Buch «The Man Nobody Knows» schrieb der US-Werbe-Guru Bruce Barton schon 1925, dass Jesus der Gründer der modernen Business-Prinzipien sei, der mit zwölf handverlesenen Personen eine Organisation gründete, welche die Welt erobert hat: «Keine Person der Geschichte in dieser Welt hat einen grösseren Einfluss auf die Herzen und Sinne der Menschen und Nationen als dieser Mann.» Die Bibel erzählt seine Geschichte und bleibt das am meisten verkaufte Buch Jahr für Jahr. Es wird geschätzt, dass bisher sechs Milliarden Bibeln gedruckt wurden. Sie wurde in mehr als 2000 Sprachen und Dialekte übersetzt. Laut dem Harvard-Professor Harvey Cox ist die Bergpredigt von Jesus der «am meisten strahlende, am meisten zitierte, am meisten analysierte und am meisten getestete Diskurs sowie der mit dem höchsten Einfluss auf Moral und Religion in der Geschichte der Menschheit».

«Das Leben von Jesus führte zu täglichen Begegnungen mit den Menschen. Das prägte auch seine Sprache.»

Keine Insidersprache

Das Interesse von Jesus an den Menschen war so gross, dass er seine Heimat, seine Familie verliess und als Wanderprediger durch die Gegend zog. Das führte zu täglichen Begegnungen mit Menschen. Und wer täglich mit Menschen lebt, lernt auch ihre Sprache zu sprechen. Wie hatte Jesus kommuniziert? Häufig in Gleichnissen. «Ich will in Gleichnissen reden, nur in Gleichnissen will ich aufdecken, was seit der Erschaffung der Welt verborgen war». (Matthäus 13,34). Ein Beispiel eines Gleichnisses aus Matthäus 13: «Wenn Gott seine Herrschaft aufrichtet, geht es ähnlich zu wie bei einem Senfkorn, das jemand auf seinen Acker gesät hat. Es gibt keinen kleineren Samen; aber was daraus wächst, wird grösser als alle anderen Gartenpflanzen. Es wird ein richtiger Baum, in dessen Zweigen die Vögel nisten können.»

Da finden wir kein frommes Wort, keine Insidersprache. Jesus braucht Bilder, die aktuell und für alle verständlich sind. Jesus braucht in den Gleichnissen praktisch keine Adjektive. Die Sprache ist klar, ohne Schnörkel, reduziert auf das Notwendige. Einfach brillant. Jesus ist auch in dieser Beziehung vorbildhaft. Die Bibel ist ein Schatz, gefüllt mit Geschichten aus dem Leben. Diese Geschichten gilt es neu zu entdecken und zum Teil auch neu zu interpretieren. Diese Geschichten betreffen die Grundbedürfnisse des Menschen. Sie sprechen den Menschen an, fordern ihn heraus. Es sind Geschichten, die Gott den Menschen näherbringen. Dieses Bedürfnis hat der Mensch nach wie vor, auch in Zeiten, in denen die Christen immer mehr an gesellschaftlicher Relevanz verlieren und sich die Kirchen in beängstigter Geschwindigkeit leeren.

Die Christen sollten sich wieder auf ihre wichtigste Botschaft besinnen und diese in einer neuen Form und Sprache kommunizieren. Dafür muss man sich aus der Komfortzone bewegen und gewohnte Wege verlassen. Wenn etwas verändert werden soll, muss man sich selber verändern. Eine Liedzeile der deutschen Musikgruppe «Die Söhne Mannheims» bringt es auf den Punkt: «Wir müssen was bewegen, sonst bewegt sich nichts.» Dieses Buch soll ein Anstoss sein. Die Gedanken sollen inspirieren, damit die frohe Botschaft wieder zum Nennwert diskutiert wird und das Evangelium in seiner ganzen Sprengkraft zum Tragen kommt.

Checklisten

Checkliste Kommunikationskonzept

Lokale Kirchen haben in der Regel nur beschränkte Mittel und wenig Personal zur Verfügung. Daher gilt es, die Mittel effizient und zielgerichtet einzusetzen. Ein ausgearbeitetes Kommunikationskonzept soll als strategischer Plan dienen, nach dem in Zukunft die Kommunikation gestaltet wird. Folgende Check-Punkte können dabei helfen:

Hier das Beispiel der Freikirche BewegungPlus

1 Ausgangslage analysieren

Grundsätzlich ist jede Tätigkeit, jede Erscheinung und jedes Mitglied einer Kirche Teil der Kommunikation. Und somit ein Träger der Botschaft in der Gesellschaft. Daher gilt es zuerst, die bisherige Kommunikation zu dokumentieren: Was wird gemacht mit Printmedien, Online, sozialen Medien oder Videos? Was ist Kommunikation mit rein interner Wirkung? Was wird gegenüber der Gesellschaft gemacht?

2 Zielgruppen bestimmen

Zwar will die Kirche in der Regel alle Menschen auf vielfältige Weise erreichen. Doch gilt es, aufgrund der beschränkten Mittel Schwerpunkte zu setzen: Wo liegt der strategische Fokus intern und extern? Gottesdienstbesucher, neue Kontakte, Jugend, Erwachsene, Senioren, Mitarbeiter, Öffentlichkeit, Behörden, Medien usw.

3 Kernbotschaften formulieren

Für welche Botschaften steht die Kirche? Was soll man in erster Linie von ihr erfahren? Für was soll sie bekannt sein? Kernbotschaften können mit dem Relevanz-Leidenschaft-Modell im Kapitel 7 «Der Kampf um Aufmerksamkeit» überprüft werden. Ein internes Redaktionsteam soll dabei helfen, regelmässig über genügend Informationen zu verfügen. Dazu können auch häufige Fragen und Antworten erarbeitet werden, die in der Praxis helfen können.

4 Kanäle auswählen

Auf welchen Kanälen sollen die formulierten Botschaften verbreitet werden? Über welche Kanäle werden die Zielgruppen am besten erreicht? Daraus wird die Kanalstrategie festgelegt. Sie umfasst sowohl Online-Massnahmen (App, Webseite, Blog, E-Mail-Newsletter, Facebook/Instagram oder YouTube-Kanal) als auch Offline-Aktivitäten (Events, Flyer, internes Magazin, Kirchenverbandsmagazin oder Plakate).

5 Massnahmen formulieren und Prioritäten setzen

Die ersten vier Punkte werden zusammengefasst und mit Zeitplan und Verantwortungen versehen. Als Grundsatz gilt: Informationen an Mitarbeitende oder Ehrenamtliche kommt vor der Allgemeinheit.

Checkliste Medienmitteilung

Einführung

Medienmitteilungen sind ein wichtiges Kommunikationsinstrument für Organisationen. Heute mehr denn je, denn sie richten sich oft nicht mehr exklusiv an die Medien, sondern erreichen via Suchmaschinen auch andere Empfänger. Durch die Aktualität der Inhalte und die Verlinkung auf Social-Media-Präsenzen und anderen Online-Portalen wird die Aufmerksamkeit zusätzlich erhöht. Für den Erfolg entscheidend ist ein professioneller Text.
Die Medienmitteilung ist der direkteste Weg, um eine Botschaft an die Medien zu bringen. Ein übersichtlicher Aufbau und eine sorgfältige Formulierung fördern die Aufmerksamkeit der Medien und wecken Interesse. Eine Medienmitteilung ist ein kurzer, informativer Artikel, der den Medien unverlangt zugestellt wird. Im Text beschreibt der Absender sich selbst, seine eigene Veranstaltung, sein eigenes Angebot.

Ausgangslage

Medienmitteilungen werden möglichst aktuell geschrieben und an ausgewählte Redaktionen verschickt – oder an Medienkonferenzen abgegeben. Auch in jeder Medienmappe liegt eine Medienmitteilung. In einigen Fällen wird eine Medienmitteilung auf Reserve angelegt und bei Anfragen abgegeben. Dieser Text ist nicht so aktuell, aber immer noch schneller und frischer als ein gedruckter Prospekt, weil man jederzeit noch Änderungen anbringen kann. Eine Medienmitteilung schreibt man nach dem Motto: Der Köder muss dem Fisch schmecken, nicht dem Angler. Ausschlaggebend ist nicht, was dem Sender wichtig erscheint – und was das Umfeld der Kirche interessiert –, sondern was die Medien für berichtenswert halten, weil es deren Leserinnen und Hörer spannend finden.

Aufhänger

Jede Medienmitteilung steht und fällt mit dem Aufhänger. Das ist das Hauptthema, das in der Öffentlichkeit oder beim angepeilten Zielpublikum auf möglichst starkes Interesse stösst. Der Aufhänger macht den grössten Teil des Textes aus. Eine Medienmitteilung ist sinnvoll, wenn die Organisation oder Kirche

- öffentlich informieren will oder muss
- eine für die Öffentlichkeit – d.h. für die Medien und deren Konsumenten – interessante Story hat
- eine klare Aussage in der Öffentlichkeit oder gegenüber einer Zielgruppe machen will
- den Mut zur Öffentlichkeit und damit zur Offenheit hat
- bereit ist, das Risiko der Medienarbeit einzugehen und ihre Chancen zu nutzen.

Vorbereitung

- Hat das gewählte Thema einen Nachrichtenwert? «What's the beef?», fragen sich Journalisten. Was ist der Kern der Geschichte? Das muss man vorher wissen.

- Passt das Thema zu den Zielen der Kirche und zu ihrer Positionierung?
- Welche Medien sind am Thema interessiert? Für welche Zielmedien wird die Medienmitteilung geschrieben? Für Tagesmedien, Fachpresse, Regionalmedien, Lifestyle-Magazine, Online-Medien, Radio, Fernsehen u.a.? Je nachdem mit mehreren Varianten der Medienmitteilung arbeiten, abhängig von der Medienart.
- Je nachdem beim Journalisten anklopfen, ob das Thema überhaupt interessant ist. Immer an den Empfänger der Nachricht denken.
- Adressaten bei den einzelnen Medien definieren: Gibt es bestimmte Journalisten, welche sich bereits mit dem Thema auseinandergesetzt haben? Oder Zustellung an eine allgemeine Adresse?
- Recherche mit Sammeln von Zahlen, Fakten, Namen, Hintergrundmaterial, Grafiken und Bildern zum Thema.
- Neben der Medienmitteilung allenfalls zusätzliche Faktenblätter, Lebensläufe oder Dossiers vorbereiten.
- Klären, ob eine Übersetzung in andere Sprachen notwendig ist und wer diese machen und kontrollieren kann. Beachten, dass die deutsche Version dann früher fertig sein muss, damit genügend Zeit für die Übersetzung bleibt.

Struktur

- **Kopfzeile:** Logo am oberen Seitenrand, schafft Vertrauen und Zuordnung durch Absender und Absenderadresse.
- **Überschrift:** Oberhalb des ganzen Textes «Medienmitteilung» hinschreiben, damit die Leser das gleich einordnen können.
- **Titel/Headline:** Kurz, klar und verständlich (nicht mehr als sieben Wörter oder rund 60 Zeichen), bei komplexem Thema ergänzt mit Unter- oder Übertitel, informativ, mit Leseanreiz, muss ausdrucksstark sein, mit möglichst vielen Öffentlichkeitsbezügen, um Interesse zu wecken, aber ohne wie Werbung zu wirken. Im Titel verträgt es keine Tippfehler, kurze Wörter bevorzugen, Verben statt Hauptwörter, Ausrufe- und Fragezeichen sind verboten.
- **Vorspann/Lead:** Die ersten Zeilen nutzen, um die gesamte Botschaft zu transportieren, das heisst die wichtigsten W-Fragen in den ersten Zeilen beantworten: Wer, Was, Wann, Wie, Wo und Warum? Die Anordnung der Ws spielt keine Rolle. Die Meldung sollte aber mit einem Leseanreiz, mit der eigentlichen Überraschung beginnen. Zuerst das Wichtigste, dann weitere Informationen von abnehmender Wichtigkeit. Ort und aktuelles Erscheinungsdatum einsetzen (steht vor dem Lead).
- **Text/Inhalt:** Auch hier ist ein Einstieg nötig, der zum Weiterlesen animiert – zum Beispiel mit einer starken Aussage, neuen Zahlen oder einem Zitat. Das Thema dann weiter detaillieren. Dieser Abschnitt sollte die Informationen des Vorspanns auffächern. Die Hauptinformationen stehen am Anfang, die weniger wichtigen Details gegen Ende des Textes.
- **Zwischentitel:** Längere Texte mit Zwischentiteln gliedern.
- **Porträt/Boiler Plate:** Allgemeine Darstellung der Organisation oder Unternehmens am Schluss, wichtigste Angaben, Zahlen und Fakten, die

immer gleich bleiben. So können Journalisten und Redaktoren die Bedeutung einer Organisation einschätzen.
- **Absender:** Am Ende des Textes alle Kontaktdaten mit Name, Vorname, Funktion sowie Telefon und E-Mail für allfällige Rückfragen aufführen. Die Erreichbarkeit der aufgeführten Personen muss gewährleistet sein.
- **Links:** Bei Online-Medienmitteilungen Link auf die Webpage und den Mediencorner für Journalisten.
- **Länge:** Meistens nur eine A4-Seite lang, was rund 2000 Anschlägen entspricht.
- **Bilder und Videos:** Mit Angaben über Urheberrechte (Abdruck erlaubt) und Urheber (Fotografen).
- **Bildlegenden:** Immer mitliefern, dabei Bildinhalt beschreiben, Personen mit Namen erwähnen sowie eine weitere wichtige ergänzende Information zum Thema liefern.

Schreibstil

- Im journalistischen Stil schreiben, d.h. Thema neutral und direkt wiedergeben.
- Tatsachen und Meinungen sind getrennt, also kein Eigenlob, keine Wertungen.
- Mit Zitaten auflockern. Kommentierende und einordnende Elemente können als Zitat einer Person gebracht werden. Zitiert wird in der Regel eine Pfarrperson oder der Hauptverantwortliche zum Thema. Zitate durch An- und Abführungszeichen markieren und unmittelbar beim Zitat Namen und Funktion des Zitierten nennen.
- Einfach, klar und verständlich: «Hauptsätze, Hauptsätze, Hauptsätze» (Kurt Tucholsky). Kurze, geradlinig formulierte Sätze. Jeder Satz ist ein Dienst am Leser.
- Aktive Verben verwenden, Verben sind spannender als Hauptwörter – da ist Action drin. Aktive Verben sind spannender als passive. Also besser spazieren, hüpfen oder klettern statt gehen.
- Chance auf Beachtung ist höher, wenn man auf den Punkt bringt, worum es geht.
- Als Richtlinie: So erzählen wie einem Freund, der noch nie etwas darüber gehört hat.
- Immer im Präsens schreiben, zeigt Aktualität der Medienmitteilung.
- Anschauliche Beispiele verwenden.
- Bei erwähnten Personen immer ganze Vor- und Nachnamen verwenden.
- Begriffe und Abkürzungen erklären.

Vermeiden

- Passiv-Konstruktionen: Besser «Meine Schwester schreibt ein Buch» statt «Das Buch wird von meiner Schwester geschrieben».
- Fremdwörter und nicht gängige Insider- und Fachbegriffe.
- Witzige Wortkreationen und flotte Werbesprüche.
- Adjektive: Weg mit überflüssigen Adjektiven. Dem Leser beschreiben, worum es geht, statt ihn mit einem behauptenden Adjektiv abzuspeisen.
- Füllwörter wie quasi, eigentlich, wie gesagt, bereits, auch, tatsächlich, gerade, interessant.
- Floskeln und Worthülsen.
- Häufiges Nutzen von Hilfsverben wie: tun, haben, müssen, etc.
- Modewörter oder Jargonsprache.
- Schachtelsätze.
- Zitate von mehr als zwei Personen.

Korrekturlesen

- Mitteilung immer am Ende noch einmal jemandem zum Lesen und Kontrollieren geben, ob alle Kriterien eines journalistischen Textes erfüllt sind und ob die äussere Form stimmt (Vier-Augen-Prinzip).
- Zehn Tage vor dem Ereignis oder sofort anschliessend versenden. Grössere Ereignisse: kurze Medienmitteilung 14 Tage im Voraus, eine zweite etwa fünf Tage vorher.

Checkliste öffentlicher Auftritt

Sechs Fragen vor dem öffentlichen Auftritt

- Wozu soll ich Aussagen machen?
  (aktueller Aufhänger)
- Warum ich?
  (richtige Auskunftsperson)
- Welches Mediengefäss?
  (Zielpublikum)
- Wer gibt auch noch Auskunft?
  (Gegner/Partner)
- Welche Form?
  (Statement, Interview, Diskussion)
- Welche Regeln?
  (Zeitrahmen, Gegenlesen)

Sechs Elemente der Vorbereitung

- Zielgruppe:
  Wem will ich etwas sagen?
- Informationsziele:
  Was will ich aussagen?
- Hauptbotschaft:
  Was will ich unbedingt vermitteln?
- Argumente:
  Was spricht für meine Sichtweise?
- Gegenargumente:
  Was spricht gegen meine Sichtweise?
- Antworten auf Gegenargumente:
  Wie kann ich Kritik entkräften?

Fünf Grundsätze der Mediensprache

- Adressatengerecht:
  dem Publikum entsprechend
- Alltägliche Sprache:
  kein Expertendeutsch
- Gesprochene Sprache:
  keine «Schreibe»
- Bildhaft:
  konkrete Beispiele, prägnante Sprachbilder
- Fokussiert:
  Hauptbotschaft im Mittelpunkt

Fünf Regeln des Auftretens

- Ruhige, offene Körperhaltung
- Natürliche, unterstützende Gestik
- Kongruente Mimik
- Offener, ungezwungener Blickkontakt
- Natürliche, abwechslungsreiche Sprechweise

Checkliste Medienkonferenz

Die Medienkonferenz ist normalerweise der grösste Auftritt, den eine Kirche oder Institution gegenüber den Medien haben kann. An einer Medienkonferenz entscheidet sich für eine Journalistin oder einen Journalisten, ob die Kirche oder Institution der Öffentlichkeit etwas zu sagen hat oder nicht. Eine Medienkonferenz ist dann zu empfehlen:

- Wenn die üblichen Kommunikationsmittel wie Medientext und -bild keine genügend grosse atmosphärische Aussagekraft haben, wenn also eine Besichtigung oder eine Demonstration nötig sind, wenn extra engagierte Fachleute oder Prominente teilnehmen.
- Wenn eine schwierige Sachlage mündlich erläutert werden muss.
- Wenn die wichtigen Medien gleichzeitig anlässlich eines definierten Zeitpunkts informiert werden müssen.
- Wenn das Interesse so gross ist, das mit einer Medienkonferenz viel mehr Journalisten direkt bedient werden können als am Telefon während Stunden.
- Wenn man mit direkten Rückfragen interessierter Journalisten rechnet.
- Wenn man einen offiziellen Zeitpunkt schaffen möchte, auf den man sich später jederzeit berufen kann, wenn jemand sagt: «Wieso wurde die Öffentlichkeit in dieser Sache nicht informiert?»
- Wenn man im Verdacht steht, der Öffentlichkeit etwas Wichtiges verschwiegen zu haben.

Für eine gute Medienkonferenz müssen organisationsintern einige Kriterien erfüllt sein:

- Die Verantwortlichen der Organisation haben sich für Öffentlichkeit und Offenheit entschieden.
- Die Verantwortlichen sind bereit, selber den Kopf hinzuhalten. Stellvertreter – vor allem solche ohne Handlungskompetenzen – sind verboten.
- Die Verantwortlichen sind bereit, nach der Medienkonferenz eine angemessene Zeit für Rückfragen ansprechbar zu sein.

Die Reaktions-Medienkonferenz

Die Reaktions-Medienkonferenz drängt sich auf, wenn etwas Gravierendes – ein Unglücksfall, eine Katastrophe, folgenschwere Indiskretionen und Ähnliches – passiert ist oder bei Veranstaltungen, an denen unerwartet mehrere Journalisten auftauchen und berichten wollen. Typische Merkmale:

- improvisierter, schlichter Eindruck
- fast nur die Aktualität zählt
- Einladung per Telefon, Mail oder improvisiertem Plakat
- Medienmappe nicht erforderlich; allenfalls ein bis zwei A4-Blätter mit den wesentlichsten Erläuterungen sowie Namen, Telefonnummern et cetera.

Die Aktions-Medienkonferenz

Häufiger als die normalerweise improvisierte Reaktions-Medienkonferenz ist die von langer Hand vorbereitete Aktions-Medienkonferenz:

- Idealerweise beginnt die Medienkonferenz werktags (am geeignetsten sind Dienstag, Mittwoch und Donnerstag) um 10.00 Uhr, damit die Journalisten bis zum Drucktermin bzw. der Hauptsendezeit in Ruhe ihren Bericht vorbereiten können.
- Eine für Journalisten angenehme Medienkonferenz bringt 20 bis 40 Minuten Informationen und lässt 20 bis 30 Minuten Zeit für Fragen.

Eine Medienkonferenz sollte an einem Ort stattfinden,

- der gut erreichbar ist (auch mit öffentlichem Verkehr)
- der ein möglichst öffentliches Image hat, z.B. in einem Saal beim Bahnhof, in einem Hotel
- der nur so gross ist wie nötig
- der über WLAN verfügt
- der eine gute Akustik aufweist (vor allem für Radio- und Fernsehmacher wichtig)

Die **Einladung** erfolgt am besten wie folgt:

- schlichte Gestaltung
- vom Inhalt so wenig wie möglich bekanntgeben, aber so viel wie nötig, damit die Journalistinnen und Journalisten kommen
- bei wichtigen Medienkonferenzen fünf bis sechs Wochen vor dem Termin erste Ankündigung versenden
- eventuell Anfahrtskizze beilegen
- eine Woche vor der Medienkonferenz nachfragen bei den Redaktionen, die keine Anmeldung/Abmeldung geschickt haben; Vorsicht: Jede Art von Aufdringlichkeit vermeiden, keine Überredungsversuche, sondern fragen, ob die Informationen angekommen sind, und ob sie ausreichend sind; wenn die Redaktion kein Interesse am Besuch der Medienkonferenz zeigt, fragen, ob man nach der Medienkonferenz die Medienmappe oder eine vorbereitete Medienmitteilung schicken darf und an welche Person intern.

An einer Medienkonferenz wird gewöhnlich eine **Medienmappe** abgegeben. Sie

- liegt zu Beginn am Platz jedes Journalisten
- liefert sauber gegliedert die wichtigsten Daten, Fakten und die zusammengefassten Ansprachen der Referenten; sie beantwortet die wesentlichen Fragen: Wer? Was? Wie? Wieso? Wann? Wo?
- Enthält korrekte und vollständige Angaben über wichtige Personen (Name, Vorname, Funktion, Telefonnummer usw.)
- hat einen Umfang von mehreren Seiten
- beinhaltet bei Bedarf Pressefotos oder Online-Link zu Fotos
- ist so beschaffen, dass Unterlagen nicht herausfallen und sie auf Rundgängen als Schreibunterlage verwendbar ist.

Die Durchführung

- Bei der Programmgestaltung ist darauf zu achten, dass nicht nur die nackten Informationen zählen, sondern auch Emotionen und das psychologische Klima zwischen Informationsanbietern und Adressaten. Journalisten haben Erfahrung im Umgang mit Hochstaplern, Demagogen, Schauspielern, Worthülsen-Jongleuren und Interessenvertretern; was zählt, ist sachliche und freundliche Information.

- Alle, die Auskunft geben, werden schriftlich mit Vornamen, Namen und Funktion vorgestellt (Tafeln auf dem Tisch, eine Namenliste).
- Für die Anwesenden hat es Stromanschluss und Internetverbindung.
- Auch ein Glas Wasser oder Kaffee werden geschätzt.
- Während der Medienkonferenz kann eine Präsenzliste rumgereicht werden mit den Rubriken Name, Medium.
- Eine möglichst neutrale Person moderiert die Medienkonferenz, begrüsst zu Beginn die Anwesenden, stellt die Referenten vor und sagt sie nachher einzeln an und ab.
- Die Referenten tragen ihre Ansprache frei vor und lesen auf keinen Fall einfach den Text ab, der in der Medienmappe liegt – tun sie das, beweisen sie, dass die Medienkonferenz überflüssig war und ein Versand von Medienmaterial genügt hätte.
- Die Moderatorin/der Moderator beendet die Medienkonferenz, wenn alle Fragen beantwortet sind. Nicht alle Fragen werden gestellt werden, denn:
- Nach der offiziellen Medienkonferenz findet ein kurzer Stehapéro statt, der Raum bietet für Zweiergespräche. Diese brauchen die Journalisten für exklusive Rückfragen (viele Journalisten wollen ihren Kolleginnen und Kollegen keinen Anhaltspunkt geben, in welche Richtung ihre Berichterstattung geht). Der Apéro sollte schlicht gehalten werden.
- Falls es ein Mittagessen oder Geschenke gibt, sollten sie angemessen sein und zum Thema der Medienkonferenz passen. Selbstzweck und Bestechungsversuche meiden.

Nach der Medienkonferenz

- Wer nicht gekommen ist, erhält schriftliche Unterlagen, wenn der Wunsch danach geäussert wurde.
- Die Verantwortlichen sind erreichbar, falls den Journalisten beim Ausarbeiten der Beiträge zusätzliche Fragen gekommen sind (das geschieht nicht selten).

Die Medienkonferenz Punkt für Punkt:

1. Entscheiden, ob das Thema wichtig genug für eine Medienkonferenz ist.
2. Entscheiden, wer sprechen wird.
3. Entscheiden, welche Redaktionen und freien Journalisten eingeladen werden (Nachrichten- und Bildagenturen nicht vergessen).
4. Medienmonitoring organisieren, d.h. über die nächsten Tage hinweg jeweils eine Zusammenstellung der Berichterstattung (nicht nur von den eingeladenen Medien, sondern auch Twitter etc). Das kann bei Agenturen wie NR Swiss oder Argus bestellt werden.
5. Termin festlegen.
6. Ort suchen.
7. Nach persönlicher Rekognoszierung geeigneten Raum buchen.
8. Einladungen versenden (allenfalls mit Ortsskizze).
9. Auf denjenigen Redaktionen nachfragen, die keine An-/Abmeldungen zurückgeschickt haben.
10. Verantwortliche briefen und kontrollieren, ob sie das Briefing verstanden haben und sich seriös vorbereiten mit allen möglichen

Fragen und Antworten. Für alle Sprache festlegen (inkl. Hochdeutsch oder Mundart).
11. Medienmappe der vorgestellten Inhalte zusammenstellen.
12. Überlegen und mit Hauptverantwortlichen und weiteren Verantwortlichen besprechen, an welchen Punkten die Journalisten (kritisch) nachfragen könnten. Mögliche Antworten skizzieren.
13. Moderator der Medienkonferenz festlegen.
14. Genauen Zeitplan für den Ablauf der Medienkonferenz erstellen und notfalls durchspielen.
15. Technische Hilfsmittel organisieren (Flipchart, Beamer etc.).
16. Getränke und Apéro besorgen.
17. Bei mehreren Sprechern Sitzordnung festlegen.
18. Namensschilder der Referenten herstellen. Wegweiser zum Medienkonferenz-Raum aufhängen.
19. Nach der Medienkonferenz den Medientext an die nicht erschienenen Redaktionen verschicken.
20. Bericht mit Medienspiegel an die Verantwortlichen.
21. Kritische Analyse des Anlasses, um die eigene Performance zu verbessern und Fehler zu vermeiden.

Vor- und Nachbearbeitung Medienkonferenz

	Wer	Termin
Saal		
Catering		
Texte verfassen		
Übersetzung		
Kontrolle der Texte		
Briefing der Sprecher		
Namensschilder		
Formatierung der Blätter		
Drucker		
Auswahl der Medien		
Wegbeschrieb		
Medienmappe		
Präsenzliste Teilnehmer		
Evtl. Transport		
Saalbeschriftung		
Einladungen		
Anmeldungen		
Nachfassen		

Anforderungen an den Saal

Ort, Erreichbarkeit	
Grösse	
Bestuhlung	
Tische	
Mikrofone	
Lautsprecher	
Beamer	
Leinwand	
Computer oder Anschlüsse	
Flipcharts	
Pinwände	
Heizung und Klimaanlage	
Garderobe	

Checkliste Leserbrief

Leserbriefe sind die attraktivsten Beiträge einer Zeitung. Die Leserbriefe werden (meist zum Leidwesen der Journalisten) von Zeitungslesern am liebsten gelesen. Wer Leserbriefe schreibt, kann also etwas bewegen in der Gesellschaft.

- Wichtig ist die Klarheit in Leserbriefen. Haben Sie keine Angst vor klaren Worten. Das sind die Grundprinzipien des Leserbriefeschreibens. Fünf bis sieben Sätze sollten ausreichen, Ihren Standpunkt zu erklären. Dann sind Sie ganz vorn und haben die Chance, sogleich unkorrigiert abgedruckt zu werden. Lange Leserbriefe strengen die Journalisten an und zwingen sie, zu kürzen. Schnell ist so ein Leserbrief dann eben vom Tisch und kürzere werden abgedruckt.
- Daher vorher klären, was man eigentlich im Leserbrief aussagen möchte. Sogleich ins Thema einsteigen. Erscheinungsdaten des Artikels, auf den man sich bezieht, entweder gleich in den Titel setzen oder dann in Klammer im Text. Sofort auf den Punkt kommen. Die Leser auf keinen Fall langweilen. Langweilige Leserbriefe werden nicht abgedruckt.
- Das Einreichen von Kommentaren auf den Zeitungs-Websites erlaubt die annähernde Gleichrangigkeit von professionellem Publizisten und Bürgern: Manchmal sogar ohne Anmeldung, meist aber nach einer Registrierung unter einem Benutzernamen, der die Identität des Schreibers nicht preisgibt, kann der Leser sofort seine Meinung schreiben, die anschliessend direkt unter den jeweiligen Zeitungstext gesetzt wird. Das geht schneller und erfordert einen erheblich geringeren Aufwand als ein klassischer Leserbrief, der mit vollem Namen gezeichnet, vor der Veröffentlichung sorgfältig geprüft wird und mit Zeitverzug auf separaten Leserbriefseiten erscheint, ohne dass dort der Bezug zum Ausgangsartikel noch direkt erkennbar wäre.
- Redaktion und Leser legen Wert auf einen freundlichen und verständlichen Umgangston. Verzichten Sie darauf, andere persönlich anzugreifen oder gar zu beleidigen. Kritik ist zwar wichtig und notwendig. Aber die Kritik muss sitzen und gerechtfertigt sein. Selbstverständlich dürfen keine Ehrverletzung oder anderen Beleidigungen gemacht werden, weil das auch juristische Konsequenzen haben kann. Sich in Details verheddern, die kirchenferne Leser sowieso nicht verstehen, stiehlt nur Zeit und Kraft.
- Bei verschiedenen Zeitungen prüft ein Programm die Leserbeiträge und legt die als potenziell anstössig markierten Texte redaktionellen Prüfern vor.

Checkliste Krisensituation

Plötzlich machen Sie unfreiwillg negative Schlagzeilen. Die meisten sind darauf schlecht oder gar nicht vorbereitet. Daher lohnt sich die Vorbereitung eines umfassendes Krisenmanuals. Diese Checkliste dient lediglich als Übersicht für unvorbereitete Situationen. Tipps für den Umgang mit den Medien, wenn es darum geht, schnell zu handeln.

a) Geben Sie offen Auskunft, wenn Journalisten anrufen. Denn wer nicht transparent ist, macht sich verdächtig. Wer nichts zu verbergen hat, kann gegenüber Journalisten offen Auskunft geben.
b) Bestimmen Sie einen Informationsverantwortlichen, der telefonisch erreichbar ist und Interviews gibt. Schieben Sie niemanden vor, der keine Verantwortung trägt. Glaubwürdig sind nur Personen, die in Ihrer Organisation bzw. Ihrer Kirche an der Spitze stehen. Scheuen Sie sich auch nicht, vor Radiomikrofonen und Fernsehkameras aufzutreten. Jede Verweigerung wirkt negativ. Berichte ohne Ihre Aussage werden zwangsläufig einseitig.
c) Vertuschen Sie begangene Fehler nicht. Das macht alles noch viel schlimmer. Wer Fehler zugibt, kann bei der Öffentlichkeit sogar Sympathiepunkte sammeln. Die Öffentlichkeit vergibt gerne Fehler, verzeiht aber niemals, wenn man nicht zu seinen Fehlern steht.
d) Unternehmen Sie keine rechtlichen Schritte gegen die Medien und verlangen Sie keine Gegendarstellungen. Das bringt Sie in der Regel nochmals unvorteilhaft in die Schlagzeilen.
e) Bereiten Sie einen kurzen Medientext mit den wichtigsten Fakten und Zahlen über Ihre Organisation bzw. Ihre Gemeinde vor, den Sie bei Anfragen sofort mailen können.

Checkliste Homepage vorschalten

- In einem vom Krisenteam gefällten Entscheid wird auf der Homepage eine Meldung vorgeschaltet und der Zugang zu weiteren Seiten blockiert.
- Die Vorschaltung wird vom IT-Verantwortlichen vorbereitet, so dass nur der Text geändert werden muss.
- Der IT-Verantwortliche benennt in Absprache einen Stellvertreter, der diese Aufschaltung und Blockierung ebenfalls vornehmen kann. Der Blockier- und Aufschaltungsvorgang wird detailliert beschrieben, so dass auch eine andere Person diese Aufgabe vornehmen kann.
- Die Beschreibung und Angabe der Speicherorte von Dateien ist ein integrierter Bestandteil dieser Anleitung zur Homepage-Vorschaltung.
- Textbaustein: Mit grosser Betroffenheit teilen wir Ihnen mit, dass im (Anlass) vom (Datum) bis (Datum) in (Ort) am (Datum/Zeit) ein schwerer (Unfall/Vorfall/Ereignis usw.) gesche-

hen ist. Aufgrund zurzeit unklarer Informationen sind wir nicht in der Lage, genauere Informationen über Opfer, Verletzte und den Hergang zu schildern. Die Rettungsteams sind vor Ort und es wird alles unternommen, den Betroffenen so schnell wie möglich ärztliche Hilfe und Betreuung zukommen zu lassen und die Angehörigen zu informieren. Die Verantwortlichen der (Organisation) bedauern diesen (Unfall/Vorfall/Ereignis) zutiefst und sprechen den Betroffenen und Angehörigen ihr tiefes Mitgefühl aus.

Hotline-Nummer für Angehörige: xxxx
Hotline-Nummer für Medien: xxxx
Nächste Informationen auf dieser Seite folgen in zwei Stunden.

Checkliste Predigt-Themen

Kreuzen Sie an, ob die folgenden Themen für eine Predigt oder einen Anlass in Bezug auf die Kommunikation mit der Öffentlichkeit gut geeignet sind oder nicht.

Nr.	gut	nicht gut	
01	0	0	O Land, o Land, höre des Herrn Wort
02	0	0	Was Koran und Bibel gemeinsam haben
03	0	0	Israel – der deutliche Zeiger an Gottes Weltuhr
04	0	0	Lady Gaga, Rihanna und die Bibel
05	0	0	Was verbindet Doris Leuthard, Ueli Maurer und Christus?
06	0	0	Heiligung – ein aktuelles Problem
07	0	0	Erwerbslos und doch unendlich reich
08	0	0	Das Blut des Lammes reinigt uns
09	0	0	Warum Glaube gesund macht. Wissenschaftliche Erkenntnisse über Religion & Heilung
10	0	0	Parfum, Deo & Gold – Überraschungen für das Christkind
11	0	0	Nahe bei dir!
12	0	0	Was der Reformator Calvin zum Bankgeheimnis sagt
13	0	0	Endzeit – Zeit zur Busse
14	0	0	Hebt heilige Hände auf!
15	0	0	Wie der Prophet Elia sein Burn-out überwinden konnte

Lösungen:
- gut: 02, 04, 05, 07, 09, 10, 12, 15
- nicht gut: 01, 03, 06, 08, 11, 13, 14

Autorinnen / Autoren

Markus Baumgartner (1965): Befasst sich seit 1988 mit dem Thema Gesellschaft und Kirche, stieg 1989 nach acht Jahren auf einer Grossbank als professioneller Journalist in die Medienbranche um, war Wirtschaftsredaktor von Cash, Tages-Anzeiger, Luzerner Neuste Nachrichten und ist seit 2001 Kommunikationsberater für Führungspersonen und Unternehmen, seit 2012 mit eigener Agentur b-public AG für Marketing & Kommunikation. Zudem ist er seit 2008 Herausgeber des «Dienstagsmail», das wöchentlich positive Geschichten der säkularen Medien über Christen und Kirchen beschreibt.

Andreas Malessa (1955): Theologiestudium in Hamburg bis 1980. Als «Pastor im Bund evangelisch-freikirchlicher Gemeinden» ordiniert und freigestellt für Jugendarbeit, Hörfunk und Fernsehen. Von 1982 bis 1994 beim Deutschlandfunk in Köln, 1994 bis 2013 beim Deutschland-Radio Kultur in Berlin, seit 1986 beim SDR bzw. SWR in Stuttgart und seit 1998 beim Hessischen Rundfunk in Frankfurt tätig als freier Mitarbeiter der Redaktionen «Religion und Gesellschaft».

Wolfgang Wettstein (1962): Er studierte Germanistik, Philosophie und Kunstgeschichte in Freiburg im Breisgau und in Zürich und schloss mit dem Magister ab. Seit 22 Jahren arbeitet er als TV-Journalist beim Schweizer Radio und Fernsehen SRF, leitete elf Jahre das TV-Konsumentenmagazin Kassensturz und auch die Radiosendung Espresso. Heute studiert er Theologie an der Universität Zürich, schreibt Krimis und arbeitet weiterhin als TV-Journalist bei SRF.

Mirjam Jauslin (1971): Nach der Ausbildung zur dipl. phil. II Geografin (Nebenfächer Ethnologie, Ur- und Frühgeschichte und Meteorologie) an der Universität Basel war sie von 1998 bis 2015 bei Telebasel, zuletzt als Stv. Chefredaktorin. Seit 2015 ist sie Leiterin Kommunikation und Mitglied der Geschäftsleitung der Stiftung Jugendsozialwerk Blaues Kreuz Baselland.

Willy Surbeck (1955): Er ist Journalist/Publizist (BR). Erste Medienerfahrungen sammelte der gelernte Werkzeugmechaniker Anfang der 1980er-Jahre mit dem «Gospel-Radio» beim anfänglichen Piraten-Sender Radio 24 auf dem Pizzo Groppera. Danach gründete er 1984–88 ein Pressebüro, war freier Journalist und Autor (u.a. Weltwoche, Tages-Anzeiger), 1988–89 Reporter Blick Basel, 1991–93 Reporter und Redaktor Blick, 1993–96 Chefreporter doppelstab und 1996–2014 Chefredaktor bei Telebasel. Heute ist er freischaffender Filmproduzent und Medientrainer.

Peter van Wijlen: Ist ein Pseudonym, da sich der Journalist als Arbeitnehmer einer öffentlich-rechtlichen Gesellschaft nicht exponieren kann. Der Autor ist Sohn von Missionaren und verfügt über drei Jahrzehnte Erfahrung im Journalismus.